D Bergendal

Zur Rotatorienfauma Grönlands

D Bergendal

Zur Rotatorienfauma Grönlands

ISBN/EAN: 9783743314498

Hergestellt in Europa, USA, Kanada, Australien, Japan

Cover: Foto ©berggeist007 / pixelio.de

Manufactured and distributed by brebook publishing software
(www.brebook.com)

D Bergendal

Zur Rotatorienfauma Grönlands

BEITRÄGE ZUR FAUNA GR

ERGEBNISSE EINER IM JAHRE 1890 IN GRÖNLAND FORSCHUNGSREISE.

VON

D. BERGENDAL.

I.

ZUR ROTATORIENFAUNA GR

(MIT SECHS TAFELN.)

—

SEP.-ABDRUCK AUS KONGL. FYSIOGRAFISKA SÄLLSKAPETS HANDLINGAR. N

—+:×+×:+×—

LUND 1892.

BERLINGSKA BOKTRYCKERI- OCH STILGJUTERI-AB

Ehrenbergs Euchlanis Lynceus wiedergefunden?

Von

D. BERGENDAL.

In einem vor einigen Tagen der schwedischen Akademie der Wissenschaften eingereichten Aufsatze: *Gastroschiza triacantha* n. g. n. sp., *eine neue Gattung und Familie der Räderthiere* habe ich zwei eigenthümliche Räderthiere beschrieben. Die eine ist:

Gastroschiza triacantha n. g. n. sp. Eine loricate Form mit gefurchtem, unten gespaltenem Panzer, der vorn drei Hörnchen trägt. Kopf mit zwei fingerförmigen Tastern. Fuss bauchständig, geringelt, nicht gegliedert, mit zwei Zehen. Mastax gross mit starken Kiefern. Auge schwarz, nackenständig.

Dieses einem *Lynceus* sehr ähnliche Räderthier steht EHRENBERG'S *Euchlanis Lynceus* ausserordentlich nahe.

Ich habe darum seine Art als eine zweite Species, die durch *zwei* Hörnchen ausgezeichnet ist, zu meiner Gattung *Gastroschiza* gestellt.

In einem Moortümpel mit *Sphagnum* bei Rönne Mölla. Sehr selten.

Diese eigenthümliche Form muss, wie ich in meiner erwähnten Arbeit zeige, eine eigene, neue Familie bilden, deren Verwandtschaft mit anderen, schon früher bekannten Familien nicht gerade sehr augenscheinlich ist.

Die andere Gattung entbehrt des Fusses, hat einen ebenen Panzer, ohne Hörnchen, zeigt aber in gewissen anderen Hinsichten mit *Gastroschiza* Ähnlichkeit. Ich habe diese Form *Anapus ovalis* n. g. n. sp. genannt. Dieselbe Localität. Noch viel seltener als die vorige.

Gastroschiza triacantha oder sehr nahe stehende Formen sind ausserdem vor kurzem in der Nähe von Stockholm gefunden worden, wie ich eben heute von meinem Freunde, D:rn L. JÄGERSKIÖLD, vernehme. Er hatte auch diese Formen studirt, gezeichnet und beschrieben, war ausserdem schon im Begriffe eine Schrift darüber dem biologischen Verein in Stockholm einzusenden, als er aus dem in den Tagesblättern veröffentlichten Titel meines genannten Aufsatzes vermuthete, dass unsere Formen identisch sein könnten. Einige seinem Briefe beigelegten Skizzen zeigten nun auch, dass diese Vermuthung vollkommen richtig war.

Es ist gewiss ein sonderbarer Zufall, dass dieses während bald 60:er Jahre mehrmals vergebens gesuchte Räderthier in zwei verschiedenen, weit entfernt liegenden Gegenden Schwedens beinahe gleichzeitig wiedergefunden wird.

Vielleicht sind ähnliche Formen in der letzten Zeit auch anderswo gefunden. Um nun langweiligen und unangenehmen Prioritätsstreiten vorzubeugen, habe ich diese kurze Notiz niedergeschrieben, muss aber für nähere Angaben und Zeichnungen auf meinen erwähnten wohl ziemlich bald erscheinenden Aufsatz hinweisen.

Lund 17 Sept. 1892.

Einleitung.

Wie ich an anderer Stelle kurz berichtet habe, nahm ich auf Aufforderung der *kgl. dänischen Kommission* für die geologische und geographische Untersuchung Grönlands eine zoologische Reise nach Grönland vor [1]). Der mir gegebene Auftrag war hauptsächlich solche Thiere zu untersuchen, welche nicht recht gut an Spiritusmaterial untersucht werden können. Diese Thiere im lebenden Zustande zu untersuchen und wenn möglich auch nach modernen Methoden für spätere gründlichere Untersuchung zu konservieren war deshalb meine Hauptaufgabe. Der Plan war, dass ich mich hauptsächlich mit der Meeresfauna beschäftigen sollte, und hatte ich ganz besonders gedacht die Nemertinen und Turbellarien für nähere und eingehendere Studien auszuwählen.

Dieser Plan wurde indessen dadurch vollständig umgeändert, dass äussere Verhältnisse — eine sehr lange Reise sowie stürmiges und regniges Wetter während des ganzen Spätsommers — einerseits meine Arbeitszeit stark abkürzten und andererseits Meeresuntersuchungen sehr oft schwer oder unmöglich machten.

Ich konnte mir deshalb oft genug nicht Arbeitsmaterial aus dem Meere verschaffen und fing dann an der Süsswasserfauna ziemlich grosse Aufmerksamkeit zuzuwenden. Bald schien mir auch die Thierwelt der süssen Gewässer sehr wohl einer Untersuchung werth. Die folgenden Studien wären deshalb vielleicht besser Beiträge zur Süsswasserfauna Grönlands zu nennen.

---

[1]) BERGENDAL, B. Kurzer Bericht über eine im Sommer 1890 unternommene Zoologische Reise nach Nordgrönland.
Bihang till K. Svenska Vet. Akad. Handlingar. Band 17. Afd. IV. N:o 1.

Weil ich jedoch ein wenig zur besseren Kenntniss der Fauna des Meeres bei-
tragen kann, habe ich den obigen Titel gewählt.

Auch habe ich meine Untersuchungen fast nur in Nordgrönland vorgenommen. Indessen habe ich auch Studien über einige bei Holstensborg eingesammelten Thiere gemacht, und diese Kolonie gehört bekanntlich Südgrönland an.

Ich bitte den Leser folgender Aufsätze ausdrücklich diese Umstände im
Gedächtniss zu behalten. Sie können die sich leider zu oft vorfindende Unvollständigkeit meiner Studien erklären und meiner Ansicht nach auch entschuldigen. Wenn man sowohl Einsammlungsarbeiten wie mikroskopische Studien über mehrere wenig verwandte Thiere in kurzer Zeit vornehmen soll,
kann die Gründlichkeit der Forschung nicht sehr gross werden. Bei Einsammlungsarbeiten, welche mit Hülfe nicht geübter Grönländer vorgenommen
werden, muss man selbst oft mitfahren und dadurch geht viele Zeit verloren.
Es gelang mir zwar schliesslich einen jungen sehr intelligenten Grönländer in
Egedesminde so einzuüben, dass er ganz gut gewisse Einsammlungsarbeiten
selbst besorgen konnte und auch ganz gut die Thiere auszusuchen lernte,
da aber war eben die Zeit für meinen Aufenthalt in dieser Kolonie zu Ende,
und ich fand an den anderen Stellen, wo ich nur kürzere Zeit blieb, keine so
geschickte Leute.

Einige allgemeine Notizen über die Reise habe ich in dem oben angeführten Bericht geliefert. Hier werde ich eine kurze Schilderung der Localitäten, wo ich hauptsächlich die folgenden Studien vorgenommen habe, mittheilen.

Die längste Zeit brachte ich in Egedesminde zu, wo ich anderthalb Monate
blieb. Die grosse Schwierigkeit in der Zeit, wo ein Schiff im Hafen liegt,
Arbeitsleute zu finden machte im Verein mit anderen Umständen, dass ich nur
während eines Monats ruhig arbeiten konnte; die ersten vierzehn Tage waren
alle Räumlichkeiten besetzt, und Hochzeits- wie Confirmations-Feierlichkeiten
u. d. gl. [1]) machten, dass man sich eher an einem kleinen Badeort irgend wo
in Europa als in einer grönländischen Kolonie zu befinden glauben konnte.

---

[1]) Die Dänen in Grönland sind ja die längste Zeit des Jahres nicht nur von Europa,
sondern auch nicht selten von einander ganz abgesperrt, und deshalb ist die kurze Zeit,
wo die Schiffe im Hafen liegen, eine Zeit der Freude, welche Freude auch die Eingebornen
recht gründlich zu theilen scheinen.

Nach dieser Unruhe kam dann eine schöne ruhige Arbeitszeit und ich werde immer die ebenso grossartige wie herzliche Gastfreiheit des Kolonieverwalters und seiner Frau in dankbarer Erinnerung bewahren.

Das Land in der Nähe von Egedesminde ist nicht schön. Diese Gegend bildet ein flaches in viele Inseln zertheiltes Küstenland, wo die Hügel selten mehr als wenige Hundert Fuss hoch sind. Im Sommer findet man deshalb selten Schnee und Eis in dieser Gegend. Selbstverständlich kommen doch im Meere dann und wann Eisberge vor, wenn sie auch um in der Discobucht zu sein selten und gewöhnlich klein genannt werden müssen.

Wie fast überall in Grönland sieht man auch hier im Frühling und Vorsommer eine grosse Zahl von kleineren und grösseren Wasseransammlungen, die zum grossen Theil beim Schneeschmelzen entstanden sind und später nicht selten vollständig austrocknen. Wenn es aber, wie es im Jahre 1890 eintraf, im Spätsommer viel regnet, trocknen nur die kleinsten Wasseransammlungen, eine kurze Zeit aus, und nicht wenige führen den ganzen Sommer Wasser.

Die Vegetation dieser Gewässer besteht fast regelmässig aus einigen schwimmenden Moosen, unter und auf denen verschiedene Algen wachsen. Das gewöhnlichste von diesen Moosen ist wohl Hypnum fluitans. Sphagnumarten sind viel seltener, und ich habe von denselben nur kleinere Rasen an den Ufern einiger kleinen Seen beobachtet. Von den phanerogamen Wasserpflanzen sieht man oft genug Eriophorum-arten und Hippuris. Viel seltener habe ich ein Sparganium bemerkt. In einigen sehr seichten Gewässern treten Ranunculusarten — wohl hyperboreus und pygmaeus auf. Die Algenvegetation kam mir sehr arm vor. Zygnemaarten, die doch gewöhnlich steril waren, sah ich sehr oft. Seltener und im Verhältniss zu der Vertheilung dieser Pflanzen in unseren Wasseransammlungen auffallend viel seltener habe ich Spirogyren beobachtet. Einige Confervaceen kamen mir zwar oft genug vor Augen, aber auch diese Algen waren einförmig und wenig üppig.

Bolbochaete tritt in kleinen Exemplaren recht oft auf, wogegen ich sehr selten Oedogonien bemerkt habe. Fadenalgen sind überhaupt in den von mir gesehenen Gewässern nicht allgemein.

Diatomaceen und Desmidieen haben überall recht viele Vertreter. Die Zahl der letzteren schien mir indessen bei weitem relativ grösser. Von Protococcaceen habe ich besonders oft Pediastrum notirt. In vielen bald austrock-

nenden Gewässern schien mir die letzte Algenvegetation aus grossen Massen
von Nostocaceen zu bestehen.

Die jetzt besprochenen Gewässer sind jedoch alle recht seicht. Werden
die Wasseransammlungen etwas tiefer, verschwindet die Vegetation sehr schnell,
und die auf allen Inseln vorkommenden kleineren und grösseren Seen zeigen
fast keine Vegetation, wenn sie nicht sehr seichte Buchten besitzen. Auch
die Thierwelt der Seen ist mit derjenigen der kleineren Gewässer verglichen
recht arm.

Die allgemeine Beschaffenheit der Wasseransammlungen ist so ziemlich
dieselbe an den drei Stellen wo ich meine Studien vorgenommen habe.

Weil ich jedoch eine nicht so wenig abweichende Süsswasserfauna bei
Egedesminde fand, will ich noch einige Worte auf die verschiedene Natur dieser
drei Stellen opfern. Egedesminde N. Br. 68° 42′ 23″ W. L. 52° 44′ [1]) liegt auf
einer Insel an der südlichen Mündung der grossen Diskobucht. Der Abstand
von der Kolonie bis zu dem Rande des Inlandseises beträgt um 12 Meilen.
Auch in Jahren, in welchen andere Theile von Nordgrönland sonniges Wetter
haben, herrscht oft ein ziemlich kaltes, nebeliges Wetter bei Egedesminde.

Das Meer ist ziemlich seicht in der nächsten Nähe von Egedesminde
und zeigt auch ziemlich verschiedene Beschaffenheit des Bodens. Für Meeresuntersuchungen ist diese Kolonie gewiss gut geeignet, obgleich das schlechte
Wetter meine Arbeiten im Jahre 1890 so bedeutend hinderte. Ebenso glaube
ich, dass bedeutende Strecken der inselreichen Küste zwischen Egedesminde
und Holstensborg eine gründlichere Durchforschung gut lohnen würden. Leider
konnte ich auf der Barkenfahrt von Holstensborg nach Egedesminde nicht
dredschen, weil die Barke ganz voll Gepäck war und meine Schleppnetze
etc. noch nicht fertig waren, aber manchmal sah ich eigenthümliche, seichte
Meeresbuchten, die anderartig waren als diejenigen an irgend einem anderen
von mir besuchten Theile der grönländischen Küste. Auch Holstensborg selbst
schien mir ein sehr geeigneter Platz für zoologische Studien zu sein. Dies
gilt sowohl die Meeresbuchten als auch und ganz besonders die vielen und
zum Theil eigenartigen Seen und Wasseransammlungen des abwechslungsreichen
Küstenlandes.

---

[1] JENSEN, J. A. D. Astronomiske Observationer og Undersögelser over Vandets Saltholdighed. Meddelelser om Grönland, Heft 2, s. 196.

Jakobhavn N. Br. 69° 13′ 04″ W. L. 50° 59′ 33″ [1]) liegt auf dem Festlande an der östlichen Seite der Diskobucht, unmittelbar nördlich von dem Isfjord ähnliches Namens. Das eisfreie Land ist viel schmäler als bei Egedesminde, nur um 3—4 Meilen [2]) breit. Die Berge wenn auch noch niedrig steigen indessen mehrmals zu einer Höhe von beinahe 1000 Fuss, aber nur sehr wenige z. B. ein Gipfel auf dem Gebirge Kakkarsoeitsiak (1236) erreichen etwas grössere Höhe. Das Meer ist von der kleinen Hafenbucht abgesehen weit mehr offen als bei Egedesminde. Nicht nur die Mündung des tiefen Eisfjords ist von Hunderten oft am Boden stehenden prachtvollen Eisbergen fast erfüllt, sondern sehr oft ist die ganze Meeresoberfläche überall in der Nähe dieser Kolonie mit kleineren und grösseren Eisstücken bestreut, die zuerst von den grösseren Eisbergen abgebrochen nachher durch Abschmelzung und ·wiederholte vom Wellenschlag verursachte Zerspaltung und Zerbrechung verkleinert worden sind. Manchmal kann nicht einmal ein kleines Boot vorwärts gerudert werden ohne jeden Augenblick gegen diese Eisstücke zu stossen. Die meisten sind ja so klein, dass dieser Zusammenstoss gar nicht gefährlich ist. Gefährlich werden die genannten oft sehr scharfen Eisscherben für das pelagische Netz. Nur selten wird das Netz zerschnitten, aber fast immer erhält man Massen von dieser Eisscherben ins Netz, und diese beschädigen leicht viele von den empfindlichen Thieren, welche man eben mit dem pelagischen Netze zu nehmen sucht.

Ritenbenk N. Br. 69° 44′ 01″ W. L. 51° 12′ 36″ [3]) liegt wieder auf einer kleinen Insel etwas südlich von Torsukataks Isfjord in der nordöstlichen Ecke der Diskobucht an der östlichen Seite der Mündung des Waigat. Die Naturverhältnisse erinnern ja zum grossen Theil an diejenigen bei Jakobshavn. Eisberge sind nicht so zahlreich aber immerhin gewöhnlich genug und die Grönländerinnen verschaffen sich keinen Vorrath von süssem Wasser, sondern nehmen dieses, sobald sie es brauchen, von den fast immer nahe am Ufer feststehenden kleineren Eisbergen und Eisstücken. Indessen habe ich das Meer

---

[1]) HAMMER, R. R. J. Undersögelse af Grönlands Vestkyst fra 68° 20′ till 70° N. Br. Meddelelser om Grönland. Kjöbenhavn 1889. Heft. 8, s. 31.

[2]) Siehe RINK, H. Grönland geographisk og statistisk beskrevet. Bd. 1. Kjöbenhavn 1857. Sid. 118.

[3]) HAMMER, l. c.

hier nicht so mit Eisscherben bestreut gesehen wie es gewöhnlich bei Jakobshavn war.

    Die Berge in der Nähe von Ritenbenk erreichen eine grössere Höhe als
bei den beiden vorher genannten Kolonien der Gegend der Diskobucht. So
besitzt der nahe liegende schöne Berg Kangek auf dem Arveprindsens Eiland
eine Höhe von ungefähr 2000 Fuss und die weiter nördlich am Waigat liegenden
Berge und Gebirge sind um vieles höher als dieser.

    Die Wetter- und Temperaturverhältnisse Grönlands betreffend werden ja
genaue Beobachtungen an verschiedenen Kolonien gesammelt und deshalb mache
ich nur wenige Bemerkungen darüber, die jedoch als Beispiele der Verhältnisse,
unter welchen die nachstehend geschilderten Thiere leben, vielen Lesern will-
kommen sein dürften.

    Der 17 Juli war einer von den wärmsten Tagen, die ich in Egedes-
minde erlebt habe. Die Tagestemperatur der Luft war im Schatten höchstens
12—14° [1])

10 Uhr 15 Nachts.

Die Lufttemperatur in der Sonne .... + 15

Die Temperatur der Erde 5 Ctm. tief .... | 9,5

11 Uhr 30 Nachts.

Die Lufttemperatur im Schatten .... + 5

In der Sonne   Am Meeresufer .... | 8

                 100 Faden vom Ufer .... + 10

Die Wassertemperatur in einem sehr langsam fliessenden Bache 11

    Uhr 40 Nachts .... + 7

Im Moose nebenbei .... + 5

11 Uhr 50 Nachts.

Die Wassertemperatur in einem kleinen Teiche .... + 9

Die Meerestemperatur nahe am Ufer 12 Uhr Nachts .... + 6,5

Am 24 Juli war der Morgen ziemlich angenehm mit schwachen Sonnenschein:

11 Uhr Vormittags.

Die Meerestemperatur nahe am Ufer .... + 5

Die Temperatur der Luft .... + 11

---

[1]) Ich benutzte Celsii hundertgradigen Termometer.

1 Uhr nachmittags (nebelige Luft).

Die Meerestemperatur (auch nahe am Ufer aber auf etwas tieferem

Wasser) .... + 3,5

Die Temperatur der Luft am Meer .... + 4,5

Im August war die Lufttemperatur bei Egedesminde gewöhnlich 5- 8

oder höchstens 10°. Die Temperatur der Süsswasseransammlungen betrug 5

9—11°.

Bei Jakobshavn arbeitete ich vom 19—31 Aug. Wenige Tage waren

sonnig die meisten kalt und nebelig. Der 22 Aug. war ein sonniger, schöner

Tag. Ich gebe hier einige Maasse an, welche ich diesen Tag genommen habe.

In der vorigen Nacht war die Temperatur sehr niedrig gewesen. Das Wasser

der Hafenbucht war mit recht dickem Eise belegt worden, welches noch nach

zehn Uhr Morgens grösstentheils da lag, obgleich die Sonne diesen Tag gute

Wärme gab. Auch mehrere Süsswasseransammlungen waren selbstverständlich

mit Eis bedeckt. Nicht weit von der Wohnung des "Koloniebestyrers" finden

sich zwei mittelgrosse Teiche, aus denen ich manche von den Thieren holte,

welche ich in Jakobshavn untersuchte. Die Vegetation war relativ stark, die

grösste Tiefe circa 2—3 Fuss. Das Ufer war theils von Erde und Moos theils

von Felsen gebildet.

Das Wasser des einen Teichs zeigte um 7 Uhr 40 Morgens bei

starkem Sonnenschein .... + 7

8,45 Morgens. Das Wasser .... + 8,25

Zwischen den Moosen am Rande des Teichs .... + 6,25

In der Erde, 12 Ctm. tief.. + 6,5

8 Uhr 30 Morgens.

Die Temperatur der Luft in der Sonne.............................. + 17

   „   „   „   „   im Schatten .... + 5

   „   „   des Wassers in einer sehr kleinen Bergpfütze ... + 5,25

Die Temperatur des Wassers in einer kleinen Bucht desselben

Teiches welche mit Eis bedeckt war.............................. + 3,25

Die Temperatur des Meeres im Hafen unter dem Eise .... ! 3

Um 1 Uhr Nachmittags desselben Tages nahm ich folgende Maasse:

Die Temperatur der Luft in der Sonne .... + 20

   „   „   „   „   im Schatten................................... + 11,5

Die Temperatur des Wassers oben genannten Teiches .... + 12

Zwischen den Moosen am Rande.................................. + 11,5

Während der folgenden sehr regnigen, stürmischen und nebligen Tage war die Temperatur des Tages um 5—7 oder 8°, aber die Temperatur der Nächte war auch nicht niedriger als 4 oder 5°.

Ich nehme hier aus Rink's oben citirter Arbeit, die wohl immer die beste Quelle für Belehrung über Grönlands Natur u. Volk bleiben wird, die folgenden Angaben über die mittlere Temperatur in Jakobshavn nach Beobachtungen, welche im Aug. 1842 angefangen und bis Juli 1846 fortgesetzt wurden. Die Grade sind hier Réaumur.

Januar .... — 14,2

Februar .... — 15,2

März .... — 11,6

April .... — 6,7

Mai .... — 0,1

Juni.............................. ·|· 3,7

Juli .... + 5,9

Aug.............................. + 4,3

Sept. .... + 1,0

Okt. .... — 2,5

Nov.............................. — 9,1

Dec. .... — 12,2

Danach wird die mittlere Jahrestemperatur — 4,73 [1]).

Hammer gibt einige Zahlen über die Temperatur der Erde im Winter 1879 — 80, was hier von besonderem Interesse sein kann, weil ja die meisten Wasseransammlungen sehr seicht sind, und diese Thiere ja alle Wasserthiere sind. Ich habe aus seinen Zahlen die mittlere Temperatur berechnet.

Seine Maasse sind im Lehmboden genommen, und die Observationszeit ist 9 Uhr Morgens.

Im Oktober 1879 war die Lufttemperatur — 5,18 (max. 0,0; min. — 13,0).

Die Temperatur der Erde auf ein Fuss Tiefe — 0,35 (max. — 0,1; min. — 0,8).

„   „   „   „   „ zwei „   „ 1—26 Okt. — 0,4; 27—30 Okt. — 0,5; 31 Okt. — 0,4.

[1]) Rink, l. c. Bd. I, s. 39.

Im November: Lufttemperatur − 7,5 (max. + 3,2; min. − 18,4).

Die Temperatur der Erde in ein Fuss Tiefe − 0,9 (max. − 0,5; min. − 6,5).

„　„　„　„　„ zwei „　„ − 1,5 (max. − 0,4; min. − 3,1).

Im December: Lufttemperatur − 13,4 (max. + 4,8; min. − 23,3).

Die Temperatur der Erde in ein Fuss Tiefe − 6,7 (max. − 1,6; min. − 10,5).

„　„　„　„　„ zwei „　„ − 5,1 (max. − 2,0: min. − 8,4).

Im Januar 1880: Lufttemperatur − 17,2 (max. + 1,0; min. − 33,3).

Die Temperatur der Erde in ein Fuss Tiefe − 10,3 (max. − 6,9; min. − 12,7).

„　„　„　„　„ zwei „　„ − 9,7. Diese Beobachtungen wurden indessen nur bis zum zwölften Januar gemacht. Da war die Temperatur in dieser Tiefe − 10,5.

Im Februar [1]): Lufttemperatur − 18,9 (max. − 2,5; min. − 32,5).

Die Temperatur der Erde in ein Fuss Tiefe − 15,5 (max. − 12,6; min. − 18,8).

Vom März sind wenige Beobachtungen mitgetheilt nur vom 1:ten bis 6:ten, aber diese Zahlen sind die höchsten.

Die mittlere Lufttemperatur dieser 6 Tage war − 34,9,

und die mittlere Temperatur des Bodens in ein Fuss Tiefe − 18,4 [2]).

Setze ich dann weiter hinzu, dass man auch im Sommer an vielen Orten schon in ein Fuss Tiefe den Boden gefroren findet, und dass die Erde in grösserer Tiefe nie aufthaut, so dürften die für eine Auffassung der Verhältnisse, unter welchen die Süsswasserthiere in Nordgrönland zu leben haben, nöthigen Notizen gegeben sein.

Nur noch die Bemerkung dass das Klima in Südgrönland wohl milder ist, insofern dass die mittlere Temperatur des Jahres etwas höher ist, aber diese Verschiedenheit rührt viel mehr von geringerer Kälte im Winter als von grösserer Wärme im Sommer her. Darum kann dieselbe auch wenig Einfluss auf die Betrachtungen üben, welche über das Vorkommen der Thiere in Nordgrönland hier an einigen Stellen eingefügt werden. Jedoch dürfte das Sommerklima in den weit nach innen liegenden Thälern in Südgrönland relativ sehr gut genannt werden dürfen.

Von Ritenbenk, wo ich nur sehr kurze Zeit verweilte und wo ich keinen brauchbaren Arbeitsplatz finden konnte, weil eben um diese Zeit Umtausch von

---

[1]) Im Februar wurden nur von 12:ten bis 29:ten Observationen genommen.

[2]) Hammer. R. R. J. Undersögelser ved Jakobshavns Isfjord og nærmeste Omegn i Vinteren 1879 -1880. Heft. 4. Kjøbenhavn 1883. Tabel 5. sid. 65.

"Koloniebestyrer" stattfand, habe ich wenige Temperaturangaben, weil ich da wenige Wasseransammlungen untersuchte. Die ganze Zeit, als ich mich da befand, 1:ten—6:ten September, war es ein schönes, sonniges, aber recht kühles und zum Theil stürmisches Wetter. Ich nahm meine meisten Proben von einem recht grossen Binnensee. Das Wasser zeigte 11,30 Morgens einige Meter vom Rande + 7. Am Strande zwischen den Moosen + 6. Meerestemperatur + 2,5—3.

In Holstensborg N. Br. 66° 55′ 52″, W. L. 53° 42′ [1]) holte ich meine meisten Proben aus zwei kleinen Bächlein, welche ihr schnell fliessendes Wasser zum grossen Theil von nahe liegenden schmelzenden Schneemassen bekamen. Die Temperatur derselben war am 19 Juni, einem sehr sonnigen schönen Tage:

10 Uhr 30 Morgens	kleines	Bächlein	+ 9
	etwas grösseres	„	+ 8
11 Uhr	Nachts	kleines „	+ 3
	etwas grösseres	„	+ 3,25

Meerestemperatur in der nahe liegenden sehr seichten Hafenbucht .... + 4.

Fliessendes Wasser kommt ja im Frühling bei der Schneeschmelzung sehr reichlich vor. Grössere Ströme hatte ich keine Gelegenheit zu untersuchen. Solche sind überhaupt recht selten, denn die vielen Buchten und langen Fjorde lassen das Wasser gewöhnlich kurze Wege zum Meere finden. Bei Jakobshavn ebenso wie bei Egedesminde leiten grössere Bäche das Wasser von einigen Binnenseen in das Meer. Sie werden dänisch Elve genannt. Die Vegetation und die Thierwelt ist sehr arm. Sowohl Infusionsthiere wie Rotatorien waren nur vereinzelt zu finden. An einigen Felsen fand ich ziemlich bedeutende Mengen von Zygnemen die alle steril waren. Die "Elve" scheinen mir wie die Binnenseen, deren Wasser sie abführen, wenig lebendes zu enthalten. Sogar die sonst überall befindlichen Mückenlarven waren hier selten.

Das oben angeführte mag zusammen mit dem vorher veröffentlichten Bericht eine genügende Umrahmung für die folgenden Untersuchungen ausmachen, und jetzt gehe ich deshalb zu den Specialuntersuchungen über und theile zuerst meine Untersuchungen über die Rotiferen mit.

[1] JENSEN, J. A. D., l. c., s. 196.

I.

Zur Rotatorienfauna Grönlands.

Obgleich ich mich zu Hause gar nicht speciell mit dieser Gruppe beschäftigt hatte und deshalb natürlich nicht beabsichtigt hatte nach diesen Thierformen besonders zu suchen, glaubte ich recht bald zu finden, dass die Wasseransammlungen in Grönland sehr reich an Repräsentanten dieser Gruppe waren. Nach meiner Rückkehr habe ich auch diese Vermuthung bestätigt gefunden. Die meiste Zeit, welche ich in Grönland am Mikroskope zubringen konnte, habe ich mich mit diesen Thieren, die mir bald sehr lieb wurden, beschäftigt. Leider war meine mitgebrachte Literatur nicht mit Rücksicht hierauf ausgewählt. Ich hatte also nur LUDWIGS Bearbeitung von LEUNIS' Synopsis, Bd. II. Hannover 1886. S. 812—820.

BLOCHMANN, F., Die mikroskopische Thierwelt des Süsswassers. Braunschweig 1886. S. 89—112. Taf. VII. die mir sehr oft zu einer schnellen Bestimmung half, und

ECKSTEIN, K., Die Rotatorien der Umgegend von Giessen. Zeitschr. f. wissensch. Zoologie. Bd. XXXIX. Leipzig 1883. S. 342—444, eine Arbeit die mir nicht nur in Grönland, sondern ebenso viel nachher bei der Bearbeitung meiner da gemachten Notizen sehr nützlich gewesen ist.

Weil meine Literatur so unvollständig war, konnte ich nicht immer eine genügend sichere Bestimmung da vornehmen, sondern musste Zeichnungen und

Notizen machen um eine nähere Bestimmung nach der Rückkehr vorzubereiten.
In einigen Fällen hat es sich gewiss nachher gezeigt, dass ich den gesehenen
Formen grössere Aufmerksamkeit hätte widmen sollen, aber bei meinen Arbeiten
in Grönland betrachtete ich es sogar als eine Pflicht mich nur so lange mit
einem Thiere zu beschäftigen, bis ich es so gut, wie die Verhältnisse es möglich
machten, bestimmt hatte. Hätte ich da biologische, anatomische oder entwicklungsgeschichtliche Studien machen wollen, hätte ich in der kurzen Zeit kaum
irgend welche Beiträge zur Fauna Grönlands zusammenbringen können, und
meine Aufgabe galt doch hauptsächlich der Ausforschung der Fauna. Glück-
licherweise kann man mikroskopische Thiere nicht einmal oberflächlich für
Bestimmung studieren ohne manchmal interessante Seiten der Organisation selbst
kennen zu lernen. Aber einige für die Bestimmung sehr wichtige Organe vor
allem die Kiefer konnte ich nur selten eingehend genug studieren, eben weil
das Studium so zeitraubend ist, ein Verhältniss, das den Rotiferenforschern
gut bekannt ist, und welches auch bewirkt hat, dass bei der ersten Beschreibung
auch der meisten europäischen Formen die Angaben über die Kieferbildung gewöhnlich unvollständig und nicht selten auch unrichtig gewesen sind. Die
Kenntniss von dem Bau und der systematischen Bedeutung dieser Organe war
ausserordentlich mangelhaft, bis GOSSE in seiner schönen Arbeit darüber Licht
verbreitete [1].

Die frühere Literatur über die Rotatorienfauna Grönlands ist sehr schnell
mitgetheilt. So viel ich weiss existiren nämlich nur zwei kurze Notizen.
LEVINSEN, der über so viele Thiere Grönlands, schätzenswerthe Arbeiten geliefert hat, hat auch einige Tage den Rotiferen gewidmet. Bei Egedesminde, wo er sich die meiste Zeit von den zwei Jahren, welche er in Grönland zubrachte, aufhielt, fand er nur ganz vereinzelte Individuen dieser Gruppe,
aber bei Jakobshavn sah er eine grössere Anzahl Rotiferen konnte sie doch
wegen Mangel an Literatur nicht näher bestimmen, er machte aber einige Skizzen
und Notizen, und hat nach der Vergleichung derselben mit Ehrenbergs Haupt-
werk folgende Formen angeben können.

Floscularia sp., *Diglena* sp., *Notommata* sp., *Furcularia* sp., *Philodina*
aculeata, *Monocerca rattus*, *Enchlanis* sp., *Dinocharis* sp., *Stephanops lamellaris*,

---

[1] GOSSE, P. H., On the structure, functions and homologies of the manducatory organs
in the class Rotifera. Phil. Transactions of the roy. Soc. London Vol. CXLVI. 1856.
s. 419.

Colurus sp. Ausser diesen Formen hatte er auch andere gesehen, welche in Ehrenbergs Arbeit nicht beschrieben waren. Er schlägt die Zahl der von ihm in Grönland gesehenen Rotiferen zu gegen 30 an [1]). J. DE GUERNE und J. RICHARD haben die Bestimmung der von CH. RABOT während seiner im Jahre 1888 vorgenommenen Reise in Grönland eingesammelten Thiere ausgeführt. Derselbe hatte vorzugsweise an zwei Stellen Einsammlungen gemacht, in dem Binnense auf der Egedesmindeinsel, wahrscheinlich im sogenannten "Större Indsöen" und im Tasersuak in der Nähe von Julianehaab N. Br. 60°, 45'. Derselbe hatte da recht viele Krebsthiere gesammelt und auch, was uns hier interessiert, einige Räderthiere. In der von den beiden genannten Verfassern gelieferten Mittheilung liest man darüber Les Rotifères suivants vivent en assez grand nombre dans le lac d'Egedesminde. *Triarthra longiseta* EHRBG, *Asplanchna helvetica* IMHOF, *Anuræa cochlearis* GOSSE, *An. longispina* KELLICOTT, *Conochilus volvox* EHRBG? Toutes ces espèces sauf la dernière se rencontrent également dans le Tasersuak, ou *Asplanchna helvetica* est extremement commun. La presence de ces animaux est signalée ici pour la première fois a Groenland ou l'on ne connaissait qu'un petit nombre de Rotifers recueillis sur les algues par Levinsen" [2]). In einer Anmerkung wird zugesetzt: "M. Ch. Rabot a recueilli les mêmes Rotifères dans l'Imandra en 1885. Ils n'ont jamais été signalés à une latitude aussi elevé".

Diese Angabe bietet ein besonderes Interesse dar, weil ich in meinen Notizen keine *Triarthra* oder *Asplanchna* notirt hatte, und weil ich von *Anuræa* nur ein später zu besprechendes Exemplar gefunden hatte. Ich muss jedoch bemerken, dass ich in dieser Beziehung vielleicht später ergänzende Bemerkungen werde veröffentlichen können, weil ich einige Gläser von mit pelagischem Netze in einigen Seen eingesammeltem Material habe, das ich jedoch bis jetzt nicht näher habe untersuchen können. Indessen traten diese Thiere im Sommer 1890 keineswegs massenhaft im See bei Egedesminde auf.

Nach der Erfahrung LEVINSEN's konnte ich nicht erwarten bei Egedesminde viele Räderthiere zu finden, aber weil ich doch immer dann und wann sobald

---

[1]) LEVINSEN, G. M. R. Smaa Bidrag til den grønlandske Fauna. Vidensk. Meddelelser fra den naturhistoriske Forening i Kjöbenhavn, 1881. Separatabdruck, s 5—6.

[2]) DE GUERNE, Jules et RICHARD, Jules. Sur la faune des eaux douces du Groenland Comptes Rendus 1889. S. 630—632.

es möglich wurde Meeresuntersuchungen vornehmen musste, und Egedesminde
hierfür besser geeignet ist wegen der so verschiedenartigen Beschaffenheit des
Meeresbodens an verschiedenen Stellen ganz nahe an der Kolonie, und weil
ich auch in Egedesminde schliesslich gute Gelegenheit zu arbeiten gefunden
hatte, blieb ich längere Zeit da und konnte nachher nur knappe 14 Tage für
Jakobshavn disponieren. Die in der Nähe der Wohnung des Pfarrers gelegenen
Wasseransammlungen, welche Levinsen da untersucht hatte, habe ich auch
gesehen. Sie waren aber bei dieser Jahreszeit ziemlich arm — ich fand nur
einige Philodiniden — wahrscheinlich weil sie früher im Sommer ausgetrocknet
gewesen, und erst vor ziemlich kurzer Zeit wieder gefüllt worden waren.
Dagegen fand ich ein reicheres Thierleben in anderen näher dem Hause des
"Koloniebestyrers" befindlichen etwas grösseren Teichen, die wenigstens in diesem
feuchten Sommer gar nicht ausgetrocknet gewesen waren. Ich glaube wohl
dass diese Wasseransammlungen reicher waren als manche solche auf der Insel
wo Egedesminde liegt, aber auch da habe ich viele Rotiferen gesehen. Ganz
besonders reich war eine sehr seichte Wasseransammlung auf Räfön bei Egedesminde, die mit schwimmenden Moosrasen fast ganz bedeckt war. In derselben
Wasseransammlung kamen sowohl *Hydra* sp. als *Mesostomum personatum*
massenhaft vor.

Weil ich doch meine Studien in Jakobshavn ziemlich spät anfangen konnte,
kann es wohl möglich und sogar wahrscheinlich sein, dass ich die Verschiedenheit in der Artenzahl in den Gewässern in der Gegend von Jakobshavn
und in derjenigen von Egedesminde viel grösser gefunden hätte, wenn ich
früher Gelegenheit die Gewässer bei Jakobshavn zu studieren gehabt. Jetzt
fand ich die Verhältnisse ungefähr gleich. Einige Gewässer waren ziemlich
reich, andere dagegen ausserordentlich arm. Indessen muss ich bemerken, dass
ich weder in Jakobshavn noch in Egedesminde noch anderswo in Grönland
ein massenhaftes Auftreten der Rotiferen-Arten beobachtet habe. Vielleicht
könnte ich schon hier Hydatina senta als die einzige Ausnahme anführen aber
davon werde ich später das nähere berichten. Ich konnte wohl von verschiedenen Rotiferen mehrere Individuen auf dem Objektträger in einem Tropfen
bekommen, aber solche Mengen wie man in der Literatur manchmal angegeben
findet, kenne ich gar nicht aus eigener Anschauung. Ich habe sie auch nicht
bei den vergleichenden Untersuchungen welche ich im Herbste des Jahres 1890

hier in Land vornahm, bemerkt, aber die grossen Mengen sollen wohl öfter im Frühling und Vorsommer auftreten.

Meine Studien nahm ich in der Weise vor, dass ich fast immer sowohl die eben genommene Probe als dieselbe, nachdem sie einige Tage in einer mit Deckel versehenen Glasschale gestanden, untersuchte. Bekanntlich ändert sich dadurch die mikroskopische Thierwelt sehr oft fast vollständig. Zuerst durchsuchte ich unter dem Präparirmikroskope einen Tropfen und suchte daraus die nie fehlenden Mückenlarven wegzupflücken, und dann brachte ich denselben mit Deckglas bedeckt unter das Mikroskop. Weil verschiedene Moosblätter und Algenfäden da zurück blieben, hatten die Thiere fast immer gute Gelegenheit sich zu bewegen. Waren mehrere Individuen da, suchte ich gewöhnlich sogleich dieselben zu isoliren. War dagegen nur ein einzelnes Individuum vorhanden, so suchte ich immer zuerst eine Skizze zu verfertigen, ehe ich zu der immer recht abenteuerlichen Isolirung schritt. Für die Isolirung benutzte ich entweder eine gewöhnliche Pipette, oder suchte ich manchmal und besonders, wenn das Thier sehr selten war, die Algen und Moose wegzunehmen und liess das Thier auf dem Objektträger ruhig bleiben. Diese unter dem Präparirmikroskope vorzunehmenden Arbeiten waren sehr zeitraubend und mehr als einmal ging mir trotz aller Umsicht bei dieser Arbeit ein werthvolles Thier verloren. Um den Druck des Deckglases aufzuheben oder zu vermindern benutzte ich entweder Haare oder und oft mit grösserem Vortheil kleine Streifen von Fliesspapier.

Ich fand bei diesen Arbeiten mein Nachet-sches Mikroskop ganz ausgezeichnet. Nicht nur sind die Linsen sehr scharf, sondern vor allen Dingen besitzen diese Objektive eine bedeutende Objektdistanz, ein wenigstens beim Arbeiten mit lebendem Materiale kaum zu hoch anzuschlagender Vorzug dieser Mikroskope. Ich hatte auch ein Paar Hartnacksche Linsen mitgebracht, konnte sie aber selten ohne bittere Erfahrungen benutzen.

Nach meiner Rückkehr habe ich meine Zeichnungen und Notizen mit den Angaben in der wichtigeren Literatur verglichen und glaube meistenfalls eine ziemlich sichere Bestimmung erreicht zu haben. Weil ich ja nicht früher mit Rotatorien gearbeitet habe, werde ich möglichst viele von meinen Zeichnungsskizzen hier mittheilen. Dieselben sind zum grössten Theile mit Camera ausgeführt. Ich habe für die meisten Figuren dieselbe Vergrösserung (ungefähr 250) benutzt, so dass sie sich direkt vergleichen lassen.

Bei der systematischen Anordnung der Rotiferen folge ich meistentheils der Aufstellung Hudsons[1]) in seiner schönen zusammen mit Gosse herausgegebenen Arbeit. Wohl glaube ich, dass manche bedeutende Veränderungen dabei vorgenommen werden müssen, aber meine bisherigen Studien berechtigen mich nicht in diesem Falle als Reformator aufzutreten, und es gibt keine andere Arbeit, die so vollständig ist wie die eben genannte, welche jedenfalls einen grossen Fortschritt bezeichnet.

A. Ordnung Rhizota.

a. Fam. Flosculariaceæ.

I. Gattung Floscularia Oken.

Ich habe kaum eine grönländische Wasseransammlung untersucht ohne auf Repräsentanten dieser Gattung zu stossen. Sie kamen in den Seen gleich wohl, wie in den Teichen und kleinen Pfützen vor. Wie viele Arten in Grönland vorkommen, scheint mir etwas zweifelhaft, um so mehr als die Bestimmung mancher dieser Arten überhaupt wohl etwas unsicher ist. *Floscularia* sp. steht schon in Levinsen's Verzeichniss.

1. *Fl. ornata* Ehrbg.

Cercaria n. sp. O. F. Müller Naturforscher 1776. s. 409.

Fl. ornata Ehrbg.[2]) l. c. s. 408, Taf. XLVI, Fig. II.

„ „ Bartsch,[3]) l. c. s. 24 & 25.

„ „ Hudson, l. c. Vol. I, s. 50, Pl. I, Fig. 9.

---

[1]) The Rotifera or Wheel Animalcules by C. T. Hudson assisted by P. H. Gosse in two volumes. London 1886. Supplement 1889.

[2]) Ehrenberg, C. G., Die Infusionsthierchen als vollkommene Organismen. Leipzig 1838.

[3]) Bartsch, S., Die Räderthiere und ihre bei Tübingen beobachteten Arten. Inaug. diss. Stuttgart 1870.

2. *Fl. cornuta* Dobie.

Fl. appendiculata Leydig[1] l. c. s. 3, Taf. I. Fig. 6.

„ „ Bartsch l. c. s. 24 & 25.

„ „ Eckstein l. c. s. 344, Taf. XXIII, Fig. 1—4.

„ „ Blochmann l. c. s. 112, Fig. 223.

Fl. cornuta Hudson l. c. Vol. I. s. 51, Pl. I, Fig. 7.

3. *Fl. campanulata* Dobie.

Fl. proboscidea Ehrbg. l. c. s. 408, Taf. XLVI. Fig. I.

Fl. proboscidea Grenacher[2] l. c. s. 483.

Fl. campanulata Eckstein l. c. s. 348.

„ „ Blochmann l. c. s. 112.

„ „ Hudson l. c. Vol. I. s. 52, Pl. I, Fig. 1.

„ „ Weber[3] l. c. s. 9, Pl. XXVI, Fig. 1—3.

Ich kann nicht sicher sagen, welche von diesen drei Arten die allgemeinste ist, oder ob sie alle gleich oft auftreten, denn ich hatte selten Zeit genauere Beobachtungen anzustellen.

Die Flosculariaarten sieht man ja meistentheils in eingezogenem Zustande, und es geht oft recht lange Zeit bis sie sich ausstrecken, so dass man gute Beobachtungen machen kann. Deshalb konnte ich nur selten Zeit auf die Beobachtung der Verschiedenheit dieser Formen verwenden. Ich glaube jedoch, dass *Fl. campanulata* die gemeinste war und dass *Fl. cornuta* seltener gesehen wurde.

Während der ganzen Zeit meines Aufenthaltes in Grönland sah ich Eier in den Gallerthülsen dieser Formen. Im Spätsommer sah ich öfter mehrere Eier in der Hülse, wogegen ich in den Hülsen der bis Mitte Juli gesehenen Exemplare fast immer nur ein einziges beobachtete.

---

[1] Leydig, F.. Über den Bau der Räderthiere. Zeitschr. f. w. Zool. Bd. VI, 1855, s. 1–120. Ich führe unter den Artennamen gewöhnlich nur Hudsons & Ehrenbergs Synonymen an sowie die Namen, welche die Arten in den oben angegebenen Arbeiten tragen, welche ich bei dem Studium der lebenden Thiere in Grönland benutzen konnte. Von anderen später benutzten Arbeiten werde ich gewöhnlich nur die sehr wichtigen anführen, wenn nicht ein besonderer Grund vorliegt.

[2] Grenacher, H. Einige Beobachtungen über Räderthiere. Zeitschr. f. w. Zool. Bd. XIX 1869, s. 483—497.

[3] E. F. Weber. Notes sur quelques Rotateurs des Environs de Genève. Archives de Biologie, Vol. XIII. Liége 1888. Ich citire den Separatabdruck.

4. Fl. coronetta Cubitt?

Fl. coronetta Hudson l. c. Vol. I, s. 49, Pl. I, Fig. 5, II Fig. 2.

Einmal habe ich bei Jakobshavn eine Floscularia gesehen, die mir länger ausgezogene Zipfel zu besitzen schien als Fl. *cornuta* und *ornuta*, und die ich deshalb unter dem obigen Namen anführe. Weil indessen die anderen beiden Arten in dieser Beziehung ziemlich grosse Variation zeigten und ich keine Maasse genommen habe, setze ich das Fragezeichen dabei.

Auch will ich hier eine Bemerkung über eine eigenthümliche Form machen, welche ich nur einmal sah, und die mir verloren ging, ehe ich die Organisation derselben genügend studirt hatte. Sie wurde in derselben Wasseransammlung, wie die vorige gefunden und gehört offenbar zu dieser Ordnung und wahrscheinlich auch zu der Familie Flosculariadæ. Ich habe das Thier nur von oben gesehen. Bei meinem Versuch eine Profilansicht zu bekommen zog das Thier sich sehr stark zusammen und konnte nicht weiter beobachtet werden.

Auf 4 rundlichen Lappen sassen starke sich nicht bewegende Cilien, und etwas weiter nach innen stand ein ovaler Kranz von etwas schwächeren auch unbeweglichen Cilien. Diese Rotifere besass eine gewisse Ähnlichkeit mit derjenigen Form, welche Hudson *Flosculuria Hoodii* genannt hat, l. c. Vol. I, s. 55. Pl. II, Fig. 5. Das Räderorgan ist wirklich sehr ähnlich. Dagegen habe ich nichts gesehen, das den zwei mächtigen tasterähnlichen Organen bei der angeführten Art entsprechen könnte. Auch finde ich bei *Fl. Hoodii* keinen inneren Cilienkranz. Wahrscheinlich liegt hier eine mit Floscularia verwandte neue Gattung vor. Für die Aufstellung einer solchen reichen indessen meine Beobachtungen gar nicht aus, weshalb ich nur diese Form anderen Beobachtern empfehlen kann.

b. Fam. Melicertadæ.

II. Melicerta Ehrbg.

5. M. Tubicolaria Hudson.

Tubicolaria Naias Ehrbg. l. c. s. 399, Taf. XLV, Fig. I.
Tubicolaria Naias Leydig l. c. s. 14, Taf. I, Fig. 7.
Tubicolaria Naias Blochmann l. c. s. 111, Taf. VII, Fig. 220.
Melicerta Tubicolaria Hudson l. c. s. 72, Pl. V, Fig. 3.

Von diesem, nach der Literatur zu urtheilen sehr seltenen Räderthier fand ich d. 22 August einige Exemplare in dem kleineren von den beiden Teichen nahe an dem Wohnhause des "Koloniebestyrers" in Jakobshavn. Die Länge des ausgestreckten Thieres war 625 Mik. Bei diesem wohl recht jungen Thiere war die Gallerthülse noch ganz hell und durchscheinend. Ich konnte auch zwei kleine schwer sichtbare Pigmentflecken ganz sicher beobachten. Weil die Gallerthülse so hell war, musste man aus den schwärzlichen Körnern, welche zu geringer Zahl in derselben eingebettet waren, auf die Existenz derselben schliessen. Die Hülse war entschieden nicht quergeringelt. Ich finde meine Zeichnung und meine Notizen über das Räderorgan genau mit Hudsons Schilderung dieses Organs stimmend.

Sehr deutlich konnte ich fünf Wimpertrichter sehen. Die zwei lagen vor den Tastern, und die drei anderen gleich hinter denselben. Die Nervenstränge, welche zu den langen Tastern ziehen, sieht man ungewöhnlich klar, und eben an der Stelle, wo diese Stränge die Taster erreichen, liegt auch ein Wimpertrichter. Bei gewissen Lagen des Thieres kommt es deshalb vor, als läge ein Trichter im Basalstücke des Tasters. Eine contractile Blase konnte ich ebensowenig wie Leydig und Hudson bemerken.

Ich habe hier den Namen gebraucht unter welchen Hudson vorliegendes Räderthier anführt. Es scheint mir jedoch fraglich, ob nicht Ehrenbergs Gattung *Tubicolaria* aufrecht gehalten werden darf. Mag auch der Bau der Thiere sehr ähnlich sein, so sind doch die Hülsen sehr verschieden. Wenn man bei anderen Rotiferen so grosses Gewicht darauf legt, ob die Haut gepanzert ist oder nicht, scheint es mir kaum bedeutungsloser, wie das vom Thiere selbst gebaute Haus gemacht ist.

Die anderen *Melicerta*-arten zeigen ja alle eine charakteristische Bauweise, welche wohl bei *Melicerta Janus* etwas abweichend ist, aber dennoch ein *Melicerta*-Haus ist. Auch scheinen mir die Beschaffenheit der Hülsen bei *Cephalosiphon* und *Limnias* für die systematische Bedeutung dieses Verhältnisses ein Zeugniss abzulegen. Weil ich jedoch nicht längere Zeit diese Formen studiert habe, will ich keine neue Änderung vornehmen, nur mit diesen Worten darauf hinweisen, dass unter diesen Thieren die Beschaffenheit der Hülse recht bedeutungsvoll zu sein scheint.

Webers Art *Limnias granulosus* zeigt auch im oberen Theil der Hülse einige solche Körner, wie sie sonst nur den Melicertaröhren eigenthümlich sind, und kann also gewissermaassen für Hudsons Benennung unserer Form sprechen [1]).

III. Conochilus Ehrbg.

6. *C. Volvox* Ehrbg.

C. Volvox Ehrbg. l. c. s. 393, Taf. XLIII, Fig. VIII.
„ „ Cohn [2]) l. c. s. 197, Taf. XX, XXI, Figg. 1–20.
„ „ Eckstein l. c. s. 351.
„ „ Blochmann l. c. s. 111, Fig. 218.
„ „ Plate [3]) l. c. s. 9–13, Taf. I, Fig. 1 u. 2.
„ „ Hudson l. c. Vol. I, s. 89, Pl. VIII, Fig. 3.
C. Volvox? de Guerne & Richard l. c. s. 632.

Diese hübsche Form wurde d. 14 Aug. in dem grösseren Binnensee der Egedesminde-Insel gefunden. Sowohl einzelne jüngere Individuen wie ganze Colonien fanden sich dort. Die Farbe der Thiere war schwach gelblich. Das Augenpigment war schwarz, wie es auch Imhof [4]) für die von ihm im Zugersee gefundenen Individuen dieser Art angibt. An anderen Stellen scheinen die Augen dieser Thiere gewöhnlich rothes Pigment zu besitzen, wie es auch sowohl Ehrenberg wie Hudson schildern.

Hudson äussert einigen Zweifel, ob nicht die Organisation von *Conochilus* von dem Bauplan der Familie *Melicertadæ* so viel abweicht, dass eine besondere neue Familie für diese Gattung zu bilden sei. Hudson lässt indessen die Gattung in dieser Familie verbleiben. Mir scheint es absolut nothwendig für diese Gattung eine neue Familie aufzustellen, wenn man überhaupt die Melicertadæ als besondere Familie von der Floscolariadæ trennen will.

---

[1]) Weber, l. c. s. 13, Taf. XXVII, Fig. 1–4.
[2]) Cohn F., Bemerkungen über Räderthiere III. Zeitschr. f. wiss. Zool. Bd. XII 1863, s. 197–217.
[3]) Plate, L., Beiträge zur Naturgeschichte der Rotatorien. Jen. Zeitschr. f. Naturw. Bd. XIX 1886.
[4]) Imhof, O., Studien zur Kenntniss der pelagischen Fauna der Schweizerseen. Zool. Anzeiger 1883, s. 469.

B. Ordnung Bdelloida.

c. Fam. Philodinadæ.

IV. Philodina Ehrbg.

7. *Ph. erythrophthalma* Ehrbg.

Ph. erythrophthalma Ehrbg. l. c. s. 499, Taf. LVI, Fig. IV.

„   „   Blochmann l. c. s. 105.

„   „   Bartsch l. c. s. 46.

8. *Ph. roscola* Ehrbg.

Ph. roscola Ehrbg. l. c. s. 499, Taf. LXI, Fig. V.

Zwei Formen, die mit diesen Arten gut stimmen, wurden dann und wann bei Egedesminde und Jakobshavn beobachtet. Eigentlich häufig kamen sie niemals vor. Bei Ritenbenk sah ich im Anfang September nur einige seltene Exemplare von *Ph. erythrophthalma*.

Bei Jakobshavn waren sie seltener als *Ph. aculeata*, und bei Egedesminde wurden sie nicht so oft gesehen wie *Ph. tuberculata*. Fast immer sah ich das Augenpigment gelbröthlich, nicht so tief dunkelroth wie bei den *Rotifer*-arten.

9. *Ph. aculeata* Ehrbg.

Ph. aculeata Ehrbg. s. 501, Taf. LXI, Fig. IX.

„   „   Eckstein l. c. s. 352, Fig. 15.

„   „   Blochmann l. c. s. 105.

„   „   Hudson l. c. Vol. I, s. 101, Pl. IX, Fig. 5.

Wie oben angeführt wurde, hatte schon LEVINSEN diese Art bei Jakobshavn gesehen. Auch mir kam sie bei meinem Aufenthalt in dieser Kolonie oft vor Augen. Bei Egedesminde habe ich dennoch auch *Ph. aculeata* gesehen. Sie kam nicht in den Teichen und Wasserpfützen vor, aus denen ich daselbst die meisten anderen Räderthiere holte. Ich fand sie erst ziemlich spät im Sommer unter den Moosen in einer Bergpfütze, die auf einer früher ganz trockenen Stelle nach einem lange dauernden Regen entstanden war. Einmal habe ich sie auch auf oder in schwimmenden Rasen von Hypnum fluitans in einer seichten Bucht eines Sees beobachtet. Bei Ritenbenk [1]) sah ich ebenso eine nicht geringe Zahl dieser leicht kenntlichen Art.

Die Körperform der grönländischen Exemplare stimmte besser mit Hudsons als mit Ecksteins Abbildung. Dagegen sah ich gewöhnlich die Rückenstachel ziemlich schmal, wie der letztere sie zeichnet. Sowohl an grönländischen wie an hier in Lund untersuchten Individuen habe ich eine ziemlich geringe Zahl solcher Haken gesehen. Die Farbe des Augenpigments habe ich bei dieser Art öfter dunkelroth gesehen als bei den vorigen.

10. *Ph. tuberculata* Gosse. Fig. 1, 2, 3.

Ph. tuberculata Gosse Hudson l. c. Vol. I, s. 102.

In dem 1886 ausgegebenen Theile seiner Arbeit führt HUDSON eine Art unter diesem Namen an. In dem 1889 gedruckten Supplement findet sich dagegen s. 102 eine *Ph. macrostyla* Ehrbg, von der Hudson sagt: "Ehrenbergs specific characters are "Body white smooth; eyes oblong; spurs very long", But I have no doubt that this Rotifer is Mr Gosse's P. tuberculata the specific character of which I now give to it". Demnach würde der Namen *Ph. tuberculata* als Synonyme stehen, und der richtige Namen des Thieres wäre *Ph. macrostyla* Ehrbg. l. c. s.

Im Supplement Taf. XXXII Fig. 6 theilt HUDSON eine von GOSSE gezeichnete Abbildung des Thieres mit. Nach einer Anmerkung HUDSON's auf der siebenten Seite sagt GOSSE selbst in einer von seinen letzten Notizen "P. tuberculata has no tubercles".

Wenn ich dennoch GOSSE's Namen bis auf weiteres behalte, so geschieht es, weil ich erstens nicht ganz sicher auf die volle Übereinstimmung meiner Form mit der Ehrenbergschen Art bin, und weil ich zweitens auch nicht überzeugt bin, dass die Angaben im Supplement richtiger sind als die früher gelieferten.

---

[1]) Weil ich so wenige Arten für Ritenbenk angeben kann, muss ich ausdrücklich noch einmal erinnern, dass ich nur kurze Zeit da war und unter sehr ungünstigen Verhältnissen arbeiten musste. Meine mikroskopischen Arbeiten mussten auf dem Schiffe, wo das Licht nicht gerade gut war, vorgenommen werden. Noch viel weniger als für Jakobshavn und Egedesminde können deshalb meine Notizen über bei Ritenbenk auftretende Räderthiere auf Vollständigkeit Anspruch machen. Übrigens haben meine Notizen von Ritenbenk insofern ein besonderes Interesse, als das Thierleben wegen der Kälte bald für das Jahr vollständig schwinden sollte.

Die Form, welche ich unter den obigen Namen vorführe, war in mehreren Wasseransammlungen besonders bei Egedesminde recht häufig. Die Thiere waren eben so gross oder noch grösser als *Ph. aculeata.* Die Augen waren auffallend gross. Die Haut des Körpers ist braungelb sehr rauh und körnig. Die Unebenheiten zeigten sich mehr oder minder deutlich in viereckigen Figuren angeordnet. Der Fuss zeigte am vorletzten Gliede zwei sehr lange etwas gebogene Sporne Fig. 1 und endete mit zwei grossen Zehen, neben welchen zwei kleinere Nebenzehen deutlich sichtbar waren. Der vor den Augen stehende Taster ist ungewöhnlich deutlich dreigliedrig, und das äusserste Glied trug drei blattförmige Loben, die fast blüthenähnlich zusammengestellt waren, Fig. 2. Die Kiefer zeigten ausser den kleineren Zähnen 3 grosse an jeder Seite. Wie man sieht, bietet diese Form grosse Übereinstimmung mit Gosse's *Ph. tuberculata* dar. Nur scheinen die Sporne noch länger zu sein und auch die Zehen weichen etwas zu viel von Gosse's Abbildungen ab. Leider finde ich in meinen Aufzeichnungen keine Notizen weder über die Zahl der Fussglieder noch über den näheren Bau des Rüssels. Ich glaube jedoch annehmen zu müssen, dass diese beiden Formen zu derselben Art gehören und will nicht auf meine unvollständigen Notizen eine neue Art gründen. Gewiss sah ich nicht die braune Bekleidung oder Hülle unter ganz derselben Form, wie Gosse sie gesehen hat. Ich sah nur rauhe Körner aber keine solche Massen von spitzen Auswüchsen, wie seine Abbildung darstellt.

Nach dem was ich von dieser Form gesehen habe, scheint es mir nicht wahrscheinlich, dass sie sich ihren rauhen Hautbekleidung nach Belieben entkleiden kann. Eine solche Abstreifung sah ich nie, obgleich ich die Thiere recht oft und auch in reinem klarem Wasser gefunden und beobachtet habe. Kann Gosse's *Ph. macrostyla* sich wirklich von ihrer Bekleidung durch eine *Schleimauflösung* befreien, so möchte ich wohl glauben, dass die grönländische Art verschieden und durch eine eigenthümlich rauhe Haut ausgezeichnet sei.

Die Abbildung Fig. 3 zeigt die Form welche das zusammengezogene Thier gewöhnlich zeigte. Ich glaube nämlich gefunden zu haben, dass diesen Zuständen werthvolle systematische Merkmale entnommen werden können. Die drei zu dieser Art gehörenden Abbildungen sind etwas schematisirt.

11. *Ph. hexodonta* n. sp.

Von dieser Form habe ich nur eine beschränkte Individuenzahl untersucht und auch keine Zeichnung gemacht. Nichts destoweniger scheinen mir meine Notizen die Aufstellung einer neuen Art ganz unumgänglich zu machen. Der nicht gerade grosse Körper ähnelt demjenigen der Ph. roseola, ist aber nicht röthlich. Die Augen waren eher klein als gross, und stark violettroth. *Die Kiefer trugen 6 stärkere Zähne*, die deutlich hervortraten. *Der Fuss besass am vorletzten Gliede zwei kurze, am Basaltheile stark angeschwollene Sporne.* Die Haut des Mittelkörpers hatte viele und dichtstehende Längsfalten. Die Länge eines gemessenen ausgestreckten Thieres war 400 Mik.

Dieses Thier wurde im Ende August unter den Moosen eines kleineren sogenannten Sees nahe der Kolonie Jakobshavn gefunden. Die Zahl der Zähne macht es unmöglich diese Art mit irgend einer bisher beschriebenen mir bekannten zu vereinigen. Alle in der mir zugängigen Literatur behandelten Philodinaarten haben 2 oder höchstens 3 Zähne. Hudson gibt auch in seiner Beschreibung der Gattung an, dass die Zähne zwei oder drei sind. Ich kann es aber nicht zweifelhaft finden, dass meine Form zur Gattung Philodina gehört. Die Lage der kleinen aber stark gefärbten Augen war die für *Philodina* charakteristische. Die von Gosse beschriebene *Ph. microps* [1]) besitzt in der Körperform eine gewisse Ähnlichkeit mit dieser Art. Sie hat aber bleichrothe Augen. Von den Zähnen wird nichts angegeben. Gosse würde auch gewiss nicht die eigenthümliche Sporne unerwähnt gelassen haben. Von den Spornen sagt er nur: "spurs rather small, separated by a horizontal edge", was von meiner Art nicht gesagt werden kann. Gewiss waren sie kurz, aber die angeschwollenen Basaltheile lieferten keinen Platz für "a horizontal edge". Ich machte meine Aufzeichnung ohne Ahnung davon, dass meine Notizen später die Aufstellung einer neuen Art veranlassen würden. Meine eben in den Tagen stark beanspruchte Zeit machte es mir unmöglich von allen gesehenen Formen vollständige Notizen aufzuschreiben. Die meisten Male hat es sich gezeigt, dass ich mit kurzen Notizen früher gut bekannte Arten abgefertigt habe. Diesmal habe ich leider auch einer eigenthümlicheren Form nur wenige Worte geopfert.

---

[1]) Gosse, P. H., Twenty-four more new species of Rotifera, Journ. of Roy Micr. Soc. London 1883 s. 801.

Über die Bildung des Fusses dieser Gattung scheinen die Verfasser verschiedene Auffassung zu haben. So sagt z. B. Hudson bei der allgemeinen Schilderung der Gattung *Philodina:* "the three soft toes, rendered sticky by a secretion that exudes from them" [1] etc., und für die Ordnung Bdelloida gibt er an "au foot . . . ending almost invariably in three toes" [2]. In einer diesen Worten beigefügten Anmerkung heisst es "All the known British species have three toes". Eckstein liefert dagegen vom Fusse der *Ph. aculeata* die folgende Angabe [3]. Der Fuss . . . endigt mit vier Spitzen, von denen zwei schwächer sind als die anderen und immer früher eingezogen werden als die stärkeren". Bei der Behandlung von *Ph. citrina* spricht derselbe [4] auch von vier Zehen, die ausgestreckt werden können. Über *Ph. macrostyla* schreibt sogar Hudson selbst später [5]: The last joint of the foot divides into two equal branches, each carrying a pair of unequal toes; the outer of which is the larger of the two". Gosse's Abbildung Fig. 6 b Pl. XXXII zeigt auch vier Zehen. Ich habe den Bau des Fusses bei meiner Ph. tuberculata Gosse? (Ph. macrostyla Ehrbg?) so gesehen, wie die etwas schematisirte Fig. 1 es darstellt. Man kann da von zwei oder von vier Zehen sprechen. Von drei kann aber hier, so viel ich verstehe, keine Rede sein. In ähnlicher Weise scheint mir auch der Bau des Fusses von *Ph. aculeata, erythrophthalma* und anderen Arten aufzufassen zu sein.

Das obenstehende hatte ich im vorigen Herbst (1890) geschrieben. Damals war mir noch nicht Webers Arbeit zugängig, in welcher ich jetzt folgende Bemerkung finde: "Gosse et Hudson, dans leur ouvrage sur les Rotifères anglais, prétendent que toutes les Philodines ont trois doigts à l'extrémité du pied; il n'en est pas ainsi: les Philodina proprement dites ont toutes quatre doigts, les Rotifer trois, Actinurus trois, Callidina trois". — Weber l. c. s. 69.

[1] l. c. Vol. I s. 98.
[2] l. c. Vol. I s. 95.
[3] l. c. s. 352.
[4] l. c. s. 353.
[5] l. c. Supplement s. 7.

V. Rotifer (Schrank) Ehrbg.

12. *R. vulgaris* (Schrank) Ehrbg.

Vorticella Rotatoria O. F. Müller [1]) l. c. s. 296, Tab. XLII, Fig. 14, 15.
Rotifer vulgaris Ehrbg. l. c. s. 484, Taf. LX, Fig. IV.
„   „   Eckstein l. c. s. 355, Taf. XXIII, Fig. 6—12.
„   „   Blochmann l. c. s. 105.
„   „   Hudson l. c. Vol. I, s. 104, Pl. X. Fig. 2.

Diese wohl fast überall allgemeine Art, wurde auch in vielen Wasseransammlungen Grönlands gefunden. Indessen sah ich dieselbe weder im Freien noch in den von mir hereingeholten Wasserproben, die nicht selten recht lange stehen blieben, in solchen Massen wie es die Literatur so oft anführt, und wie ich sie auch selbst nach meiner Rückkehr hier in Lund gesehen habe. Diese Massen traten aber auch hier nicht im Freien auf sondern in Gefässen, welche einige Tage mit nicht ganz frischem Wasser und Wasserpflanzen gestanden. Dass bei dieser späten Jahreszeit die Rotiferarten nicht draussen massenhaft auftraten, kann wohl kaum auffallend sein.

In Grönland wurden die Rotiferarten in der ersten Hälfte des Sommers nicht sehr oft gesehen. In dieser Zeit sah ich viel öfter andere Philodinaden. So beobachtete ich im Anfange des Juli nur vereinzelte Exemplaren der Rotiferarten. Im August wurden sie viel gewöhnlicher und bei Jakobshavn habe ich sie sehr gemein genannt.

Nicht selten habe ich Individuen beobachtet, deren Augen aufgelöst waren. Den 6:ten August sah ich bei Egedesminde in einer Probe fast ebenso viele Individuen mit aufgelösten Pigmentflecken wie solche mit normaler Augenbildung. Fig. 4 zeigt ein solches Thier. Bei einem anderen waren die hinteren kleineren Pigmentflecken beiderseits gleich weit vom vorderen entfernt. Bei noch einem anderen waren die Augen in mehrere kleine Flecken aufgelöst, fast wie Hudsons Fig. 1 e Pl. X es für *Rotifer tardus* zeigt. Ich habe auch diese Form als *R. vulgaris* gedeutet und meine Notizen geben keinen

---

[1] Otto Fridericus Müller. Animalcula Infusoria Fluviatilia et Marina etc. opus Postlumum . . . Cura Othonis Fabricii. Havniæ 1786. Ich habe diese Arbeit des berühmten dänischen Forschers citirt weil sie grundlegend war, und weil seine Arbeiten bisher die einzigen sind, welche über nordische Rotiferen Auskunft geben. Ich habe selbst nur diese Arbeit benutzt. Den "Naturforscher" citire ich auf einigen Stellen nach Ehrenberg.

Grund für die Annahme, dass diese mit langgezogenen Augenflecken versehenen Formen eine andere Art vorstellten.

Bei den meisten von mir gesehenen Rotiferen waren die Augen ziemlich klein, rundlich. Auch bei denjenigen, welche mehrere Pigmentflecken besassen, waren die vordersten derselben ziemlich klein und rundlich. Die Farbe des Pigments war mit sehr seltenen Ausnahmen dunkel purpurroth.

13. *R. macrurus* (Schrank) Ehrbg.

Vorticella Rotatoria O. F. Müller l. c. s. 296, Tab. XLVII, Fig. 11.
Rotifer macrurus Ehrbg. l. c. s. 490, Taf. LX, Fig. 7.
„   Eckstein l. c. s. 358.
„   Blochmann l. c. s. 105.
„   „   Hudson l. c. Vol. I, s. 107, Pl. X, Fig. 4.

Von dieser schönen Art habe ich in Egedesminde nur einmal d. 16 Aug.) Representanten gefunden. In Jakobshavn habe ich fast alle Tage (21 30 Aug.) Exemplare gesehen in Proben, die aus verschiedenen Moortümpeln, Teichen und kleineren Seen geholt waren, und auch in Ritenbenk wurden im Anfang September mehrere Individuen unter den Moosen einer Bergpfütze notirt.

Anmerkung. Ausdrücklich will ich erwähnen, dass *Actinurus neptunius* niemals in Grönland von mir gesehen wurde. Hier in Lund kommt derselbe jetzt — Ende Oktober — in vielen Teichen vor, und derselbe scheint von den meisten Verfassern, die sich mit faunistischen und systematischen Rotiferen-studien abgegeben haben, in verschiedenen Gegenden gefunden worden zu sein.

Bei Gosse heisst es allerdings von *Actinurus*. "Habitat North London; Leamington; Coversham: rather rare" [1]. Ich finde ihn aber bei vielen anderen Verfassern notirt.

Schon O. F. Müller hat ihn offenbar in Fig. 12 (u. 13?) seiner Tab. XLII dargestellt und Ehrenberg [2] kennt diese Form von Quedlinburg, Danzig, Strassburg, Berlin und Copenhagen (vielleicht Müllers Angabe). Perty [3] kennt sie aus der Schweiz, und in der Umgebung von Genéve scheint dieses Räder-

---

[1] Henson l. c. Vol. I. s. 108.
[2] Ehrenberg l. c. s. 496.
Perty, M. Zur Kenntniss kleinster Lebensformen. Bern 1852. s. 44.

thier auch von WEBER beobachtet wörden zu sein. BARTSCH[1]) hat *Actinurus*
in der Umgebung von Tübingen gefunden, TÓTH rechnet ihn unter den 23
Rotatorien, welche er in der Umgebung von Pest-Ofen beobachtet hat, auf[2]).
Bei Petersburg ist diese Form von WEISSE gesehen[3]). In EYFERTH's Arbeit kann
man nicht deutlich sehen, welche Arten er selbst untersucht hat, und welche
er nach der Literatur anführt. Von *Actinurus* sagt er: "In Aufgüssen mit
Wasser selten auftretend, zuweilen aber zahlreich". In der Umgegend von
Rostock ist er von TESSIN-BÜTZOW beobachtet werden[5]). und BARROIS sagt von
dem Auftreten dieser Art auf den Azoren[6]). "Assez commun dans certains
mares telles que le Charquinho da Calçada, par exemple et dans le petit
Lagoa do Peixe". Schon früher war er auf derselben Inselgruppe von J. DE
GUERNE bei Ponta-Delgada gefunden[7]). PLATE nennt ihn wohl mit vollem
Recht nebst *Rotifer* als eines von den gemeinen Räderthieren. Aus Australien
und Indien ist diese Gattung auch bekannt[8]).

Hier in Lund war bei dieser Zeit die Temperatur des Wassers ungefähr
dieselbe wie während des Hochsommers in den meisten grönländischen Wasseransammlungen. Es ist nicht möglich, dass ich diese so charakteristische Art
übersehen habe, und deshalb finde ich diese Thatsache ganz merkwürdig, denn
hier in Lund kommt diese Art eben mit *Ph. aculeata*, *Rotifer macrurus* und
vulgaris zusammen vor. Diese würden ja alle in sehr vielen Gewässern Grönlands gesehen. Nach meinen über eine recht grosse Landstrecke reichenden
Erfahrungen ist deshalb das Fehlen dieser Form in Grönland eine Eigenthümlichkeit, auf die ich besonders hinweisen wollte. Möglicherweise liegt darin

[1]) BARTSCH l. c. s. 49.
[2]) TÓTH, A. Rotatorien und Daphnien der Umgebung von Pest-Ofen. Verh. der k. k.
zool. bot. Gesellsch. zu Wien XI, 1861, s. 183, 184.
[3]) WEISSE, J. F., Verzeichniss von 155 in St. Petersburg beobachteten Infusorienarten
nebst Bemerkungen über dieselben. Bull. math. phys. de l'Acad. S:t Petersburg, III, 1845,
s. 19 26.
[4]) EYFERTH, B. Die einfachsten Lebensformen etc. Braunschweig 1878, s. 103.
[5]) TESSIN-BÜTZOW, G. Rotatorien der Umgegend von Rostock. Sep.-Abdruck aus Archiv
43 d. Fr. d Naturg. i Mecklenb., s. 139
[6]) BARROIS, TH. Matériaux pour servir à l'étude de la Faune des eaux douces des Açores.
Lille 1888, s. 4.
[7]) DE GUERNE, J. Excursions zoologiques dans les iles de Fayal et de San-Miguel (Açores)
Paris 1888. angeführt nach Barrois.
[8]) Die betreffenden Arbeiten werden im Schlusse der Abhandlung etwas näher berührt
und da werden auch die Titel angegeben.

eine thiergeographische Thatsache von Interesse vor. Vielleicht können auch
kommende Untersuchungen diese Art in Grönland aufweisen. Hauptsächlich
um die kommenden Untersucher zu veranlassen nach Actinurus zu suchen habe
ich schon hier diese Bemerkung gemacht.

VI. Callidina Ehrbg.

Von dieser Gattung wurden in Grönland nicht weniger als vier oder
vielleicht fünf Arten notirt. Wurden die nächsten Verwandten dieser Formen
im Spätsommer und Herbste gemeiner, so waren die Callidinen ganz im Gegentheil in der ersten Hälfte des Sommers gewöhnlicher und wurden im Herbste
nur ganz vereinzelt unter den dann im grösserer Zahl auftretenden Philodinen
und Rotiferarten angetroffen. Ich beobachtete Repräsentanten dieser Arten im
Holstensborg schon in der Mitte des Juni in kleinen Pfützen die 1000–1600
Fuss hoch gelegen waren, und in denen bei dieser Zeit ausserdem nur einige
wenige Diatomaceen und Desmidieen das Leben fristeten. Leider konnte ich
eben in dieser Zeit [1]) nicht in Ruhe arbeiten, weshalb auch meine Notizen
über die Arten der Gattung *Callidina* sehr mangelhaft sind.

14. *C. elegans* Ehrbg.

C. elegans Ehrbg l. c. s. 482, Taf. LX, Fig. I.

  „   „ Blochmann l. c.

  „   „ Hudson l. c. Vol. I, s. 109.

Wurde in Holstensborg, Egedesminde und Jakobshavn beobachtet.

15. *Callidina laevis* n. sp.

Die so genannte Art bietet in mehreren Hinsichten grosse Ähnlichkeit
mit *C. bidens* Gosse (l. c. s. 109, Pl. X, Fig. 8) dar, darf jedoch nicht mit
derselben vereinigt werden. *Die Haut ist ganz eben, schlicht, die Sporne
sind länger und die mit zwei stärkeren Zähnen bewaffneten Kiefer gross,
besonders breit.* Der Nackentaster ist nicht lang, und die Zehen sind gleich-
falls ziemlich kurz.

---

[1] Erst nach dem 14 Juli konnte ich ungestört arbeiten, und dann wurden andere
Arten näher studirt als die Callidinen.

Konnte ich dieser Abweichungen ungeachtet noch Zweifel über die Verschiedenheit meines grönländischen Räderthieres von Gosse's Art hegen, musste dieser gleich schwinden, als ich bei Gosse von der Lebensweise seiner Art das folgende las: "It is, if I may use the term, very wild, shooting about with swiftness in an impatient manner with a peculiar mingling of swimming and creeping ... It is much bolder than the other members of the family,·keeping its wheels in rotation all the time it is attached; and though a sudden jar, or the impact of another animal, will cause it to close them it is but for an instant. I have never seen it contract on alarm into a short round bulb; far less remain quiescent in such a condition for hours as Rotifer and Philodina do". Ganz im Gegentheil zeigt vorliegende Form sich viel träger als die anderen Callidinen und liegt oder sitzt wie es mir schien sehr gern zusammengezogen. Ich habe eben eine Abbildung dieser Art in zusammengezogener Stellung skizzirt. Fig. 5.

Wurde d. 27 Juli unter Moosen und Algen, die auf Räfön bei Egedesminde eingesammelt waren, gefunden.

16. C. tentaculata n. sp.

Diese Art ist C. elegans sehr ähnlich, kann aber sicher von derselben unterschieden werden durch einige viel stärkere vordere Zähne. Die Zahl derselben kann nicht ganz genau angegeben werden, eben weil verschiedene Exemplare darin einen Wechsel zeigten. Einige waren immer von den hinten stehenden kleineren Zähnen oder Leistchen (Zelinka nennt sie Riefe) sehr deutlich unterschieden, aber zwischen diesen grossen Zähnen und den Leisten standen immer einige, welche schwächer waren und den Übergang vermittelten. So habe ich von einem Thiere notirt, dass drei vordere Zahnpaare sehr stark waren, die durch drei Paar etwas kleinere von den hinteren leistenförmigen getrennt waren. Bei anderen Individuen habe ich nur die Notiz gemacht: Vordere stärkere Zahnpaare durch Übergänge mit den hinteren verbunden. Gewöhnlich hält sich die Zahl der unter sich nicht gleich grossen stärkeren Zahupaare zwischen drei und sechs. Die Rami sind länglich ausgezogen und ziemlich schmal ¹).

----

¹) Obgleich ich keine Notiz darüber finde, darf ich aus der Erinnerung zusetzen, dass die stärkeren Zähne nicht immer an den beiden Seiten gleich viele waren Bekanntlich

Der Körper zeigte weit aus einander stehende Querfalten. Die Längsfalten stehen einander viel näher. Die Farbe des Körpers war hell rosa, aber vor dem mastax war die Farbe sehr schwach. Zum Theil rührte die stärkere Farbe des hinteren Körpertheiles vom Darminhalte her. Einige Exemplare, die ich derselben Art zurechnete, hatten einen mehr gelblichen Farbenton. Der Körper war sehr durchscheinend und hätte ich längere Zeit gehabt, wäre diese Art wohl deshalb für eingehendere Studien sehr geeignet gewesen. Der bedeutend lange Fuss hatte drei kurze Zehen, und die Sporne des vorletzten Gliedes waren auch ziemlich kurz.

Die Individuen, welche ich zu dieser Art zähle, waren sehr lebhaft und krochen ohne Ruhe auf dem Objektträger herum. Dabei zeigten sie indessen den Fuss ungewöhnlich wenig. Nur einen kurzen Augenblick wurde derselbe ausgestreckt, wenn er gegen den nach hinten gebogenen Rüssel geführt wurde, wonach der Körper fast blitzschnell nach vorn geworfen wurde. Selten habe ich diese Art mit hervorgestrecktem Räderorgan schwimmen sehen. — Über die Form des Räderorgans habe ich keine Notizen.

Wurde auch zum ersten Mal gegen Ende des Juli in Moortümpeln auf Räfön beobachtet, jedoch später auch in einigen anderen Wasseransammlungen notirt.

Die Länge des Körpers ohne Fuss, der nicht gemessen werden konnte, war 300 Mik. Die Länge des dorsalen Tasters war über 30 40 Mik.

Ich habe dieser leider ungenügend untersuchten Art einen Namen zu geben gewagt, weil ich in der Literatur kaum Formen gefunden habe, mit denen sie verwechselt werden könnte. Die grosse Zahl der stärkeren Zahnpaare erinnert an C. Leitgebii Zelinka. Aber mit derselben kann sie wegen der Grösse, der Form der Zehen und der Lebensweise unmöglich identisch sein.

hat Zelinka in seiner ausgezeichneten Monographie über Callidina symbiotica und C. Leitgebii gezeigt, dass diese beiden Arten konstant eine verschiedene Zahl Zähne in den beiden Kiefern besitzen.

ZELINKA's schöne Studien über die Callidinen zeigen mir noch deutlicher, wie lückenhaft meine Notizen eben über diese Gattung sind. Aber kaum geringer als die Verschiedenheit in der Behandlungsweise dürfte die Verschiedenheit in den Verhältnissen sein, unter welchen die Studien gemacht worden sind.

ZELINKA, C. Studien über Räderthiere 1. Über die Symbiose und Anatomie von Rotatorien aus dem Genus Callidina. Arbeiten aus dem Zool. Inst. Graz. 1 Bd. n:r 2 auch Z. f. w. Z. Bd. XLIV s. 58 & 60, Taf. XXVI, Fig. 18.

Wenn ich über die systematische Stellung der vorigen Formen eine bestimmte Ansicht haben konnte, so ist dies mit den anderen gesehenen Callidinen nicht der Fall.

17. *C. sp.*

Oft sah ich eine andere Form, die mit der nächstvorigen nicht geringe Ähnlichkeit darbot, über die ich aber nur die Notizen finde, dass sie kleiner war und sich in ganz anderer Weise bewegte.

Anmerkung. Möglicherweise sah ich dazu noch eine fünfte Art, denn ich finde in meinen Aufzeichnungen eine Form erwähnt, die nur einen grösseren Zahn aufzeigte. Ich hatte beabsichtigt diese Form später zu untersuchen, fand aber keine Gelegenheit. Es wäre denkbar, dass diese Form eine *C. tentaculata* gewesen, bei welcher der erste Zahn eine ungewöhnlich starke Entwicklung gezeigt. Sehr warscheinlich finde ich jedoch diese Erklärung nicht.

GOSSE hat *C. bidens* empfindlich gegen Licht gefunden [1]). Freilich ist die Untersuchungsweise etwas grob gewesen. Von zwei Gefässen, in welchen diese Art sich befand, wurde das eine in ein Fenster, das andere in eine dunkle Ecke gestellt. Nach fünf Monaten fanden sich im letzteren viele *Callidinen*, im ersteren dagegen keine einzige. Über das Verhältniss der von mir gesehenen Arten zum Licht weiss ich natürlich nichts, kann aber nicht umhin darauf hinzuzeigen, dass diese Arten mir während des lichtstarken Vorsommers besonders zahlreich vorkamen. Selbstverständlich *können* sie dennoch sehr lichtscheu sein.

C.　Ordnung Ploima.

Unterordnung Illoricata.

Anmerkung: Ich nehme hier die von RABOT gesammelten *Asplanchna helvetica* Imhof und *Triarthra longiseta* Ehrbg auf, um alle von Grönland bekannten Rotiferen auch in diesem systematischen Verzeichniss zu erwähnen. Vgl. davon oben s. 13.

[1] Hudson l. c. s. 110.

d. Fam. Mikrocodidæ.

VII. Mikrocodon Ehrbg.

18. M. clavus Ehrbg.

Mikrocodon clavus Ehrbg l. c. s. 396, Taf. XLIV, Fig. I.
„ Grenacher l. c. s. 483—498.
„ „ Blochmann l. c. s. 102, Fig. 232.
„ „ Hudson l. c. Vol. I, s. 118, Taf. XI, Fig. 1.
„ „ Weber l. c. s. 18—23, Taf. XXIX, Fig. 1—6.

Diese, wie es scheint, in vielen Gegenden seltene Art fand ich in Grönland zum ersten Male d. 25 Juli unter Moosen und Algen, die von einem Moortümpel auf Rätön bei Egedesminde genommen worden waren, und von demselben Locale sah ich auch später einige Thiere. Den 23 Aug. beobachtete ich wieder diese Art in den schwimmenden Hypnumrasen eines kleinen Sees nahe an der Kolonie Jakobshavn, und von demselben See kamen auch die folgenden Tage einige Individuen auf den Objektträger. So viel ich weiss, ist diese Form nur von EHRENBERG, PERTY, GRENACHER, COLLINS, TÓTH, GOSSE und WEBER gesehen worden. GOSSE hatte seine Exemplare von Miss DAVIES erhalten. HUDSON sagt von diesem Thier: "It has, however, escaped the notice of the majority of observers during the last fifty years, in some measure no doubt owing to its small size". Ich will das kaum glauben, denn, wenn Jemand Mikrocodon in einem Wassertropfen hat, kann derselbe auch, wenn die Untersuchung bei schwacher Vergrösserung geschieht, kaum übersehen werden. So charakteristisch und auffallend ist das Benehmen dieses schönen Thieres. Am genauesten ist das Thier von GRENACHER und WEBER studirt. Die Verfasser sind jedoch über verschiedene Fragen nicht einig. Ich hatte keine andere Literatur als Blochmanns Diagnose und konnte deshalb nicht einsehen, über welche Verhältnisse ich besonders Beobachtungen sammeln müsste.

Die Länge eines gemessenen Thieres war 123 Mik. Der Fuss war 60 Mik, von denen auf das erste Glied 21, auf das zweite 33 und auf das letzte 6 Mik kamen. Ich glaubte an jedem ramus mehr als fünf Zähne sehen zu können. HUDSON spricht sich nicht über die Zahl der Zähne aus. Seine Abbildung Fig. 1 c zeigt jedoch 9 Zähne jederseits. Indessen gibt auch WEBER

wie GRENACHER fünf Zähne an. Sieht man aber WEBER'S Figur 3 Taf.
XXIX an, welche den mastax darstellt, erhält man, wenn ich anders diese Abbildung richtig verstehe, eine ganz andere Auffassung. Da sehe ich am einen
uncus neun und am anderen zehn Zähne. Ein Missverständniss dieser Abbildung ist kaum wahrscheinlich, denn die Zähne sind mit g bezeichnet. Nach
meiner Erinnerung möchte ich glauben ziemlich reife Eier gesehen zu haben,
was ich hier nenne, weil Eier bei den europæischen Exemplaren bisher nicht
gesehen zu sein scheinen.

Überhaupt nahm Mikrocodon selbst, so schön und interessant er auch ist,
nicht lange meine Aufmerksamkeit in Anspruch, denn die Bestimmung war ja
in diesem Falle sehr leicht. Erst als ich in Jakobshavn ein anderes Räderthier gefunden hatte, das dem Mikrocodon im Auftreten beinahe täuschend
ähnlich war und sich jedoch von demselben in sehr wichtigen Bauverhältnissen
unterschied, bekam ich einen Grund mich mit ihm zu beschäftigen. Viele
Zeit konnte ich dennoch nicht dem Mikrocodon selbst widmen. Lange schien
es mir sehr zweifelhaft, wie diese andere Form aufzufassen sei, ob als ein
monströser Mikrocodon, oder als ein Entwicklungsstadium desselben, oder als
eine neue Art und Gattung. Weil ich indessen gegen die beiden ersten Vor-
schläge genügende Gründe anführen kann, muss ich eine neue Gattung aufstellen,
und nenne dieselbe eben wegen der Ähnlichkeit mit Mikrocodon

VIII. Mikrocodides n. g.

und die Art 19. *M. dubius* n. sp. Figg. 8, 10, 11.

Derjenige Leser, dem Mikrocodon wohlbekannt ist, und der seinen Blick
auf meine Abbildung Fig. 8 wirft, wird ganz sicher diesen Zweifel eben so
erstaunenswerth wie unbegründet finden, und nichts desto weniger habe ich
ihn noch nicht ganz überwunden.

Freilich entbehrt diese Form des für Mikrocodon so charakteristischen
Fusses und zeigt einen gewöhnlichen Rotiferen-Fuss mit zwei Zehen, und es
wird gewiss nicht leicht sein einzusehen, welcher Umbildung diese Form unter-
liegen musste um die andere entstehen zu lassen. Trotzdem können zwei
Thiere kaum ähnlicher sein, als diese beiden es waren. Bewegungsweise,
Körperform und Räderorgan zeigen ungewöhnlich grosse Übereinstimmung.

Zum ersten Male fand ich diese Art im oben genannten See bei Jakobshavn d. 21 Aug., und seitdem beobachtete ich noch einige Exemplare. Den 23 Aug. sah ich mehrere Exemplare derselben Form, die jedoch zum Theil abweichend waren. Den 28 Aug. fand ich die viel kleinere Form, welche ich in der Fig. 7 wiedergegeben habe. Ich neigte nämlich dazu diese Form als ein kleineres Individuum von meinem Mikrocodides aufzufassen.

Als ich das Mikrocodides genannte Räderthier zum ersten Male sah, kam es mir ganz neu und sonderbar vor. Ich machte die Zeichnung Fig. 8 und beschrieb ziemlich kurz das Aussehen des Thieres. Am folgenden Tage kam dann Mikrocodon selbst wieder unter das Mikroskop, und ich konnte nachher schwerlich der Vorstellung los werden, dass die beiden Thiere eigentlich nur zu einer und derselben Species gehörten.

Ich habe von zwei grösseren Thieren Abbildungen verfertigt, von denen ich nur die eine, welche nach einer Cameraskizze ausgeführt ist, hier mittheile. Ich habe auch anderer Beschäftigungen wegen nur diese zwei Thiere eingehender untersuchen können.

Der Körper ist kegelförmig und zeigt einen vorderen, höheren Theil. Der hintere Theil des Rückens fällt ziemlich steil vom vorderen ab, was jedoch nach dem Ausfüllungszustande des Magens nicht so wenig wechselt. Meine andere Skizze[1]) zeigt eine schnellere Dickenabnahme gleich hinter den dorsalen Tastern. Der Bauch zeigt eine fast gerade Grenzlinie, die an Skizze *u* noch schärfer hervortritt. Der Fuss bildet die hintere Fortsetzung des Körpers und besitzt nur ein Glied. Die Zehen sind wie schon angeführt zwei, von denen aber fast immer die eine grösser ist und beinahe die ganze Hinterfläche des Fussgliedes aufnimmt. Es sieht aus, als ob diese Zehe die unmittelbare Fortsetzung des Fusses bildete. Die andere viel kleinere Zehe steht gegen die obere, grössere mehr oder minder winklig ab. Die Haut ist *weich* und zeigt einige ziemlich schwach angedeutete hintere Ringfalten. Über dem Räderorgan sah ich sehr oft einen hakenförmigen Fortsatz wie es Fig. 8 zeigt. Auf Skizze *u* ist derselbe nicht angedeutet und war bei dem Thiere nicht so deutlich. Das Räderorgan schien mir von vorn gesehen einen ringförmigen Cilienkranz um die gegen die untere Fläche des Thieres fast rechtwinkelige Mundfläche zu bilden. Die Fig. 11 stellt das ein wenig schematisirte Aussehen des Räder-

[1]) Weil ich mehrmals diese Skizze citiren muss, nenne ich dieselbe Skizze *u*

organs von vorn gesehen dar. Bei einigen Individuen war der Rand etwas ausgebuchtet wie es Fig. 8 zeigt. Die Skizze *u* zeigt wieder einen ganz ringförmigen Cilienkranz. Das cingulum sah ich ohne Unterbrechung die etwas vorstehende Lippe der Vorderfläche umkränzen. Oben sah ich entschieden einen zusammenhängenden Cilienkranz, und auch unten habe ich ihn vollständig gezeichnet. Die Cilien dieses Kreises — des cingulum — waren recht kräftig. Etwas näher dem Centrum der ziemlich platten Vorderfläche stand der trochus. Dieser Cilienring ist nach unten unterbrochen. Die unteren Schenkel des trochus konvergieren gegen das obere Ende einer faltenförmigen Einsenkung, in deren Boden die Mundöffnung liegt. Nach oben ist der trochus nicht ganz rund, sondern an beiden Seiten lassen sich Ecken ähnliche Stellen unterscheiden. Eben da standen längere schmale Cilien, die sich kaum oder selten bewegten, und möglicherweise entweder Sinneshaare sind oder nur bei gewissen Bewegungen benutzt werden. Die unteren seitlichen Cilien des trochus waren viel kürzer als diese oberen in den Ecken stehenden. Zwischen den Eckencilien sah ich an den beiden genauer untersuchten Exemplaren ganz zweifellos Cilien, die sich fast immer lebhaft bewegten. Möglicherweise ist der trochus auf meiner schematischen Figur 11 etwas zu gross und zu weit vom Centrum entfernt. Auf dieser Figur sind einige Cilien zwischen dem cingulum und dem trochus angedeutet. Ich glaubte oft solche sehr deutlich zu sehen, darf jedoch nicht ganz verneinen, dass dieses Bild möglicherweise durch die Bewegungen der anderen Cilien entstehen konnte.

Drei Taster treten recht deutlich hervor. Der dorsale bildet eine kleine Erhebung unmittelbar vor dem Auge. Die lateralen Taster sitzen seitlich am Rücken ziemlich genau gleich entfernt vom Hinter- und Vorderende. Da sind ziemlich grosse Erhebungen sehr deutlich. Ebenso konnten die Tasthaare sehr leicht beobachtet werden.

Das Auge liegt ziemlich tief unter dem hinteren Theil des grossen Gehirns und oben am mastax. Es ist stark gefärbt.

Über die inneren Organe kann ich wenig sagen. Der mastax ist sehr gross mit ziemlich wohl entwickelten ob auch nicht starken Kiefern. Das auf Fig. 8 unter dem mastax sichtbare Organ war mir zweifelhaft. Wahrscheinlich ist es ein verschobener Theil des mastax, denn an der Skizze *u* sehe ich nichts entsprechendes. Beim lebenden unbeschädigten Thiere konnte ich die Kiefer nicht deutlich genug sehen. Als ich das Thier, seitdem ich über die gröberen

und äusseren Verhältnisse einige Notizen gemacht hatte, isolirte, suchte ich
dasselbe durch Algenfäden gegen Druck zu schützen, dennoch wurde recht
bald das Vorderende seiner Höhe wegen zerdrückt, und dabei kam der mastax
deutlich hervor. Die Abbildung Fig. 7 stellt den etwas verschobenen Kiefer
der einen Seite dar. Derjenige der anderen Seite war mehr beschädigt. Man
sieht ein spitzes fulcrum und am ramus mehrere Zähne, von denen die unteren
viel länger sind als die oberen. Nach aussen von dem ramus sah ich ein ge-
bogenes nach vorn angeschwollenes Stück, das ich als einen uncus deutete.
Diese Abbildung, wenn auch mangelhaft (so habe ich von dem ramus nur den
zahntragenden Theil gesehen) genügt doch ganz gewiss für das Wiedererkennen
des Thieres. Ich sah dasselbe Bild bei anderen beobachteten Individuen,
obgleich ich nicht die für eine nähere Untersuchung nöthige Zeit später finden
konnte. Ich machte einige Versuche, musste es aber bald aufgeben Ich stellte
mir nämlich schon in Grönland vor, dass diese Form einer genaueren Untersuchung lohnen würde. Vom Oesophagus finde ich keine Notiz. Der aus
grossen braunen Zellen bestehende Magen war gewöhnlich nicht scharf vom
langen schmalen Darme abgesetzt. Dieser mündete dorsal über dem Fussgliede
aus. Zwei weissliche pankreatische Drüsen lagen vor dem Magen und schienen
mir blasenförmig. In der Blase waren Körner und Oeltropfen eingeschlossen.
Ich sah deutlich, wie der Inhalt des Darmkanals durch Cilienbewegung herum-
gerollt wurde.

Die Geschlechtsdrüse lag unten und seitlich am Darme und zeigte beim
abgebildeten Thiere kleinere Kerne in einer dunkelgrauen Grundmasse. Bei
dem anderen, auf Skizze *n* dargestellten Thiere sah ich grosse Blasen in einer
etwas helleren körnigen Grundmasse. Ich habe beide als verschiedene Stadien
des Dotterstockes aufgefasst. Nach hinten von diesem Organ sah ich bei einem
Thiere einen schmalen Körper, der zwischen dem Darme und der Blase
lag und sich bis zur Cloake streckte. Am vorderen Ende schien er mir mit
der Geschlechtsdrüse zusammenzuhängen.

Die Blase war gross und in gefülltem Zustande oval bis birnförmig. Ihr
hinteres Ende bog sich nach oben um die Cloake zu erreichen. Im Texte
habe ich nichts über die übrigen Theile des Exkretionsapparates notirt, und
auch findet sich an der Skizze *n* nichts davon angegeben. An der Fig. 8
sieht man eine etwas geschlängelte Linie, die sich kaum auf was anderes
beziehen kann. Die zwei Kittdrüsen lagen im Fussgliede und die eine

schien mir zwischen zweitem und letztem Drittel der grossen Zehe zu
münden.

Über die Muskulatur habe ich nur bemerkt, dass keine Muskelfasern im
Fusse entdeckt werden konnten.

Soviel kann ich über den Bau dieses Thieres mittheilen. Hoffentlich
werden diese Notizen erlauben wenigstens eine vorläufige Auffassung des Thieres
und dessen Stellung im System der Räderthiere zu begründen.

Die Länge des Körpers   war   155 Mik
„   „   des Fussgliedes   20–22 „
„   „   der grossen Zehe   „   15 „
„   „   der kürzeren „   „   12 „

Das Auge lag 18 Mik vom vorderen Rande des Räderorgans entfernt,
und die seitlichen Taster standen 75 Mik nach hinten von demselben.

Die so bedeutende Länge, die ja nicht wenig bedeutender ist als diejenige
von *Mikrocodon* scheint wohl die Auffassung dieser Form als ein Jugendstadium
von Mikrocodon von vorn herein so ziemlich auszuschliessen, denn mehrere
Exemplare zeigten beinahe dieselbe Grösse. Die grosse Ähnlichkeit zwischen
diesen beiden Arten zeigt sich im Räderorgan, in der Lage und Beschaffenheit
der Taster, die auch bei *Mikrocodon* auf grösseren Erhebungen sitzen, als
Grenachers Figur zeigt, und noch weiter in der Form des mastax und der
Kiefer und schliesslich in der allgemeinen Körperform [1]). Die letztere ist ganz
besonders auf Webers Abbildungen von *Mikrocodon* noch sehr abweichend
von der extremsten Form des *Mikrocodides*, aber ich möchte eher Grenacher's
Abbildung der Körperform des von mir in Grönland gesehenen Mikrocodon
entsprechen lassen als Webers. Auch betreffend die Lage des dorsalen Tasters
fand ich die Grenacher'sche Abbildung naturgetreu. Zwar kannte ich weder
in Grönland, noch als ich zuerst meine Notizen bearbeitete, Weber's Abhandlung und konnte deshalb keinen Vergleich vornehmen, aber meine Erinnerung und meine Notizen lassen mich ziemlich sicher hierüber ein Urtheil
abgeben. Blochmann hat eine Kopie der Grenacher'schen Figur, die mir auch

[1]) In der Lage des Auges schien mir auch eine Ähnlichkeit vorzuliegen, wenigstens
wenn die Thiere von vorn gesehen wurden. Wenn ich meine Zeichnung von Mikrocodides
mit den Angaben über die Lage des Auges bei Mikrocodon zusammenstelle, scheint dagegen
die Lage des Auges bei den beiden Formen recht verschieden.

in Grönland an der Seite lag, als ich *Mikrocodon* unter dem Mikroskop beobachtete.

Den mastax betreffend erinnert meine Abbildung recht viel an Grenacher's Figur bei der Seitenlage des Mikrocodon. Die Kiefer sind ja von den verschiedenen Forschern, welche Mikrocodon näher studirt haben ganz grundverschieden dargestellt. Man braucht um dieses einzusehen nur die Abbildungen, welche HUDSON und WEBER geben zu vergleichen. Der erstere zeichnet längliche rami mit kurzen, starken Zähnen, die von einander recht entfernt stehen. Der letztere um nur eine Verschiedenheit hervorzuheben zeichnet die rami breit und ziemlich kurz mit nahe stehenden feineren Zähnen. Meine Auffassung des Bau's des mastax würde betreffend das fulcrum HUDSON's Figur entsprechen. Dagegen möchte ich für die rami eher diejenige von WEBER als richtig ansehen. Ein solches war nämlich das Bild, welches ich in Grönland bei einer zwar nicht sehr tiefdringenden Untersuchung des mastax von *Mikrocodon* sah, und das mich veranlasste von *Mikrocodides* zu notiren, dass derselbe einen ähnlichen mastax wie *Mikrocodon* besass.

Eine gewisse Ähnlichkeit bietet auch der Fuss dar, insofern eine Zehe überwiegend ist und die eigentliche Fortsetzung des Fusses bildet.

Wenn ich auch diese Ähnlichkeiten gar nicht gering schätze, wäre ich dennoch wohl kaum vom Bau dieser Formen auf die Idee gekommen, dass sie vielleicht sogar identisch sein könnten. Dieser Gedanke musste Einem aber einfallen, wenn man die Bewegungsweise der beiden Formen beobachtete. Auch *Mikrocodides* zeigt dieselbe leichte gleitende Bewegung, welche auch hier durch das Spielen der Cilien des cingulum hervorgerufen wird.

Das Räderorgan von Mikrocodides wird ebensowenig wie dasjenige von Mikrocodon eingezogen. Ich beobachtete wenigstens ein paar Mal diese Formen während eines halben Tages unaufhörlich und sah *Mikrocodides* beim Zusammenstossen mit anderen Thieren oder Moosblättern u. dgl. den weichen Körper recht stark zusammenziehen, aber das Räderorgan wurde nicht eingezogen. Nur einmal sah ich beim Zusatze von Alkohol eine Andeutung zu einer Einziehung dieses Organs. Dasselbe wurde indessen wieder ausgestreckt, ehe ich eine klare Auffassung des Vorganges bekommen hatte. Der Fuss wird immer steif und unbiegsam gehalten und ich sah denselben nie gebogen werden. Auch konnte ich niemals einer Bewegung der Zehen gewahr werden. Von der grossen Zehe ging wenigstens sehr oft ein Faden entweder zum Glase oder zu einem Pflanzentheil, und auf diesen stützte sich das Thier oder hing in demselben. Dagegen sah ich wohl kaum bei diesen grösseren Formen die für Mikrocodon so charakteristischen Werfungen.

Den 28 Aug. fand ich in demselben See ein kleineres Räderthier, das ich auch unter ausdrücklicher Reservation bei dieser Art bespreche und als ein jüngeres Stadium betrachte. Zuerst glaubte ich ein Männchen vor mir zu haben, fand aber bald, dass es nicht so war. Das Räderthier ist in Fig. 7 wiedergegeben. Die Bewegungsweise und auch die schnellenden Bewegungen erinnern vollständig an Mikrocodon. Vom älteren Stadium zeigt freilich diese Form ziemlich bedeutende Abweichungen. Ich muss sie indessen vorläufig beide zusammenführen. Die Körperform ist fast ganz dieselbe. Das Räderorgan kam mir auch ganz gleich vor. Nur war der Cilien tragende Rand vielleicht noch mehr ausgezogen und besass unten eine kleine Ausbuchtung nach hinten. Der trochus war etwas schwer zu sehen, weil diese Form nie ruhig war, schien mir aber etwas schwächer als bei der anderen Form. Etwas unter der Mitte der Vorderfläche ragt ein sehr schwacher Mundkegel hervor. Er ist auf der Zeichnung etwas zu gross geworden. Mastax und Kiefer stimmen sehr gut mit den grösseren Individuen. Der Magen ist hier durch eine leichte Einschnürung vom Darme getrennt, und beide sind von grünem Inhalte erfüllt. Das Auge liegt etwas mehr am hinteren Ende des Gehirns, zeigt also die für so viele Notommataden charakteristische Lage. Der dorsale Taster sitzt auch ein wenig länger nach hinten. Die lateralen Taster sind nicht auf der Zeichnung ausgeführt. Ich habe aber notirt, dass sie eine normale Lage hatten. Die grösste Verschiedenheit zwischen diesen beiden Individuen bilden die Zehen, die hier beide ziemlich gleich gross und ein wenig gebogen sind. Auch diese Form bewegte nicht ihre Zehen so, wie die Notommataden es zu thun pflegen. Sie wurden immer gestreckt gehalten und waren mit Drüsenfäden befestigt. Das Thier stand still, glitt ganz sacht umher um sich plötzlich ebenso wie Mikrocodon ein weites Stück zu werfen, wonach die gleitende Bewegung sogleich fortgesetzt wurde. Das Thier war sehr lebhaft und gefrässig. Ich sah es immer von den Algenfäden fressen.

Die Länge des Körpers betrug 80 Mik, diejenige des Fusses 9 und diejenige der Zehen auch 9.

Ich würde kaum trotz der grossen Ähnlichkeit gewagt haben beide diese Formen unter derselben Species aufzuführen, wenn ich nicht in der Zehenform

Zwischenstadien zwischen diesem kleinen und den grösseren Individuen gesehen hätte.

Würden spätere Untersuchungen, wie es wohl wahrscheinlich ist, für diese kleine Form eine neue Art berechtigt zeigen, dann muss dieselbe immerhin in der Nähe von der grösseren Form und von Mikrocodon gestellt werden, denn unter den Notommataden kann sie wegen der Form des Räderorgans kaum einen Platz finden. Ich kenne auch gar keine *weibliche* Notommataden, die sich so bewegen und die Zehen immer gestreckt halten.

Um die Bedeutung dieser Formen klarer stellen zu können wäre es vielleicht nöthig eine bessere Kenntniss der Jugendstadien zu besitzen, als wir bis jetzt haben.

Auf die Übereinstimmungen zwischen Mikrocodon und Mikrocodides habe ich vorher genug hingezeigt. Hier werde ich die Verschiedenheiten hervorheben.

Der hauptsächlichste *Unterschied* wird immer der Fuss bleiben, welcher bei Mikrocodon von zwei, quergestreifte Muskelfasern enthaltenden Gliedern besteht, und die zusammen mit der einzigen Zehe eine stachelförmige Bildung darstellen, während bei Mikrocodides zwei Zehen entwickelt sind, von denen aber die eine grösser ist und die Fortsetzung des Fussgliedes bildet.

Unter den Illoricaten, welche mir bekannt sind, findet sich kaum eine andere gut bekannte Form als *Mikrocodon*, welche meiner Art näher zu stehen scheint. Unter den Loricaten befindet sich eine Form, die gewiss eine nicht geringe äussere Ähnlichkeit hat. Diese Art ist der leider so unvollständig beschriebene *Stephanops chlana* GOSSE, welche Art wohl auch in demselben Wasser, wo mein Mikrocodides vorkam, beobachtet, aber nicht studirt wurde. Ich halte es nicht ganz unmöglich, dass ich bei dem hastigen Durchsuchen einer Probe mit schwächerer Vergrösserung sogar diese Formen verwechselt haben kann. Für die zwei längere Zeit untersuchten Thiere ist diese Annahme vollständig ausgeschlossen, denn ich lese in meinen Notizen, welche ich hierüber in Grönland niedergeschrieben, als ich die Thiere unter dem Mikroskop hatte, von dem einen: "Während der ganzen Zeit, die das Thier lebte, sah ich es den Körper auf allen möglichen Weisen zusammenziehen und biegen, aber niemals sah ich eine Einziehung des Räderorgans" etc. Und vom anderen steht "— — obgleich das Thier sich ganz fleissig zusammenzog". Die vordere Spitze, welche auf der Fig. 8 gezeichnet ist, könnte ja die Gedanken auf gepanzerte Formen führen. Es wäre aber falsch, denn diese Spitze konnte ihre Form ändern und trat zuweilen eher als eine stumpfe Falte als wie eine scharfe harte Spitze hervor. Die drei hinteren Dorne, die Ausmündung des Darmes, die bei meiner Form so deutlichen Taster und die Bildung des Fusses verbieten ausserdem die Zusammenstellung der beiden Thiere.

Ich muss wohl auch mit einigen Worten die Stellung meiner Form zu dem von GUNSON THORPE beschriebenen *Rhinops orbiculodiscus* besprechen. In der Körperform und in der Ausbildung des Räderorgans sowie in Lage und Aussehen der Taster besteht eine grosse Ähnlichkeit, obgleich das cingulum bei Rh. orbiculodiscus sehr bedeutend abweicht. Weitere Verschiedenheiten sind das Vorhandensein bei Rh. orbiculodiscus von zwei Fussgliedern, und von zwei gleich grossen Zehen und das Fehlen des Auges. Betreffend den mastax und die Ausbildung der inneren Organe sind die Angaben über diese Form sowohl im Texte wie auf den Figuren so dürftig, dass eine Vergleichung dieser Theile kaum möglich ist [1]).

Es kann wohl möglich sein, dass diese Arten nicht so weit von einander gestellt werden dürfen, ich will aber jetzt, so lange der mastax von Rhinops orbiculodiscus unbekannt ist, kein Urtheil hierüber aussprechen. Soviel scheint mir jedoch sicher, dass diese letztgenannte Art wahrscheinlich meiner Gattung *Mikrocodides* eben so nahe oder näher steht als der Gattung *Rhinops*.

Ich habe *Mikrocodides* zu der Familie *Mikrocodidæ* geführt. Hierfür spricht sehr entschieden das Räderorgan, der mastax, die Körperform und zum Theil auch der Fuss. Will man die biologische Ähnlichkeit in der Bewegung, in der Art die Zehen zu tragen und in den oben genannten Organen nicht die Verschiedenheit in der Fussbildung aufwägen lassen, so muss für *Mikrocodides* eine besondere Familie in der Nähe der *Mikrocodidæ* und *Notommatadæ* gegründet werden. Mit der letzteren Familie oder Familiengruppe zeigt ja *Mikrocodides* eine allgemeine Übereinstimmung in der Lage des Auges, der Taster und im Grundplan der Fussbildung.

Ich will hier nur weiter bemerken, dass mir auch *Mikrocodon* näher mit den Notommatadenfamilien verwandt scheint als mit den Rhizoten. WEBER'S

---

[1]) GUNSON-THORPE, V., New and Foreign Rotifera. Journ. of the Roy. Micr. Soc. 1891, s. 304. Pl. VII, Fig. 4 a und 4 b. Diese Arbeit wurde mir erst nach der Bearbeitung meiner Notizen über grönländische Rotiferen bekannt.

Anordnung, wo *Mikrocodon* mit *Floscularia*, *Melicerta* und *Limnias* zusammengestellt wird[1], dürfte wohl kaum als eine Verbesserung der Hudson'schen Eintheilung betrachtet werden können. Ganz besonders dürfte die neue Gattung *Mikrocodides* dagegen sprechen. Indessen wären für die Systematik der Rotiferen überhaupt entwicklungsgeschichtliche Studien von nicht nur früheren Embryonalstadien sehr wichtig. Aber auch ohne diese Kenntniss kann man meiner Meinung nach einsehen, dass *Mikrocodon* sich leichter mit der Notommataden-Gruppe verknüpfen lässt als z. B. die so isolirt stehenden Philodineen, die WEBER zwischen *Mikrocodon* und *Hydatina* stellt.

Hier füge ich auch die Bemerkung zu, dass ich die Philodinaden eher vor oder nach den übrigen Räderthieren stellen würde und nicht zwischen den Rhizoten und den Ploimen. Trotz dieser Ansicht habe ich jedoch oben Hudson's Aufstellung gefolgt.

e. Fam. Hydatinadæ.

IX. Hydatina Ehrbg.

20. *H. senta* Ehrbg.

Hydatina senta Ehrbg l. c. s. 413, Taf. XLVII, Fig. II.

„   Cohn[2]) l. c. s. 436, Taf. XXIII, Fig. I.

Blochmann l. c. s. 100, Fig. 227.

„   Hudson l. c. Vol. II, s. 9. Pl. XIV, Fig. I.

Plate l. c. s. 29, Taf. I. Fig. 9.

„   Weber l. c. s. 36—46, Taf. XXXII, Fig. 1—8 und Taf. XXXIII, Fig. 1—5.

Dieses grosse in anderen untersuchten Gegenden so gemeine Räderthier war in Grönland nicht gewöhnlich. Nur einmal traf ich dasselbe an.

Ich fand es den 29 Juni in einer sehr kleinen Pfütze, die an einer Bergwand lag, und Moose und kleinere Algen führte. Nur wenige Fadenalgen kamen hier vor. Das Wasser war rein. Schmelzender Schnee lag in der Nähe, und ein Theil vom da entstehenden Wasser wurde zu dieser Pfütze

---

[1] l. c. s. 61.

[2]) Cohn, F., Die Fortpflanzung der Räderthiere. Zeitschr. f. w. Zool. Bd. VII. 1856.

geführt. Hier war Hydatina sehr gemein. Ich habe kein zweites Räderthier in Grönland in solcher Menge gesehen. Die Sonne war diesen Tag so heiss, dass unsere Gesichter von derselben stark verbrannt wurden, obgleich oder vielleicht grade weil wir uns auf und neben grossen Schneemassen aufhielten.

Ich habe schon in meinem kleinen Reisebericht etwas hierüber gesprochen, und da die Frage aufgeworfen, ob hier beschränkte Ausbreitung, oder die Nordgrenze des Thieres oder ein Zufall es gemacht haben mögen, dass ich kein zweites Mal im ganzen Sommer Hydatina aufland, obgleich ich nachher so viele reine und schmutzige Wasseransammlungen untersucht habe. Freilich sind die kleinen Wasseransammlungen in Grönland selten so schmutzig, so von übel riechenden verwesenden Thier- und Pflanzentheilen erfüllt wie manchmal in Europa. Ich will hier nicht unerwähnt lassen, dass auf diesem Inselchen jeden Herbst Massen von Wallrossen "geschlachtet" werden, weshalb es möglich wäre, dass Knochen-Theile herumgetragen werden, und dass in einigen Pfützen auf diesem Inselchen mehr faules Wasser später im Sommer vorkommen kann. Der eigentliche Schlachtplatz lag von dieser Pfütze ziemlich weit entfernt, und bei meinem Besuche waren in der Nähe der *Hydatina*pfütze keine Knochentheile zu sehen. Näher an dem Schlachtplatze fanden sich zwei Teiche, wo das Wasser sehr faul war. Ich fand indessen Hydatina in keiner anderen Wasseransammlung des Inselchens als in der vorher genannten. Die kleine Insel lag in oder vor der Mündung des Nagsugtok's (Nordre Strömfjorden) auf ungefähr 67, 30" n. Br. und 53, 40" w. L.

Die Annahme *Hydatina* hätte schon ihren Lebenscyklus für dieses Jahr beendet, als ich meine Untersuchungen anfangen konnte, wäre ja in Europa ganz berechtigt, denn da tritt sie ja z. B. in der Gegend von Genève schon im März und April am häufigsten auf, und in der Gegend von Rostock hat TESSIN-BÜTZOW sie im Mai 1885 sehr zahlreich angetroffen. Der letztere sagt auch von diesem Räderthiere: "Es scheint überhaupt nur im Frühling häufig vorzukommen". In Grönland kann jene Annahme kaum gelten, denn da ist es ja Schneeschmelzungsperiode noch im Ende Juni. Dieses Jahr legten die Grönländer in Agto — etwas nördlicher als die Mündung des Nagsugtoks — n. Br. 67° 56′ 31″, w. L. 53° 37′ 15″[1]) erst 29 Juni ihre Pelzkleider ab.

[1]) JENSEN, J. A. D., Astron. etc. l. c. s. 199.

Deshalb würde man auch in manchen Pfützen noch im Ende Juni und Anfang Juli noch Frühlingsthiere antreffen können. Vielleicht gilt dies weniger für die Gegend um Egedesminde, wo das Land so niedrig ist.

Putride Wasseransammlungen mit Euglenenartigen Organismen sind auch selten. Ich kann mich nur erinnern zwei solche gesehen zu haben. Die eine war auf Räfön, die andere in Jakobshavn etwas südwestlich von dem Hause des Pfarrers, in der Nähe von einigen Grönländerhäusern. In keiner von diesen fand ich Hydatina. In den in der Nähe der "Trankogerierne" gelegenen Sümpfen fand ich weder Hydatina noch überhaupt viele lebende Wesen. Diese Gewässer waren sehr arm.

f. Fam. Notommatadæ.

X. Hypopus n. g.

21. *H. Ritenbenki* n. sp. Fig. 6 *a* u. *b*.

Obgleich diese Form nicht in allen Beziehungen genug studirt werden konnte, muss ich dieselbe hier als neue Art und Gattung aufführen.

Der Körper besass eine Länge von 180—210 Mik bei einer Höhe von 140—150 Mik. Die grösste Höhe hatte derselbe etwas vor dem Fusse, welcher nicht vom hinteren Ende, sondern von der Unterseite des Körpers ausging. Der seitlich zusammengedrückte Körper war sehr weich und biegsam. Zwei seitliche Rückenfalten liessen den oberen Theil des Rückens fast wie einen abgerundeten Rückenkiel erscheinen wie es das Querschnittsschema Fig. 6 b veranschaulichen soll.

Das Räderorgan bildete einen, wie es mir schien, geschlossenen Ring von recht grossen Cilien, die auf einem etwas kragenartigen Rand befestigt waren. Das Gehirn trägt einen sehr bedeutenden Kalkbeutel, und am vorderen Ende desselben trat ein grosses Auge deutlich hervor. Die Zehen waren ziemlich lang und spitz mit ein wenig angeschwollenen Basaltheilen.

Vom mastax habe ich nur notirt, dass derselbe sehr deutlich und ungewöhnlich spitz war und ausserordentlich schwache, zangenförmige unci besass. Auch über die anderen inneren Organe finde ich nur die Bemerkung, dass der stark braune Mageninhalt das meiste verbarg.

Ich habe selbst ziemlich lang Zweifel gehegt, ob nicht diese Form mit Hudson's *Notops hyptopus* identisch sei. Hudson fasst das von ihm beschriebene Räderthier als mit Ehrenbergs *Notommata hyptopus* identisch auf.

Vgl. Ehrenberg l. c. s. 426, Taf. L, Fig. VI.

Hudson l. c. Vol. II, s. 13, Pl. XV, Fig. II.

Ich kann diese Formen jetzt nicht als identisch ansehen, denn Hudsons Form ist bedeutend grösser, als die von mir untersuchte. Sie hatte eine zum Theil gepanzerte Cuticula, wogegen meine Form eine ganz weiche Haut besass, so dass die Form des Körpers recht stark verändert werden konnte. Die Körperform war auch mehr abgerundet bei meiner Art als bei Hudsons. Alle seine Figuren stellen die hintere Grenzlinie als winklig gegen die obere und untere abgesetzt dar. Die Zehen der Hudson'schen Form sind kürzer und dicker, wogegen sie bei meiner lang und spitz waren (ich habe sie in meinen Notizen *Metopidia*-förmig genannt).

Schliesslich finde ich den so deutlichen Kalkbeutel gar nicht erwähnt, was mich alles die Arten als verschieden anzusehen nöthigt. Dagegen müssen sie gewiss beide zu derselben Gattung geführt werden. Kaum darf jedoch diese Form mit den beiden Arten *Notops Brachionus* und *N. clavulatus* zusammengeführt werden. Diese beiden letzteren Arten besitzen eine corona, die dem Hydatinatypus nahe kommt, einen mastax, dessen mallei kurz und kräftig sind mit mehreren Zähnen an den fast querliegenden unci, wozu auch die hufeisenförmigen Ovarien kommen. Ich entferne deshalb die beiden Arten *Hypopus Ritenbenki* und *Notops hyptopus* Ehrenberg von der Gattung Notops und stelle für dieselbe eine neue Gattung *Hypopus* auf. Diese Gattung ziehe ich von der Gattung *Hydatina* etwas weiter hinweg und stelle sie, wie es Ehrenberg mit seiner Art gemacht hatte, in der Nähe der Gattung Notommata.

Die Charakteristik dieser Gattung *Hypopus* würde also sein:

Kopf vorn quer abgeschnitten, schmäler als der nach hinten folgende Theil des Körpers, der Cilienkranz einfach aus gleich gros en Cilien bestehend, Fuss etwas vor dem Hinterende von der Unterfläche des Körpers ausgehend, Kiefer schwach zangenförmig, Auge occipital hinter dem grossen Gehirn liegend.

Für die Berechtigung der Aufstellung dieser Gattung sprechen auch gewissermaasen Hudsons Worte: "The third species *Notops hyptopus* ressembles *N. clavulatus* in the short foot and in the odd position in which it is placed; but differs widely from all the *Hydatinadæ* in the corona and trophi. Feeble, however, as are its affinities with the two other species of the genus, they are stronger ˙˙than those it has with any other; so it has been placed here as the best makeshift that could be devised".

Es mag wohl sein dass diese Formen überall ziemlich isolirt stehen werden, aber unter den Notommataden findet man jedoch eine so verschiedenartige Organisation dass wohl auch einige Berührungspunkte zwischen dahin gehörenden Formen und der Gattung *Hypopus* hervorgehoben werden können. Zweifellos stellt diese Gattung Formen dar, welche Notommata mit den Gattungen *Notops-Hydatina* verknüpfen. Die beiden Arten *Hypopus Ritenbenki* und *H. hyptopus sind durch die ungleiche Grösse, die Körperform, den Kalkbeutel und die Form der Zehen unterschieden.* Obgleich ich nicht glaube, dass die Gattung Hypopus mit *Taphrocampa* verwandt ist, sondern eher eine abweichende Form bildet, die von *Notommata* oder *Copeus* abgezweigt ist, lasse ich dieselbe hier als erste Gattung der Familie Notommatadæ stehen, weil sie zweifellos in derselben Richtung wie *Notops*, deren andere Arten mir nicht durch Autopsie bekannt sind, ausgebildet ist. Bei der Aufrechnung der übrigen Notommataden folge ich wieder Hudson, weil meine Studien dieser schwierigen Familie gar nicht ausreichen um eine andere Aufstellung zu geben.

H. Ritenbenki wurde den 3 September in einem Moortümpel bei Ritenbenk gefunden, und einige Exemplare wurden auch auf dem Schiffe während der ersten Tage der Rückreise unter Moosen, die von der genannten Wasseransammlung genommen waren, gesehen. Die Thiere bewegten sich ziemlich lebhaft und schwammen gern, wobei sie auf der Seite lagen.

XI. Taphrocampa Gosse.

22. *T. annulosa* Gosse.

T. annulosa Gosse in Hudson l. c. Vol. II, s. 16, Pl. XVII, Fig. 12.

23. *T. Levinseni* n. sp. [1]) Fig. 12 *a* u. *b*.

Die erste von diesen Arten wurde in der Nähe von Egedesminde gesammelt und flüchtig untersucht. Von der zweiten, welche ich den obigen Namen gebe sah ich in Jakobshavn d. 24 Aug. ein Paar Individuen. Die Formen scheinen also in Grönland recht selten zu sein. Obgleich ich nur die oben citirte sehr schlechte Figur geben kann, muss ich für diese Form eine eigene Art aufstellen. Vorliegende Form steht beinahe in der Mitte zwischen den von Gosse aufgestellten Arten *T. annulosa* und *T. Saundersiæ*.

Der Körper ist breit auch bei Bewegung) *mit abgerundetem, wenig stark vortretendem Kopfe und einem kalkführenden Sack, auf welchem der Augenfleck sitzt.* Am Vorderrande des Kopfes wurden zwei kleinere nahe an einander liegende Pigmentflecken beobachtet. *Die Cuticula zeigt ungefähr elf einander genäherte Ringfalten* von denen zwei oder drei vor dem Augenflecke liegen. *Die Zehen sind sehr kurz,* etwas gebogen, *oben und vor denselben befindet sich eine kleine Erhebung,* die ein wenig gebogen ist. Dieselbe kam mir eher als ein Anhang als wie eine hintere Fortsetzung des Körpers vor. Von der übrigen Organisation habe ich nur notirt, dass Magen und Darm nicht getrennt waren, sondern eine in ihrer ganzen Länge fast gleich weite Röhre bildeten.

Die Bewegungen des Thieres waren *sehr träge.* Die Grösse wurde nicht gemessen. Ich kann nur sagen, dass es eines von den kleineren Räderthieren war. Diese Form muss ja zu der Gattung *Taphrocampa* gehören, und kann jedoch weder mit *T. annulosa* noch mit *T. Saundersiæ* identisch sein. *Von der ersteren hat T. Levinseni den breiten Körper, den abgerundeten, kaum abgesetzten Kopf, die vielen nahe stehenden Ringfalten und wohl auch die ziemlich dicken, kurzen Zehen. Ebenso ist das auf einem dunklen Kalksack sitzende Auge* als eine wichtige Übereinstimmung zwischen diesen Arten hervorzuheben.

Mit T. Saundersiæ zeigt meine Art Übereinstimmung in der vor den Zehen stehende Erhebung und in den zwei vorderen Pigmentflecken. Jedoch muss erwähnt werden, dass die zwei "globules", welche Gosse nicht ohne Zweifel als Augen deutet, farblos waren. Indessen kann ich kaum bezweifeln, dass diese Bildungen einander entsprechen.

---

[1] Ich erlaube mir diese Art nach diesem verdienten Forscher über niedere grönländische Thiere zu benennen.

Wenngleich also *T. Levinseni* Merkmale von den beiden früher bekannten Arten hat, scheint sie mir dennoch der *T. annulosa* etwas näher zu kommen.

Anmerkung. In meinen Notizen ist noch eine in Egedesminde gesehene Form erwähnt, die ich in diese Gattung stellen muss, obgleich die mangelhaften Angaben mir nicht ermöglichen näher auf dieselbe einzugehen.

XII. Pleurotrocha Ehrbg.

Von dieser Gattung habe ich nur ziemlich selten in Grönland Repräsentanten gesehen.

24. *P. sp.*

Von einer Diglena-ähnlichen Form, die jedoch keine Augen besass, fand ich in Süsswassertümpeln bei Egedesminde d. 8 Aug. einige Exemplare, welche indessen nicht näher studirt werden konnten.

25. *P. sp.* Fig. 9.

Auch diese Art ist ungenügend untersucht worden. Ich habe nur die mangelhafte Skizze Fig. 9. Dieselbe erinnert nicht wenig an *Pl. gibba* Ehrbg [1]). Indessen ist diese Art selbst nicht gut bekannt, und Gosse [2]) führt nur mit Zweifel seine Form unter diesen Namen auf. Die Beschreibung ist ziemlich unvollständig. In meinen Notizen steht "Vorderende schräge abgeschnitten, Zehen kurz, rundliche Kittdrüsen". Das Vorderende ist auf der Skizze beinahe quer abgeschnitten. Jedoch kann bekanntlich das Aussehen des Vorderendes in verschiedenen Stellungen recht ungleich sein. Von den Cilien habe ich nichts notirt. Dieselben scheinen mir auf der Skizze stärker, als ich bei einer Pleurotrocha erwarten würde.

26. *P. aurita* n. sp. Tab. II, Fig. 15.

Obgleich auch diese Skizze recht schlecht ist, ermöglicht sie jedoch einen Vergleich mit anderen Arten der Gattung, und dieser Vergleich ergibt als Resultat, dass die Form bisher nicht bekannt ist.

[1]) Ehrenberg l. c. s. 418, Taf. XLVII, Fig. IV.
[2]) Hudson l. c. Vol II, s. 20, Pl. XVIII, Fig. 5.

Pl. aurita ist ein kleines um 100 Mik. langes Räderthier, mit mehr oder weniger konischer Körperform, ohne Ringfalten. Der Kopf ist kaum vom Körper abgesetzt, ist nicht schräge abgeschnitten, sondern ziemlich symmetrisch nach vorn ausgezogen, so dass er einen flachen abgestumpften Kegel bildet. Jederseits trägt der Kopf eine kleine Erhebung. Der Fuss ist sehr kurz mit ziemlich langen geraden, spitzen Zehen. Vom Räderorgan habe ich nichts notirt. Nach der Zeichnung müssen die Flimmerhaare sehr schwach gewesen sein, weil sie gar nicht gezeichnet sind. Der mastax liegt unter dem Gehirn und besitzt ungleich grosse mallei, die sehr schwache fast stiletförmige unci besitzen. Die Figur zeigt keine Einschnürung zwischen Magen und Darm.

Der Namen ist mit Rücksicht auf die kegelförmigen lateralen Erhebungen gegeben. Welche Bedeutung haben diese? Ich weiss es nicht. Nur soviel, dass dieselben nicht den ohrenförmigen Schwimmorganen verschiedener Notommataarten entsprechen, wage ich zu behaupten. Auch habe ich an denselben keine Tasthaare gesehen.

In seinen Bewegungen erinnerte P. aurita wie viele Arten dieser Gattung lebhaft an eine Diglena. Sie wurde d. 14 Aug. im Bodenschlamme eines ziemlich grossen Sees in der Nähe von Egedesminde beobachtet.

27. P. marina n. sp. Tab. I, Fig. 13 a u. b.

Fig. 13 a und b stellen das Aussehen des gestreckten Thieres bei Bewegung (a) und stark zusammengezogen nach Zusatz von Kalihydrat (b) dar. Sie sind ohne Camera gezeichnet.

Auch bei dieser Art finde ich in der Körperform und in der weichen Beschaffenheit der Cuticula grosse Ähnlichkeit mit einer Diglena. Der Körper ist ziemlich lang und nach hinten gewöhnlich [1]) ein wenig höher als die vordere Hälfte. Der Kopf ist durch eine schwache Einschnürung abgesetzt und hat eine quere, ziemlich scharf abgeschnittene vordere Fläche. Über derselben sieht man einen gebogenen, hakenförmigen Fortsatz, der mir als Cuticularbildung erschien. Dieser kann bei zusammengezogener Lage des Thieres fast vollständig verschwinden. Die Grösse dieser Bildung war auch recht verschieden bei verschiedenen Individuen. Dieselbe erinnert an ähnliche Bildungen bei

---

[1]) Ich setze dies "gewöhnlich" hinzu mit Hinsicht auf die Verschiedenheiten, welche durch grösseren oder geringeren Mengen von Darminhalt verursacht werden können.

einigen Loricaten, wo sie indessen von einigen Autoren als von Flimmerhaaren gebildet aufgefasst werden. Ich glaube übrigens kaum, dass diese beiden Bildungen homolog sind, denn bei *Pl. marina* war der Fortsatz grösser, erinnerte fast an eine Faltenbildung. Die weiche Cuticula zeigt einige nicht immer gleich deutliche Querfalten, Fig. 13 a. Der Fuss besteht aus einem selten ausgestreckten Gliede, welches zwei spitze, gebogene Zehen trägt. Die Zehen haben angeschwollene Basaltheile und sind gewöhnlich nach unten gerichtet. Kittdrüse, Excretionsblase und Geschlechtsdrüse sind auf der Abbildung dargestellt und bieten nichts Eigenthümliches dar.

Die Mundöffnung, durch welche die Kiefer sehr oft hervorgestreckt werden, liegt ziemlich nahe dem unteren Rande der Vorderfläche des Kopfes. Von den Kiefern waren die langen, gebogenen mallei leicht zu sehen. Die unci sind einzähnig. Das fulcrum war kürzer als die manubria, und die rami schienen mir klein. Jedoch konnte ich sie nicht gut sehen. Wie ich den oesophagus, die Magendrüsen, Magen und Darm sah, zeigt die Figur.

Dieses Räderthier hatte eine Länge von 150—180 Mik. Dasselbe kam im Meere vor und nicht nur in den kleinen Strandpfützen, welche durch die bedeutenden Schwankungen des Wasserstandes entstehen, sondern auch unter den braunen Fadenalgen welche auf weit hinaus im Meere umhertreibenden Fucustheilen wachsen. Diese Fucusstücke wurden z. B. bei Jakobshavn unter dicht liegenden Eisscherben eingesammelt, wo die Wassertemperatur natürlich sehr gering war. Sowohl bei Jakobshavn wie bei Egedesminde wurde diese Art mehrmals gesehen. Gewöhnlich kroch das Thier auf den Algenfäden, aber ich habe es auch schwimmend gesehen.

Ich möchte glauben, dass unter den Formen, die ich als zu dieser Art gehörend notirt habe, noch eine zweite Art sich ausscheiden lässt.

Ich will nicht unerwähnt lassen, dass meine obenstehende Art eine ziemlich grosse Ähnlichkeit mit der *Furcularia marina* Dujardin zeigt, welche Art auch von Gosse in England gefunden ist [1]. Es ist mir bisher nicht möglich gewesen unter den Fadenalgen von unseren Meeresufern mehr als ein Paar *Diglena*-ähnliche Räderthiere zu finden, weil ich keinen von den letzten beiden Sommern zu Hause gewesen bin, und deshalb ist es mir schwer eine wohl begründete Ansicht in dieser Frage auszusprechen. Ich lasse die Formen

[1] Hudson l. c. Vol. II, s. 44, Pl. XIX, Fig. 15.

jetzt als verschiedene Arten stehen, weil die Zehen auf den Abbildungen ziemlich verschieden sind, und weil ich für den Stirnfortsatz meiner Art keine Erklärung finde, wenn ich die Arten als identisch auffasse. Bei Gosse's Art findet sich freilich eine "Antenna" l. c. Fig. 15 a, aber dieselbe scheint mir unmöglich dem hakenförmigen Fortsatz entsprechen zu können.

Dazu kommt noch, dass meine Zeichnung der Kiefern wenig mit Gosse's Fig. 15 b stimmt. Wenn ich diese Figur richtig verstehe, ist die Zange entweder von den rami gebildet oder in eigenthümlicher Weise mit dem fulcrum zusammengewachsen, was meine Zeichnungen gar nicht andeuten.

Sollten indessen künftige Untersuchungen die Identität dieser beiden Arten aufweisen, so wird ja meine Art leicht verschwinden und als Synonyme unter Dujardin's eingehen.

Diese Gefahr scheint mir viel geringer als die andere, eine wirklich verschiedene Art unter einem alten ihr nicht zukommenden Namen aufzuführen.

Dann muss indessen diese Art *Pleurotrocha marina* und nicht *Furcularia marina* heissen, wenn überhaupt die Gattung *Pleurotrocha* aufrecht gehalten werden soll. Vielleicht wäre es natürlicher die Gattung verschwinden zu lassen und die Arten derselben auf die Gattungen *Diglena* und *Furcularia* zu vertheilen. Indessen wäre es wenigstens jetzt recht schwer zu sagen, welche Arten zu der einen und welche zu der anderen Gattung gehören sollten. Wenn man aber mit Gosse Ehrenberg's Gattung *Pleurotrocha* beibehält, müssen wohl auch die augenlosen *Furcularien* dahin geführt werden. Freilich scheint es mir sehr zweifelhaft, ob Gosse's *Furcularia ensifera* eine *Furcularia* ist, und ganz sicher, dass die *Furcularia micropus* ebensowohl eine eigene von *Furcularia* getrennte Gattung bilden muss, wie *Taphrocampa* ganz gewiss mit Recht aus der Gattung *Notommata* ausgeschieden worden ist. Vielleicht könnte die letzt genannte Art sogar in die Gattung *Taphrocampa* übergeführt werden. Weil man jedoch in der Systematik der Rotiferen bisher grosses Gewicht auf das Vorhandensein oder Fehlen der Augen hat legen müssen, will ich jetzt keine solchen Veränderungen vornehmen, um so weniger da diese Formen mir bis jetzt nicht aus eigener Anschauung bekannt sind. Ich musste jedoch diese Frage bei der Besprechung der *Furcularia marina* berühren.

Anmerkung. Betreffend die Benennung dieser augenlosen Formen besteht eine Verschiedenheit zwischen Hudson und Eyferth. Ehrenberg hatte für dieselben zwei Gattungen aufgestellt: *Pleurotrocha* und *Theorus*.

Die letztere Gattung umfasste jedoch bei ihm "solche Arten, die mehr als drei Augen im Nacken gestellt und einen Gabelfuss führen" [1]). Er meinte also, dass die Arten der Gattung Theorus Augen besässen. Später haben verschiedene Autoren gezeigt, dass jene glänzenden Körner gar nicht Augen sein können, sondern eigenthümliche Einschlüsse in den Magendrüsen sind [2]) und meinen dann, dass die Gattungen *Pleurotrocha* und *Theorus* (von EYFERTH zu *Theora* geändert) nicht länger getrennt werden dürfen, warum EYFERTH alle diese Formen *Theora* nennen will, und TESSIN-BÜTZOW folgt ihm in dieser Nomenclatur. Mir scheint es sehr klar dass diese Formen mit EHRENBERG's Name *Pleurotrocha* genannt werden müssen. Diese Gattung war durch das Fehlen der Augen charakterisirt. Für die Gattung *Theorus* gab EHRENBERG dagegen das Vorhandensein pigmentloser Nackenaugen als Merkmal an. Seitdem nun dieses Merkmal weggefallen, muss auch der Name *Theorus* verschwinden, wenn die zu der so genannten Gattung geführten augenlosen Arten zu derselben Gattung wie die von Ehrenberg *eben wegen des Fehlens der Augen* zu seinem Genus *Pleurotrocha* geführten Räderthiere gestellt werden sollen.

Ich finde es deshalb richtiger den Namen *Pleurotrocha* beizubehalten wie HUDSON es auch gethan hat.

Der letztgenannte Verfasser stellt indessen die Formen dieser Gattung vor der Gattung *Notommata*. Nach Notommata folgen die Gattungen *Copeus* und *Proales* und erst dann *Furcularia* und *Diglena*. Nach meiner oben angedeuteten Ansicht haben die *Pleurotrocha*-Arten eher ihre nächsten Verwandten unter den Arten der beiden letzteren Gattungen als unter den *Notommata*-Arten. Ich möchte diese Formen, wenn man sie auch in der Zukunft als eine besondere Gattung aufführen wird, am liebsten zwischen *Furcularia* und *Diglena* stellen. Löst man die Gattung auf, müssen die Arten derselben hauptsächlich auf diese beiden Gattungen vertheilt werden.

XIII. Notommata Gosse (nec. Ehrbg).

Gewiss schloss EHRENBERG's Gattung *Notommata* eine sehr heterogene Sammlung ein. Desshalb ist auch diese Gattung von HUDSON & GOSSE aufgelöst worden, aber die innige Verwandtschaft dieser Formen macht jedoch

[1]) EHRENBERG l. c. s 454.
[2]) z. B. TESSIN-BÜTZOW l. c s. 146 und W. MILNE nach Hudson l. c. Supplement s 60.

noch jetzt immer die Begrenzung dieser neuen Gattungen sehr schwer. Besonders bei der Bearbeitung meiner Notizen über diese Formen finde ich die Unvollständigkeit sehr gross. Und es muss auch nothwendig so sein, weil ich sehr wenige Abbildungen von solchen Formen in Grönland zugänglich hatte, und sowohl ECKSTEIN wie BLOCHMANN über diese noch immer so kritische Gattung nicht viel mittheilen. Ich muss deshalb für manche Formen ein cf. zusetzen. Die notirte Art erinnerte an diejenige, deren Namen ich anführe, ich kann aber nicht versichern, dass sie auch in allen Einzelnheiten mit derselben übereinstimmte. Von den zu dieser Gattung gehörigen Räderthieren sah ich auch selten auf einmal mehrere Exemplare. Dann und wann wurden einzelne Individuen beobachtet.

LEVINSEN hat schon *Notommata* sp. angezeigt. Ich setze die Notiz hier, weiss aber natürlich nicht, ob die von ihm gesehene Form zu der Gattung *Notommata* in dem hier angenommenen Begriff gehörte.

28. *N. cf. aurita* Ehrbg.

N. aurita Ehrbg. l. c. s. 430, Tab. LII, Fig. III.
N. aurita Gosse l. c. Vol. II, s. 21, Pl. XVII, Fig. 6.

? *N. cf. saccigera* Ehrbg.

N. saccigera Ehrbg l. c. s. 434, Tab. L, Fig. VIII.
N. saccigera Gosse l. c. Vol. II, s. 24, Pl. XVII, Fig. 2.

Diesen beiden Arten nahe stehende Räderthiere wurden einige Male gesehen. Diejenige Form, welche ich mit N. saccigera vergleiche hatte jedoch ein wenig geradere Zehen.

29 [1]). *N. cf. tardigrada* Leydig.

N. tardigrada Leydig l. c. s. 39, Taf. IV, Fig. 34.

GOSSE glaubt dass diese LEYDIG's Art mit DUJARDIN's och COHN's *Lindia tornlosa* identisch ist. Nach der ziemlich grossen Verschiedenheit der Abbildungen, welche von Leydig und Cohn gegeben worden sind, kann

---

[1]) Diese Arten sind zu wenig studiert und könnten wohl eben so gern alle drei ein Fragezeichen neben sich haben. Meine Notizen sind hier sehr unvollständig und wären nicht diese Formen fast überall so häufig, würde ich vielleicht die entsprechenden grönländischen Formen ohne Nummer nur als N. sp. aufgeführt haben.

ich mich dieser Auffassung nicht anschliessen. Ist sie indessen richtig, kann ich meine Form nicht mit Leydigs N. tardigrada vergleichen. Siehe Gosse l. c. Supplement s. 22, Pl. XXXII, Fig. 20 (Copie von Cohn's Abbildung).

30. *N. tarda* n. sp. Tab. II, Fig. 16 *a*, *b*, *c*.

Diese seltene Art war von den anderen sehr leicht kenntlich durch ihre *geringere Grösse* und den *dicken Körper*. Ich habe nur die mangelhafte Skizze Fig. 16. Der Kopf ist durch eine ziemlich tiefe *Falte sehr deutlich abgesetzt*, ist nach vorn rundlich und *zeigte einige niedrige längsgehende leistenförmige Erhebungen*, die mir etwas stärker cuticularisirt zu sein schienen Fig. 16 *c*. Die *Zehen waren dick und kurz*. Auf dem hinteren Körpertheil traten zwei Querfalten hervor. Einige sehr schwache Längsfalten waren auch sichtbar. *Das Auge war sehr deutlich*. Ob ein Kalkbeutel da war oder nicht, habe ich nicht notirt. Dagegen habe ich angegeben, dass zwei deutlich hervortretende augenähnliche Flecken, die nahe am Stirnrande sassen, beobachtet wurden. Vor diesen Flecken oder von der nächsten Umgebung derselben gingen einige längere Haare aus. Der Darmkanal bildete eine rechteckige nach hinten ein wenig schmälere Höhle, die keine Spur einer Einschnürung zwischen dem Magen und dem Darme zeigte.

Ich habe kaum ein zweites so träges Räderthier gesehen. Diese Form könnte mit *N. brachyota* oder *Proales decipiens* verglichen werden, wenn nicht diese scharfe Absetzung des Kopfes da wäre. Ganz sicher besass dieselbe keine ohrenförmigen Ausbuchtungen des Räderorgans. Mit der *Taphrocampa annulosa* bietet sie auch Ähnlichkeit dar, kann indessen wegen der Abwesenheit der bei dieser Form so ausserordentlich scharf hervortretenden Querfaltung nicht mit derselben identisch sein.

Wegen des Vorkommens der vorderen Pigmentflecken bemerke ich, dass die Form unmöglich zu der Gattung *Eosphora* gehören konnte. Die Flecken, die Körperform und das ganze Benehmen des Thieres erinnerten gar nicht an genannte Gattung. Hätte ich sicher notirt, dass dieses Räderthier ein helles Gehirn (ohne Kalksack) besässe, würde ich dasselbe wohl zu der Gattung *Proales* geführt haben. Diese beiden Gattungen sind indessen so ausserordentlich nahe verwandt, und die Verwandtschaft der Formen, welche die Gattung *Proales* bilden, scheint mir gar nicht so besonders gross, weshalb ich es vorziehe die obige Form jetzt unter den Namen *Notommata* aufzuführen.

Anmerkung. In meinen Notizen habe ich angegeben, dass ich bei einer *N. tarda* ähnlichen Form einen kurzen Rückenzapfen über den Zehen sah. Bei der hier beschriebenen *N. tarda* konnte aber, wie die Profilansicht Fig. 16 b deutlich zeigt, kein solcher beobachtet werden.

31. *N. grönlandica* n. sp. Tab. II, Fig. 21 *a, e, f.* Tab. III, Fig. 21 *b, c, d, g.*

Diese Art ist mit einigen Formen der Gattung *Proales* recht nahe verwandt. Weil ich aber diese Gattung nicht für gut begrenzt halte — *Pr. sordida* und *decipiens* dürften mit *Pr. gibba* recht wenig verwandt sein, wogegen die beiden erstgenannten Arten wahrscheinlich sowohl meiner hier beschriebenen Form wie *Not. forcipata, brachyota* und *saccigera* recht nahe stehen — nehme ich auch diese Art als eine *Notommata* auf.

Der Körper ist langgezogen, die Haut sehr weich und vollständig ohne Falten. Die Rückenfläche fällt leicht gegen das Kopfende ab. *Dieses ist schräge und geht ohne scharfe Grenze in die Unterseite über* Fig. 21 *b, c, g.* Die Kopfhaut hat eine dorsale vorstehende Falte, die jedoch keine hakenförmige Verlängerung trägt. Unter dieser faltenförmigen Kante befindet sich eine Vertiefung, aus welcher kurze aber starke Cilien ein wenig hervorragen Fig. 21 *c, d.* Man sieht eben die Spitzen jener Cilien, wenn man den Kopf von oben betrachtet Fig. 21 *a.* Unmittelbar unter der rinnenförmigen Vertiefung sieht man eine ziemlich dicke Erhebung, die von vorn und unten gesehen fast quadratisch erscheint Fig. 21 *d,* und wie die Fig. 21 *c* am besten zeigt, einen schmäleren Basaltheil besitzt. Auf dieser Stirnerhebung konnte ich keine Cilien und auch keine Tasthaare sehen. Dagegen trat in der Mitte derselben ein glänzendes Korn sehr deutlich hervor.

Seitlich von der eben geschilderten Erhebung *liegen die sehr deutlichen Wimperohren,* welche längere Cilien tragen als der übrige Kopfrand. Dieser obere Theil des Kopfendes ist ziemlich quer abgeschnitten. Der unter den Wimperohren kommende Theil fällt dagegen sehr langsam ab und geht allmählich in die untere Körperfläche über. Die Mundöffnung liegt nahe der Stelle, welche man sich als Grenzlinie zwischen dem Vorderende und der Unterseite vorstellen kann Fig. 21 *c mu. Weit nach hinten von der Mundöffnung streckt sich jederseits ein breites Cilienband,* das von kurzen, dicht stehenden Cilien besteht. Ob diese Cilienbänder so breit waren, dass sie auch die Mundöffnung unmittelbar umgaben, weiss ich nicht, denn ich finde keine Notizen darüber, und meine Figurskizze zeigt nur ein breites Band an jeder Seite. Fig. 21 *d*.

Die Kiefer werden gern durch die Mundöffnung hervorgestreckt. Die Manubrien sind lang und gebogen ohne Fussplatte, und die unci zwei- oder dreizähnig.

Der Fuss besteht aus einem sehr undeutlich abgesetztem Gliede, das oft ganz eingezogen wird Fig. 21 *a, b, f. Die Zehen sind sehr kurz, dick und plump, mit dem äussersten Theil schmäler als der grössere proximale Theil.* Die Fussdrüsen sind recht gross und nach vorn deutlich zugespitzt.

Das nicht grosse Auge liegt am hinteren Ende des Gehirns *und steht in Verbindung mit einem sehr deutlichen* aber auch nicht grossen, *Kalkkörner führenden, Beutel.* Das nach hinten schmälere Gehirn zeigt von der Seite gesehen zwei deutliche Eindrückungen Fig. 21 *b, c, g.* Fig. *c* zeigt das Gehirn mit Auge und Kalkbeutel, so wie dieselben zuerst erschienen. Im Beutel sind recht viele Körner sichtbar, und keine solche liegen oben auf dem Gehirn. Etwas später sah ich den Kalkbeutel fast hell ohne Körner. Die meisten Körner waren ausgedrückt und lagen fast wie in einem Ausführungsgange auf der Mitte des Gehirns, so wie es die Abbildungen Fig. 21 *g* und *c* in zwei verschiedenen Lagen darstellen. Nach vorn war dieses Körnerband gegabelt.

Über die inneren Theile ist wenig zu sagen. Der rundliche Magen ist vom Darme durch eine tiefe Einschnürung stark abgetrennt. Die Magenwand zeigt ungewöhnlich gut ihre ziemlich grossen Drüsenzellen. Der Anfangstheil des Darmes zeigt ebensolche Zellen, aber bald wird die Darmwand sehr dünn, membranenähnlich. Die Ausmündung des Darmes war sehr leicht zu sehen Fig. 21 *b*. Dagegen konnte ich keine Exkretionsblase entdecken, obgleich ich die Wimpertrichter ohne Schwierigkeit wahrnahm. Jederseits lagen drei solche. Die vordersten weit nach vorn an den Seiten des mastax Fig. 21 *a, b*. Die Blase wurde nicht durch das grosse Ei verborgen, denn ich sah dieses Thier in manchen verschiedenen Stellungen. Ich zweifle wohl kaum, dass auch dieses Räderthier eine Blase besass, muss aber angeben, dass meine Notizen von mehreren Individuen sagen "Die Blase undeutlich".

Die Muskulatur schien mir sehr stark entwickelt. Ich sah "eine grosse Menge von Ringmuskeln, die einander genähert waren. Ganz besonders stark

entwickelt waren sie in der hinteren Körperhälfte. Auch die ventralen Längs-
muskeln schienen mir auffallend mächtig. Noch kräftiger als bei dem abgebildeten Thiere waren die Muskeln bei einem anderen Exemplare, das in der
Körperform eine geringe Abweichung zeigte. Bei demselben Thiere, das wie
das abgebildete ein grosses Ei trug, waren die Magendrüsen länglich und
nach vorn zugespitzt. Der oesophagus hatte eine ovale, blasenförmige Erweiterung und bei der Einmündung desselben in den Magen sah ich ein Büschel
von langen Cilien, die sich weit hinein ins Lumen des Magens streckten.
Übrigens waren auch die anderen Cilien der Magenwand sehr leicht sichtbar,
und der braune Inhalt des Magens und des Darmes wurde schnell herum-
gerollt.

Diese Art, von welcher mehrere Exemplare beobachtet wurden, bewegte
sich recht lebhaft, gewöhnlich kriechend aber auch schwimmend. Jedoch sah
ich nur einmal ein Würmchen seine ohrenförmigen Schwimmorgane benutzen.
Dieselben waren nicht gestielt. Wie schon früher angedeutet, war dies Räderthier gefrässig und streckte oft den mastax hervor.

Die Länge war 180—200 Mik. Die Breite des abgebildeten Exemplares
war bei 190 Mik. Länge um 60 Mik. Die Länge der Zehen betrug um
9 Mik. Wurde bei Egedesminde d. 10 Aug. und bei Jakobshavn d. 27 Aug.
gesehen.

Diese Art steht in manchen Beziehungen einigen *Proales*arten sehr nahe.
Sie hat wie diese Gattung nach GOSSE's Diagnose "body generally cylindric,
or larviform" und "ciliated face more or less prone", unterscheidet sich aber
nicht wenig in anderen Merkmalen, denn zur Diagnose der Gattung Proales
gehört auch "brain clear; auricles and tail wanting". Mit *Proales sordida*
bietet diese Form recht grosse Ähnlichkeit dar. *Die Wimperohren machen
jedoch die Unterscheidung derselben leicht genug.* Grösser scheint wohl die
Verwandtschaft mit *Notommata brachyota, saccigera* und *forcipata*, aber *N.
brachyota* hat viel *kleinere Wimperohren und helles Gehirn und ein viel zu
quer abgeschnittenes Vorderende. N. saccigera* ist zwar *N. grönlandica* ähnlicher, aber *die Körperform* unterscheidet dieselben schon deutlich genug. Eine
Vergleichung meiner Fig. 21 *b* mit GOSSE's Fig. 2 a Pl. XVII lässt keinen
Zweifel darüber dass vorliegende Arten verschieden sind. *Die Form der Zehen
ist auch ungleich,* und ebenso scheint die Bewegungsweise von *N. saccigera*
eine andere zu sein. GOSSE sagt l. c. Vol. II, s. 25: "The front is rounded,

and can evolve two small hemispherical auricles, very observable, because they are freely protruded, even when the animal is not swimming, but pushing its way among the tangled algæ . . . Both the form and manners of this species strike the observer, at once, as unusual. It swims almost constantly; and affects the surface when in freedom". Ich habe oben ganz andere Angaben von meiner Art geliefert.

Noch ähnlicher scheint die Art *N. forcipata* (Ehrenberg) Gosse, von welcher Gosse au Pl. XVIII Fig. 1, 1 a und 1 b Abbildungen liefert, aber auch hier *verbietet die konische Körperform eine Zusammenführung.* Das Räderorgan kleidet bei *N. forcipata* nur den vorderen Theil der Unterfläche. Das Gehirn wird "semi-opaque" genannt, und es heisst weiter "an ample brain descends into the occiput, whose pyramidal tip, for a small space, is occupied by a well defined granulation of clear brown tissue, not white by reflected light and so not cretaceous; on the frontal end of which is seated a broad, somewhat square eye of pigment darkly red". Bei *N. grönlandica* waren die leicht verschiebbaren Kalkkörner sehr deutlich. Das Auge war auch kleiner. Die wichtigste Ähnlichkeit zwischen diesen beiden Arten bilden die Zehen, welche auch bei *N. forcipata* plötzlich zugespitzt werden. Aber auch die Zehen bieten nach Gosse's Abbildung Fig. 1 b eine Verschiedenheit dar, denn die verschmälerte Spitze ist eben so lang wie der Basaltheil, was bei den Zehen von *N. grönlandica* nicht der Fall war.

Nachdem ich von *N. forcipata* zu sprechen Veranlassung gehabt, kann ich nicht unterlassen noch die Bemerkung hinzuzufügen, dass Ehrenberg's *N. forcipata* und Gosse's ebenso genannte Art unmöglich identisch sein können. In Ehrenberg's Diagnose heisst es: "Notommata corpore elongato, parvo, pedis digitis longis, sæpe decussatis, oculo maximo" [1]. Ehrenberg's Abbildung [2] seiner *N. forcipata* zeigt auch eine andere Körperform, lange, schmale und allmählig zugespitzte Zehen und ein sehr grosses Auge, was alles auf Gosse's Abbildung ganz anders aussieht.

32. *N. sp.* Fig. 22 *a, b, c.*

Auch diese Form habe ich zu keiner anderen früher beschriebenen führen können, finde indessen sowohl die Skizze wie die Notizen ungenügend

[1] Ehrenberg l. c. s. 428.
[2] l. c. Taf. LI, Fig V.

für eine Namengebung und will also ohne dieselbe mit einem Namen zu belegen eine kurze Beschreibung geben. Ich finde dieselbe am nächsten mit der vorigen von mir beschriebenen Art verwandt. Wie diese ist sie sackförmig, dünnhäutig und besitzt einen sehr kurzen Fuss. Sie hatte dieselbe Länge wie meine vorige Art, aber die Breite war viel geringer, 27 Mik, welche Verschiedenheit nicht allein aus verschiedenen Zuständen erklärt werden kann. Die Zehen hatten auch dieselbe Länge, 7 9 Mik. Sie zeigten nicht jene plötzliche Dickenabnahme wie bei der vorigen Art, sondern wurden allmählig zugespitzt. Der Kopf war gewiss auch demjenigen der N. grönlandica ähnlich, jedoch war eine Grenze zwischen dem Vorderende und der Unterfläche viel deutlicher hervortretend Fig. 22 b. Das nackenständige Auge trägt hinter sich einen gleichen Kalkbeutel. Der Magen war vom Darme nicht so deutlich abgeschnürt. Ich konnte keine Einschnürung sehen. Die Drüsenzellen des Magens konnten auch nicht deutlich gesehen werden. Besonders muss ich jedoch diese Art von der vorigen verschieden halten, *weil dieselbe keine Wimperohren besass*. Freilich sah ich das Thier nicht schwimmen. Bei der vorigen Art waren indessen die Wimperohren auch in eingezogenem Zustande sehr deutlich. Gosse bemerkt von N. *brachyota*, dass die kleinen Wimperohren in eingezogenem Zustande nicht beobachtet werden konnten, und dass diese Form oft schwimmt ohne die Wimperohren zu entfalten. Dasselbe gilt gewiss auch von anderen Notommataden, aber gewöhnlich habe ich die Wimperohren auch in eingezogenem Zustande beobachten können. Mit *Not. brachyota* kann diese Art wegen des Vorkommens eines Kalkbeutels nicht identisch sein.

Von N. grönlandica unterscheidet sie sich leicht genug durch die Form der Zehen und die Abwesenheit (oder Kleinheit) der Wimperohren. Auch in der Lebensweise wich sie von N. *grönlandica* ab, welche Art lebhaft war, während diese immer träge kriechend gesehen wurde.

Einige Exemplare kamen im letzten Theil des August bei Jakobshavn zur Beobachtung.

33. N. *celer* n. sp.

Obgleich diese Art sehr unvollständig beobachtet wurde, habe ich kein Bedenken dieselbe mit einem Namen zu belegen, weil sie mir von den anderen so scharf getrennt schien.

Bei einer Breite von 30—40 Mik hatte sie eine Länge von 300—350. Die Zehen waren kurz, der Körper in den meisten Beziehungen der unter N:r 32 aufgeführten Form sehr ähnlich und so auch die Form der Zehen. Das nackenständige Auge besass keinen Kalkbeutel.

Das charakteristische für diese Art ist *die Länge des Körpers bei einer so geringen Breite und vor allem die ausserordentliche Geschwindigkeit der Bewegung.* Jedoch habe ich diese Form nie schwimmend gesehen. Ich habe kaum bei irgend einem anderen Räderthiere so schnelle Bewegungen beobachtet. Eben wegen der grossen Schnelligkeit der Bewegung kann ich keine weitere Aufklärungen mittheilen, denn es war nicht möglich das Thier zwischen den Moosblättern zu untersuchen. Bei meinem Versuche dasselbe zu isoliren wurde der Kopftheil zerrissen. Der Körper war nämlich sehr weich.

Zwei Individuen wurden bei Jakobshavn zusammen mit der vorigen Art beobachtet.

Jetzt habe ich ein sehr charakteristisches Räderthier zu erwähnen, dessen systematische Stellung mir indessen etwas zweifelhaft scheint. Dasselbe konnte vielleicht am besten eine eigene Gattung darstellen, scheint mir jedoch in vielen Hinsichten nähere Beziehungen zu den eben behandelten weichhäutigen Notommataarten aufzuzeigen; und ich ziehe es deshalb vor dasselbe unter den Namen Notommata aufzuführen und werde nachher die Stellung dieser Art zu anderen früher bekannten Arten besprechen.

34. *N. distincta* n. sp. Tab. III Fig. 23 *b, c, d.* Tab. IV Fig. 23 *a.*

Leider habe ich von dieser grossen, schönen Art nur ein einziges Exemplar gehabt. Weil es mir gut gelang dasselbe zu isoliren, und weil ich es auch recht lange lebend halten konnte, wurde es jedoch ziemlich genau untersucht. Der lange, *breite* Körper schmälert nach den Enden zu ab. Die Haut ist weich und besitzt zahlreiche Längsfalten und auch einige Querfalten. Die erste von diesen letzteren befand sich gleich hinter den Wimperohren, die zweite gleich hinter dem Gehirnauge, die dritte über dem hinteren Theile des mastax. Auf dem Mittelkörper sah ich keine Querfalten. Der Fuss zeigte zwei deutliche Glieder, die auch eine Längsfalte zeigten. Dieselbe war nur am ersten Fussgliede leicht sichtbar. Bei der Stellung, welche das Thier später einnahm

Fig. 23 *d*, trat nur die mittlere von den vorderen Querfalten deutlich hervor, dagegen wurde noch eine Querfalte am hinteren Theile des Körpers sichtbar. Der Kopf ist nicht abgesetzt, das *schräge abfallende Vorderende* geht ungefähr wie bei *N. grönlandica* ohne Grenze in die Unterfläche über. *Das Räderorgan besitzt zwei sehr deutliche Wimperrohren*, deren lange Cilien aus den in eingezogenem Zustande der Wimperrohren grubenähnlichen Stellen deutlich hervorragen. Ich muss indessen schon hier bemerken, dass ich diese Wimperrohren nie bei diesem Thiere entfaltet sah. Unmittelbar vor denselben ist der Kopfrand ein wenig eingedrückt. bei *r* auf der Abbildung Fig. 23 *a*. Der vordere Stirnrand *st* verläuft quer zwischen diesen beiden leicht concaven Stellen. *Nahe unter dem Stirnrande sitzt eine kegelförmige Erhebung stk*, an deren Seiten ich verschiedene Male zwei kleinere sah, Fig. 23 *a, b*. Jener Stirnkegel kann ziemlich bedeutend hervorgestreckt und wieder eingezogen werden. Derselbe schien mir nackt, ich konnte weder Cilien noch Tasthaare an demselben entdecken. Ich brauche wohl kaum darauf hinzuweisen, dass dieser Kegel gar nicht mit den Faltenbildungen gleichzustellen ist, welche als Cuticularfortsätze bei verschiedenen Notommataden recht oft beobachtet werden.

Wenn man das Vorderende von vorn und unten betrachtet, erhält man ein Bild, welches ich in der Fig. 23 *b* zu veranschaulichen versucht habe. Man sieht da die Basis des Stirnkegels von einer niedrigen Erhebung, die kurze Cilien trägt, umgeben. Von den seitlichen Grenzen des Ringes wich eine kurze Cilienreihe ab, die mir auch über die eingezogenen Wimperrohren zu verlaufen schien, und die gleich unter diesen in breite Cilienbänder überging, welche sich weit nach hinten von der Mundöffnung streckten. Die Mundöffnung lag in einer rinnenförmigen Vertiefung zwischen den Cilienbändern. Wahrscheinlich gingen die Cilienbänder ganz an die Seitenränder des Kopfes. Ich hatte keine Notiz darüber gemacht und an meiner Skizze finde ich keine Cilien an diesen äussersten Rändern gezeichnet, aber denke, dass ich es nur unnöthig gefunden alle Cilien auszuführen, und leider vergessen habe dies anzudeuten. Von der Mundöffnung leitet ein kurzer Gang zum Schlundkopf. Die Kiefer waren ziemlich stark und noch dem forcipaten Typus gebaut, und die unci 2 3 zähnig, nähere Angaben kann ich aber nicht liefern.

Sehr charakteristisch für diese Art sind die Zehen, welche auf den ersten Blick dieselbe von den verwandten Notommataarten unterscheiden lassen. Die recht spitzen Zehen sind lang, schlank und etwas gebogen. Nahe den Spitzen sass auf jeder Zehe ein kleiner glänzender Knoten, welchen ich als zufällige Bildung vom erhärteten Sekrete der Fussdrüsen auffasse. Eben da glaubte ich nämlich die Ausmündungsstellen der Ausführungsgänge der Drüsen zu sehen. *Das mittelgrosse mit dunklem Pigmente versehene Auge lag im hinteren Theile des Gehirns, und gleich hinter diesem befand sich ein grosser, in drei Loben getheilter, Kalkkörner führender Beutel.* Von unten gesehen waren die Seitentheile des Beutels noch einmal in drei kleinere Loben getheilt, Fig. 23 c. Aber ausser diesem Pigmentflecken, welcher dem normal auftretenden Auge der Notommataarten entspricht, fanden sich bei dieser Art mehrere andere sehr deutliche pigmentirte Stellen. Das Pigment dieser Flecken war aber nicht wie dasjenige des Nackenauges dunkel violettroth sondern gelbroth. *Ein solcher Fleck lag im Basaltheile des Stirnkegels Fig. 23 a* und 23 b, *zwei andere an den inneren Seiten der Wimperohren, und ein vierter in der Mitte des letzten Fussgliedes vor der Basalanschwellung der Zehen Fig. 23 a* mbp. Ein schwacher Flecken wurde auch über dem mastax gesehen. Alle diese Flecken zeigten keine scharfe Grenzen. Ich sah keine besondere Haare von ihnen ausgehen.

Neben dem gelbrothen Flecken in der Mitte des letzten Fussgliedes lag in jedem Seitentheil desselben Gliedes ein kleiner, glänzender, dunkelvioletter Fleck, der sehr scharfe Begrenzung besass, Fig. 23 a shp. Auch an diesem kleineren Fleck konnte ich gar keine Haare entdecken.

Über die inneren Organe theile ich nur das folgende mit. Viele Dinge waren durch ein sehr grosses, ovales, dunkelkörniges Ei verdeckt. Darm und Magen waren deutlich von einander abgesetzt. An der Magenwand sah ich sehr grosse Zellen (ich habe in den Notizen sogar von einer grossen Zahl Drüsenloben gesprochen, aber es war wohl kaum etwas anderes als grosse Zellen). Der Darminhalt war stark braun. Der oesophagus trat deutlich hervor, und die Magendrüsen schienen mir gestielt. Der Excretionsapparat zeigte sehr deutlich jederseits drei Wimpertrichter mit auffallend langen Flimmerzungen. Sie lagen alle drei im vorderen Körpertheil. Möglicherweise waren einige hintere von den übrigen Eingeweiden verdeckt. Die Excretionsblase bot nichts besonderes dar. Die Fussdrüsen waren gross und wenigstens, wenn der Fuss wie gewöhnlich etwas eingezogen war, sehr deutlich lobirt.

Die Länge des nicht ganz gestreckten Thieres war 230 Mik. Die Breite war 60 Mik. Die Länge der Zehen betrug 30 Mik.

N. distincta wurde bei Jakobshavn d. 26 Aug. gefunden. Das beobachtete Thierchen war nicht sehr lebhaft, aber konnte auch nicht träge genannt werden. Es war so hoch, dass es nicht durch Haare gegen den Druck der Deckgläser geschützt werden konnte, weshalb es sich erst frei bewegen konnte, nachdem ich wieder einige Moostheile zwischen die Gläser eingelegt hatte.

Die Verwandtschaft dieser Form mit anderen beschriebenen Arten scheint mir nicht so sehr gross. Mit den in der äusseren Körperform etwas ähnlichen *Proales*-arten verbieten die *Wimperohren, der Kalkbeutel, die Form der Zehen, die gelbrothen Pigmentflecken und die Quer- und Längsfalten* eine nähere *Verwandtschaft anzunehmen.* Die meisten weichhäutigen *Notommata*-arten haben auch keine solchen Falten und unterscheiden sich fast sämmtlich *scharf durch ihre kurzen, dicken Zehen.* *Notommata ansata* besitzt zwar lange etwas gebogene Zehen, ist *aber viel kleiner* "$^{1}/_{200}$ inch.", zeigt *keine Längsfalten*, und besitzt *queres Vorderende und ein helles Gehirn.* Vgl. Gosse in Hudson l. c. Vol. II, s. 21, Pl. XVII, Fig. 3. *Notommata cyrtopus*, welches Räderthier einen mächtigen Kalkbeutel besitzt, ist auch viel *zu klein und unterscheidet sich dazu durch das Fehlen der Wimperohren, des Nackenauges und der Falten.* Diese Art besitzt ein Paar stirnständige "colourless specks, like airglobules, which may be eyes", welche sich auch nicht mit den Pigmentflecken meiner *N. distincta* vergleichen lassen. Vgl. Gosse & Hudson l. c. Vol. II, s. 22, Pl. XVII, Fig. 7. *Notommata Limax* Gosse (Hudson l. c. Supplement s. 20, Pl. XXXI, Fig. 6) ist auch viel zu klein und hat wieder relativ noch längere Zehen und entbehrt *Pigmentflecken und Längsfalten, so wie auch der Fuss zu kurz ist.* Durch das Vorhandensein von Längsfalten und ziemlich grossen Wimperohren bietet dagegen *N. Potamis* Gosse (bei Hudson l. c. Supplement s. 21, Pl. XXXL, Fig. 9), welche Art auch in der Grösse etwas näher kommt, mit meiner Notommata distincta grössere Ähnlichkeit dar. Die Unterscheidungsmerkmale sind jedoch recht viele, denn *N. Potamis* hat einen fast kegelförmigen Körper mit querem Kopfende, *gern und auch nach dem Tode ausgestreckte Wimperohren, entbehrt Kalkbeutel, hat kürzere gerade Zehen* etc.

Mit den Arten der Gattung *Eosphora* muss auch diese Art verglichen werden, weil jene Gattung mehrere Pigmentflecken besitzt. Diese haben jedoch ihre Lage ganz am Stirnrande, und gewöhnlich sind sie scharf begrenzt. Dazu ist die Körperform eine andere, und die Zehen der beschriebenen Arten sind auch dicker und kürzer. Nur eine Art besitzt Wimperohren. Von derselben unterscheidet sich indessen *N. distincta* auch durch die Form des Kopfes, durch ihren lobirten Kalkbeutel, durch kürzeren Fuss und durch ihre Längsfalten.

Hätte ich eine grössere Anzahl von Exemplaren gesehen und bei allen die Pigmentflecken konstant gefunden, würde ich wohl auf dieselben, die Stirnkegel, die Wimperuhren und den lobirten Kalkbeutel gestützt, eine neue Gattung gegründet haben. Ich habe es jedoch jetzt unterlassen ohne deshalb die bedeutende Verschiedenheit dieser Art von fast allen Notommataarten übersehen zu haben.

Diese Pigmentflecken scheinen mir am nächsten mit denjenigen bei *Eosphora* zu vergleichen, wo sie wohl gewöhnlich doch nicht so scharfe Begrenzung zeigen. LEYDIG hat z. B. von *Eosphora Naias* Ehrbg angegeben, dass Ehrenberg's Stirnaugen keine Augen seien, weil die gelbrothen Flecken der Stirn "nur intensiver gefärbte Stellen von gleicher orangegelber Farbe, wie der übrige Rand des bewimperten Kopfendes sie zeigt" sein sollten [1]. ECKSTEIN hat *Eosphora elongata* Ehrbg untersucht, und er vertheidigt die Ansicht, "dass kleinere rothe Augenflecken am vorderen Rande des Kopfes vorhanden sind" [2]. GOSSE bespricht auch diese Frage und sagt "I have no hesitation in pronouncing them to be strictly analogous, with what we call eyes throughout the class" [3]. Bei *N. distincta* war die Begrenzung der Flecken nicht gerade scharf, aber die Farbe der umgebenden Kopftheile war vollständig hell. Gewiss wäre es sonderbar, wenn bei einem Räderthiere so viele Augen ausser dem gewöhnlichen normalen auftreten sollten, aber ich kann kaum eine andere Deutung dieser Flecken ausdenken, denn wie gesagt, wurden keine Tasthaare beobachtet, und es wäre kaum weniger merkwürdig, wenn bei einigen Räderthieren beim Ausgangspunkte der Tasthaare Pigmentflecken vorkämen, was ja bei den meisten gar nicht der Fall ist. Ich habe nämlich ebensowenig wie einige andere Autoren die von ECKSTEIN bei so vielen Räderthieren gesehenen Pigmentflecken sehen können [4]. Übrigens glaube ich nicht, dass diese

[1] l. c. s. 40.
[2] l. c. s 367.
[3] l. c. Vol. II. s. 47. LEYDIG's Angabe galt indessen nicht wie Gosse angibt *E. aurita* sondern *E. Naias*. Hudson citirt auch im Supplement s. 27 richtig LEYDIG unter *E. Naias* Ehrbg.
[4] Möglicherweise würden jedoch die bei *N. tarda* und *Taphrocampa Lecinseni* gesehenen und oben besprochenen kleinen Pigmentflecken denselben entsprechen. Vgl. oben Ss. 48 und 55.

ECKSTEIN's Pigmentflecken den grösseren gelbrothen bei *N. distincta* entsprechen können, sondern eher dass sie derselben Art sind wie die kleinen seitlichen im letzten Fussgliede dieser Species. Thatsächlich ist, dass eben so gefärbtes Pigment bei vielen *Philodina*-arten in den normalen Augen liegt, während bei anderen Individuen und Arten dunkelrothes oder violettrothes Pigment in den Augen vorkommt. Indessen kann ich für die Deutung dieser Flecken als Augen keine entscheidende Gründe anführen, und noch weniger kann ich erklären, weshalb diese Art eine solche Menge von lichtpercipirenden Organen brauchen sollte.

35. *N. longipes* n. sp. Fig. 20 *a, b, c.*

Auch diese Form kann ich mit keiner anderen schon beschriebenen Art identisch finden. Dieselbe dürfte in der Nähe von N. Naias Ehrbg stehen, und ich glaubte sogar eine Zeit lang, dass sie zusammengeführt werden könnten, aber genauere Vergleichungen haben mich besseres gelehrt.

Fig. 20 *a* stellt das Thier ein wenig zusammengezogen dar. Besonders gilt dies für den Fuss. *Die Cuticula ist viel härter* als bei den vorigen Formen, kann aber nicht gepanzert genannt werden. Am stärksten schien mir die Haut gleich hinter der Nackenfalte und an den Rückentheilen der zwei ersten Fussglieder, jedoch auch da nicht wirklich gepanzert. *Der Kopf ist durch eine tiefe Falte vom übrigen Körper abgesetzt.* Andere Querfalten konnte ich nicht am Körper selbst beobachten. Dagegen waren einige Längsfalten ziemlich deutlich, welche jedoch von einander bedeutend entfernt waren. Die Form des Körpers ist von oben gesehen beinahe rektangulär. Der Fuss ist sowohl von oben als von der Seite betrachtet vom Körper scharf abgesetzt. *Derselbe besitzt drei Glieder und endet in zwei relative langen, geraden und spitzen Zehen.* Die Zehen machen ungefähr ein Siebentel der Körperlänge aus. *Am Basalgliede des Fusses fanden sich ein niedriger Höcker und ein ziemlich grosser blattförmiger Cuticularfortsatz,* welcher sich nach hinten über die Mitte des zweiten Gliedes streckte. Von der Seite gesehen zeigte der Fuss eine schwach hervortretende Linie, die wohl eine schwache Falte angedeutet haben mag.

Das Kopfende ist ziemlich quer abgeschnitten, und das Cilienkleid streckte sich nicht weit nach hinten auf die Unterfläche wie bei einigen vorher behandelten Arten dieser Gattung. Es bildete auch keine Bänder an den Seiten des

Mundes sondern schien mir eher ein beinahe vollständiges cingulum an dem etwas vorstehenden Kopfrande zu bilden. Die oberen Haare des cingulums waren länger. Ich habe auch einige inneren Cilien, die zum trochus gehörten, beobachtet. An der ventralen Seite ist ein tiefer Einschnitt, der nach hinten herzförmig erweitert ist. Diese Rinne ist mit Cilien besetzt. Man sieht diese Bildung an der Fig. 20 *a*, weil der Kopf etwas schräg gehalten war. Dagegen sieht man am Profilbild nichts *von ein Paar Einbuchtungen, welche bei Betrachtung von der dorsalen Seite deutlich hervortraten* Fig. 20 *b*. Ich konnte keine längeren Cilien da sehen und habe auch notirt, dass ich nie ohrförmige Lappen entfaltet sah und konnte auch nicht diese Bildungen jenen Organen bei anderen *Notommata*-arten ähnlich finden, kann aber dennoch nicht verstehen, was diese tiefen Einbuchtungen sein sollten, wenn sie nicht Wimperorgane darstellten.

Das Auge war nicht gross und lag, wie die Abbildung Fig. 20 *a* zeigt *unter dem hinteren Theil des Gehirns.* Ein Theil des Gehirns streckte sich noch weiter nach hinten und war etwas dunkler gefärbt als das übrige, nicht dreilappige Gehirn. Kalkkörner konnte ich jedoch in demselben nicht bemerken. *Ein sehr feiner dorsaler Taster sass etwas vor der Mitte des Kopfes.* Derselbe wurde erst bei 5—600 maliger Vergrösserung sichtbar.

Vom mastax kann ich nur angeben dass *derselbe kurz und breit war, und dass die Kiefer die für Notommata normale Form zeigten. Von den ziemlich bedeutenden rami sagen meine Notizen, dass sie braun gefärbt waren.*

Was ich von den anderen inneren Organen gesehen habe, zeigt die Fig. 20 *a*. Darm und Magen waren durch eine Einschnürung scharf getrennt. Im Darme sah ich die Cilien sehr deutlich. Vom Excretionsapparat und der Geschlechtsdrüse habe ich nichts mitzutheilen, wenn nicht dass mir die Blase im gefüllten, erweiterten Zustande ungewöhnlich gross vorkam.

Die Körperlänge war um 110 Mik, die Länge der Zehen 15 Mik, Fuss und Zehen ganz ausgestreckt waren 42—45 Mik und der Kopf 18 Mik lang. Diese Art wurde nur einmal den 3. Aug. aus der Nähe von Egedesminde erhalten.

In der Körperform, im Aussehen des Vorderendes, im langen Fuss, im breiten mastax, und im Vorhandensein einer ventralen Rinne zwischen den Rändern des central gespaltenen Räderorgans liegt eine gewisse Ähnlichkeit mit *N. Naias* vor. Jedoch soll bei dieser Art die "ciliated face very long and oblique projecting far out from the ventral surface just below the mastax" sein, was hier nicht der Fall ist. Übrigens ist die Verschiedenheit in der Grösse so bedeutend, dass ich es kaum nöthig finde die übrigen Merkmale hervorzuheben. Während meine Form 110 Mik war, ist die Länge des *N. Naias* nach Hudson's Angabe ungefähr viermal so gross ($\frac{1}{50}$ inch). *Die längeren Zehen, die Fortsätze der Cuticula der Fussglieder, die deutlichen lateralen Einbuchtungen (Wimperohren?) bilden ausserdem Unterscheidungsmerkmale genug.* Mit anderen beschriebenen *Notommata*-arten scheint mir die Ähnlichkeit nicht so gross, dass eine Verwechslung in Frage kommen kann.

Nun komme ich zu einer Abtheilung der Gattung *Notommata*, welche die Arten umfassen, welche sich *Notommata lacinulata* nähern. Ich kann nicht glauben, dass es einer richtigen natürlichen Systematik entspricht so divergente Formen in einer Gattung zusammenzustellen wie die wurmähnlichen weichhäutigen Arten und diese, und deshalb wage ich für diese Formen eine neue Gattung aufzustellen, die ich jedoch *vorläufig nur als eine Untergattung von Notommata betrachten will* und nenne dieselbe

(XIV). Notostemma n subgenus

Kleinere Arten mit festerer Cuticula. Vorderende ziemlich quer abgeschnitten von einem Cilienkranz umgeben. Meistentheils ohne ohrförmige Wimperlappen. Keine breiten Cilienbänder an den Seiten und hinter der Mundöffnung. Fuss kurz. Auge nackenständig ohne Verbindung mit einem Kalkbeutel.

Ich habe in Grönland wenigstens drei zu dieser Gattung zu führende Arten beobachtet. Das Studium derselben war mir ganz besonders schwer, weil meine Literatur hierüber fast gar nichts mittheilte. Ich habe es auch nachher recht schwer gefunden meine hierauf bezüglichen Notizen und Skizzen zu ordnen, weil die Abbildungen von *Notommata lacinulata* bei verschiedenen Autoren sehr von einander abweichen. Eckstein's Abbildung zeigt ganz andere Zehen als Plate's, und Gosse's Abbildung gibt sowohl die Körperform wie die Form und Grösse der Zehen wieder etwas verschieden an. Wenn ich *Notommata lacinulata* zu meiner Gattung *Notostemma* führe, beziehe ich mich besonders auf die Beschreibung und Abbildung derselben, welche in Hudson's Arbeit von Gosse gegeben ist [1]). Ich kann auch keine von meinen Arten mit früher beschriebenen identisch finden, sondern muss sie wenigstens vorläufig alle drei als neue Arten anführen.

36. *N. macrocephala* n. sp. Tab. III, Fig. 19 *a*, Tab. II, Fig. 19 *b*.

Wie der Name andeuten sollte, ist *die auffallendste Eigenthümlichkeit dieser Art der stark angeschwollene Kopf.* Diese tritt hauptsächlich bei Betrachtung von der Seite hervor. Der Kopf ist nicht abgesetzt vom übrigen Körper. Der Körper ist kegelförmig, und *der Fuss besitzt ein kurzes, gewöhnlich eingezogenes Glied.* Hinter dem Kopfe habe ich eine ziemlich deutliche Falte gesehen, und nach Kalizusatz habe ich auch eine hintere Querfalte beobachten können, welche den Körper vom Fussgliede trennte Fig. 19 *b*. *Die Cuticula des Rückens ist biegsam, jedoch ein wenig gehärtet* und besitzt schwache leistenförmige Erhebungen, die vielleicht nur als Falten zu deuten sind, denn nach Zusatz von Kali verschwinden sie recht schnell. Zwei seitliche von diesen Leisten laufen von oben gesehen recht deutlich in kleine festere Spitzen aus. Aber auch diese verschwinden sehr schnell nach Zusatz von Kali. Der kurze Fuss trägt zwei sehr charakteristische Zehen, *die etwa ein Drittel der Körperlänge ausmachen. Sie sind etwas nach oben gebogen und werden auch gewöhnlich in der Stellung getragen, wie sie die Figur 19 b zeigt.*

Das Auge ist ziemlich gross, aber wohl deshalb ungewöhnlich schwach pigmentirt und liegt hinter dem Gehirn. Es zeigte eine gewisse Ähnlichkeit mit den Augen, welche mit einem kalkführenden Beutel nahe vereinigt sind, aber ich konnte absolut nicht solche Körner entdecken. Der mastax war gross, und ich gebe von demselben, welcher von der für die Familie typischen Form war, nur an, dass die manubria gerade waren *und eine deutlich abgesetzte Fussplatte zeigten.*

Der Kopfrand ist von einem vollständigen, aus ziemlich starken aber nicht langen Cilien bestehenden cingulum umgeben. Die Mundöffnung liegt etwas unter der Mitte des Vorderendes. Über derselben sah ich auf der Stirn ein starkes Büschel von kurzen, kräftigen Cilien, die nicht so schnell bewegt wurden wie die Cilien des cingulums. Über die inneren Organe habe ich wie die Figur zeigt keine Veranlassung etwas mitzutheilen.

[1] l. c. Vol. II. s. 26. Pl. XVII. Fig. 9.

Die Länge war 98 Mik, von denen 66 auf den Körper und 32 auf die Zehen kommen. Wenn ich mich richtig entsinne, war es ein sehr lebhaftes Thierchen.

Wurde d. 24 Aug. bei Jakobshavn genauer beobachtet. Indessen habe ich notirt, dass ich die Form früher mehrmals gesehen, und wahrscheinlich als eine Jugendform aufgefasst hatte.

Weil diese Form viel zu weiche Haut besitzt um unter die Loricaten gestellt zu werden, muss sie in der Nähe der *Notommata lacinulata* ihren Platz haben.

Vielleicht könnte *N. makrocephala* mit eben so gutem oder besserem Recht unter den Loricaten untergebracht werden; davon werde ich aber späterhin weiter sprechen.

37. *N. affinis* n. sp. Fig. 17 *a, b. c.*

In manchen Hinsichten ist diese Art der vorigen nahe verwandt, und unterscheidet sich von derselben hauptsächlich *durch die Körperform*. Der Kopf ist nicht so gross, weshalb der Rücken sowohl nach vorn wie nach hinten abfällt. Die Mundöffnung liegt auf einem deutlich vorstehenden Kegel. *Die grossen Zehen werden ebenso getragen wie bei der vorigen Art* und besitzen fast vollständig dieselbe Form und Grösse. *Das Auge war viel schärfer abgegrenzt und wie gewöhnlich stark pigmentirt.* Kalkkörner waren nicht zu beobachten, obgleich das Gehirn wie bei vielen Notommaden eine hinter dem Auge sich streckende Verlängerung besass. Von den inneren Organen bemerke ich nur, dass die *manubria gebogen und ohne Fussplatte waren. Zweizähnige gebogene unci* waren auch deutlich. Fig. *c* gibt die Kiefer so wieder, wie ich sie ohne zu viele Zeitaufopferung beobachten konnte. Die rami sind offenbar nicht deutlich gesehen, denn ich fasse die hinteren, queren Linien als Muskelfasern auf. Die Fussdrüsen sind rundlicher als bei *N. makrocephala*.

Körperlänge 90 Mik, von denen 30 auf die Zehen kamen.

38. *N. bicarinata* n. sp. Fig. 18 *a, b c.*

? Notommata gibba Ehrbg l. c. s. 430, Tab. LII, Fig. 4.

? Proales gibba Gosse l. c. Vol. II, s. 37.

Diese Art steht der vorigen recht nahe, obgleich sie sich ohne Schwierigkeit von derselben unterscheiden lässt. Sie ist wohl von diesen beiden Arten diejenige, welche am nächsten mit sowohl *Notommata lacinulata* (Ehrbg) Gosse wie und wahrscheinlich noch näher mit der oben als fragliche Synonyme aufgeführten *Proales gibba* verwandt ist.

Körper klein mit etwas gebogener Rückenlinie. Das Kopfende quer abgeschnitten. Eine Querfalte über dem Nacken und eine nahe dem Fusse. Auf dem Rücken stehen zwei deutliche Längsleisten. Schwächere wurden an den Seiten gesehen, Vgl. Fig. 18 c. Aber alle diese Leisten schwanden recht bald nach Zusatz von Kali. *Der Fuss ist sehr kurz mit zwei spitzen Zehen.*

Das Räderorgan zeigt auch hier einen vollständigen Cilienring, der an einer etwas hervorstehenden Kante des Kopfes steht. Auch sah ich ein Büschel von Cilien auf der Stirn, unter welcher die Mundöffnung sich auf einem vorstehenden Kegel befindet. Auf diesem Kegel selbst entdeckte ich keine Cilien.

Das Auge sitzt im Nacken im hintersten Theil des Gehirns. Hinter dem Auge befand sich keine Gehirnverlängerung. *Der mastax ist kleiner als bei den beiden vorigen Arten.* Fig. 18 b stellt die Kiefer nach einer Cameraskizze dar, so wie ich dieselben nach Kalieinwirkung sah. *Ich konnte keine manubria entdecken. Jedenfalls waren sie ausserordentlich schwach.* Wie ich mir das Aussehen der unci erklären soll, weiss ich kaum, habe aber dennoch die Abbildung mittheilen wollen, denn sie muss jedenfalls für die Wiederauffindung des Thieres von Nutzen sein können.

Die Zehen sind kleiner als bei den vorigen Arten, machen nur ein Viertel der Körperlänge aus und sind ein wenig nach unten gebogen. Sie besitzen sehr kleine rundliche Fussdrüsen. Für die anderen inneren Organe, welche nichts interessantes darboten, verweise ich auf die Figur 20 a.

Die Körperform wurde ebenso wie bei den vorigen Arten recht wenig geändert. Der Kopf mit dem Räderorgane und der Fuss wurden eingezogen, aber die mittlere Partie des Körpers veränderte ihre Form wenig. Jedoch fand ich keine Ähnlichkeit mit den wirklich bepanzerten Formen, wenn ich auch zugeben muss, dass diese Art ebenso wie die vorigen einen gewissen Übergang zu den schwächer bepanzerten Loricaten repräsentiren kann. Darauf will ich aber nicht hier eingehen, denn solche schwächer bepanzerte Formen sind ja aus verschiedenen Gattungen schon früher wohl bekannt.

Körperlänge eines ausgewachsenes Thieres mit einem grossen Eie 78 Mik. Zehen 18 Mik. *Notommata bicarinata* war ein lebhaftes Thierchen, das eifrigst umherkroch und alles mit dem Mundkegel untersuchte. Die Kiefer wurden auch nicht selten ausgestreckt. Die kriechende Bewegung war nicht sehr schnell. Selten schwamm es und dann nur kürzere Strecken. Diese Art wurde unter einigen in der Nähe von Jakobshavn eingesammelten, und einige Tage in einer Glasschale verwahrten Moosen den 27 Aug. gefunden.

In den Rückenkielen nähert sich diese Art *N. makrocephala*, unterscheidet sich aber von den beiden vorigen Arten so entschieden durch die Zehen, dass eine nähere Vergleichung überflüssig ist. Näher mag dieselbe vielleicht mit *Notommata lacinulata* verwandt sein, welche Art sich dennoch *durch die Wimperohren* recht bedeutend von derselben unterscheidet. Auch die Körperform und die trophi verbieten das Zusammenführen dieser Formen.

Ich habe oben *Proales gibba* als fragliche Synonyme aufgestellt, und in der That besteht auch eine nicht geringe Ähnlichkeit zwischen diesen Thieren. Gosse's Diagnose lautet: "Body compressed; back much arched, deeply incised above the stout foot; toes slender, pointed, slightly decurved" was ja nicht so übel passt, und auch in verschiedenen anderen Verhältnissen scheint eine Übereinstimmung zu bestehen. Als Begründung für meinen Namen zeige ich auf die Rückenkiele, die nicht zusammengedrückte Körperform, die Abwesenheit der über die Stirn vorstehenden "semiovate plate" und auf die stärkeren Bepanzerung meiner Art hin. Gosse spricht nämlich nicht von einer Bepanzerung, sondern sagt vielmehr "The animal is lively; actively swimming, and contracting strongly as it goes" etc. was ja gegen die Identificierung spricht. Jedenfalls sind die Formen verwandt, und ich habe absolut kein Bedenken diese Gosse's Art aus der Gattung *Proales* in meine Gattung *Notostemma* überzuführen. Dass jene Form weder mit den anderen *Proales*-arten — vielleicht *Proales Felis* ausgenommen — noch mit den grösseren wurmähnlichen Notommata den in derselben Gattung zusammenstehen darf, scheint mir genügend aus der Körperform hervorzugehen. Gosse wirft selbst die Frage auf, ob sie nicht besser mit *Notommata lacinulata* zusammenzustellen wäre. Weil die Gattung *Notostemma* nicht eigentlich bepanzerte Formen umfasst, kann ich selbstverständlich kein Bedenken hegen *Proales gibba* in dieselbe aufzunehmen, obgleich sie vielleicht weichere Haut besitzt, als die in dieser Beziehung unter einander abweichenden anderen Arten. Vom Bau der Kiefer bei seiner Art liefert Gosse keine Angabe.

Zweifellos steht die Gattung *Notostemma* der Gattung *Notommata* am nächsten. In der Körperform kommen die zu derselben geführten Arten auch einigen Furcularien recht nahe.

In der Literatur habe ich hauptsächlich zwei andere Gattungen gefunden, die hier etwas besprochen werden müssen. Die eine ist die Gattung *Diaschiza* Gosse und die andere die Gattung *Plagiognatha* (Duj.) Tess.-Bützow.

Die Arten der ersteren Gattung wurden von Gosse erst spät gefunden. In Hudson's grosser Arbeit schreibt er: "This well marked group, now consisting of seven species, was wholly unsuspected a few months ago". Zu den sieben da beschriebenen Arten hat derselbe, kurz nachher noch fünf andere gelegt. Die Diagnose der Gattung ist "Body compressed, the dorsal half of the trunk inclosed in a carapace, which is split medially; one eye present, usually cervical; trophi virgate, not distinguishable from those of Furcularia; toes long, blade-like, furcate" [1]. Gosse stellt seine Gattung *Diaschiza* in die Familie Salpinadae, zusammen mit den Gattungen *Salpina*, *Diplax* und *Diplois*. Nach der Auffassung, welche ich von den Arten meiner Gattung *Notostemma* erhielt, waren sie wohl mit etwas erhärteter Haut versehen aber gar nicht gepanzert, und ich kann nicht glauben, dass ich die beiden Theile des Rückenschildes übersehen haben kann. Überdies verschwand beim Zusatz von Kali diese Haut sehr schnell. Ich bezweifle deshalb gar nicht, dass diese Formen zu weiche Haut besassen um wirkliche Loricaten zu sein. Die Körperform wurde mehr geändert als bei Diurella und Mastigocerca Rattus. Indessen habe ich, wie ich auch an anderen Stellen ausgesprochen, die Ansicht, dass die gepanzerten und ungepanzerten Formen nicht immer wegen dieser Verschiedenheit zu verschiedenen, Familien geführt werden dürfen. Vielmehr halte ich eine systematische Anordnung natürlicher die z. B. *Furcularia*, *Notostemma* und *Diaschiza* in eine Familie zusammenführt und auf diese graduelle Verschiedenheit der Festigkeit der Haut kein so grosses Gewicht legt. Unter den von Gosse beschriebenen *Diaschiza*-arten halte ich keine mit irgend einer meiner obigen Arten identisch, wenn ich auch annehmen könnte, dass Gosse diese Formen als gepanzert aufgefasst hätte, oder dass ich das Vorhandensein dieses eigenthümlichen Panzers übersehen. Es wäre nicht unmöglich, dass durch künftige Untersuchungen diese beiden Gattungen vereinigt werden können. Sie werden dann gewiss nicht zu den Loricaten geführt werden.

[1] Hudson C. T. l. c. Vol. II, s. 77.

Als ich meine Gattung Notostemma aufstellte und die Charakteristik der Arten schrieb, wusste ich noch nicht, dass Tessin-Bützow gewissermaassen dasselbe Bedürfniss erfahren für diese kleineren mit relative fester Cuticula versehenen, mehr oder weniger kegelförmigen Arten eine eigene Gattung zu bilden.

Derselbe hat Dujardin's Gattung *Plagiognatha* aufgenommen und die Charakteristik derselben sehr geändert (l. c. s. 149). Dujardin führte zu der so genannten Gattung eine Menge sehr heterogener Thiere, welche er hauptsächlich deshalb zusammenstellt, weil sie durch die Form ihrer Kiefer von allen anderen Furcularien getrennt sein sollten [1]. "Machoires à branches parallèles tournées du même coté et recourbées vers le bord cilié, avec une tige centrale (Fulcrum) droite, tres longue, élargie à sa base". Weiter ist der Körper "oblong courbé et convexe d'un coté, ou en cornet obliquement tronqué en avant, et terminé en arrière par une queue plus ou moins distincte portant deux stylets", und die Thiere besitzen "un ou deux points rouges oculiformes". Der Hauptcharakter ist der Bau der Kiefer, und von Dujardin's Beschreibung derselben sagt Gosse, welcher ja unter allen Forschern diese Organe am genauesten studirt hat: "This description is so vague, that it might embrace a multitude of widely remote species and genera, while it does not at all indicate the true peculiarity of the organs it professes to define" [2]. Dujardin hat auch zu dieser Gattung ausser *Notommata Felis*, die er als Typus betrachtet, *Not. laciniulata* und *Distemma setigerum* und vorschlagsweise *Notommata Tigris*, *Diglena catellina (Diglena lacustris?)* und eine Art, welche er als *Notommata hyptopus* Ehrbg auffassen will, die aber, wie mir scheint, viel eher eine *Copeus*-Art sein dürfte, führen wollen.

Wenn ich von der Charakteristik der Kiefer und von den zwei Augenflecken absehe, so könnte diese Charakteristik recht gut auf meine *Notostemma*-arten passen. Tessin-Bützow hat schon eine Menge von diesen Dujardin's Arten ausgeschieden und gibt seiner Gattung die folgende Diagnose: "Gestalt länglich oder keilförmig. Fuss mit zwei bauchwärts gekrümmten, nicht sehr langen Zehen. auf der Oberseite mit vier Borsten. Ein Auge im Nacken". Von diesen Charakteren passt nicht auf meine Formen. dass der

---

[1] Dujardin, F. Historie Naturelle des Zoophytes etc. Paris 1841. s 651

[2] Gosse, P. H. On the manducatory organs etc., s. 432.

Fuss bauchwärts gekrümmte nicht sehr lange Zehen und vier Borsten besitzen soll. Ich halte diese Merkmale für weniger wichtig und führe in meiner Gattung *Notostemma* Formen zusammen, die sich in dieser Hinsicht verschieden verhalten. Hudson setzt die Gattung *Plagiognatha* Dujardin unter seinen "Doubtful and rejected Genera" und sagt davon: "In this Genus Dujardin places together Not. lacinulata, Distemma setigerum, Rattulus tigris, Diglena catellina, Notops Hyptopus etc. on account of a supposed similarity in their trophi (l. c. Supplement s. 60).

Ich bezweifle durchaus nicht, dass Tessin-Bützow's und meine Arten zu derselben Gattung geführt werden dürfen, wenn sie nicht alle in *Diaschiza* dadurch Platz finden können. dass die Diagnose dieser Gattung bedeutend erweitert wird, kann aber nach der so ungleichen Umfassung und Charakteristik, welche die Gattung *Plagiognatha* von Dujardin und Tessin-Bützow erhalten hat, und weil die Diagnose des letzteren gar nicht auf meine Arten passen, den Namen *Plagiognatha* nicht benutzen. Und weil ich keine Gattung finde, wo meine Arten ohne Zwang untergebracht werden konnten, muss ich *versuchsweise* die Gattung *Notostemma* bilden. Dass eine solche Gattung für kleinere Notommataähnliche Formen in einem natürlichen System der Räderthiere behalten werden muss, davon bin ich lebhaft überzeugt. Wahrscheinlich muss auch eine andere entsprechende Gattung für in gleicher Weise organisirte Furcularien aufgestellt werden.

XV. Monommata Bartsch.

39. *M. longiseta* (Ehrbg) Bartsch Fig. 14 *a. b.*

Vorticella longiseta O. F. Müller l. c. s. 295. Tab. XLII, Fig. 9, 10.
Notommata longiseta Ehrbg. l. c. s. 432, Taf. LIII, Fig. 11.
Notommata longiseta Perty l. c. s. 38.
Monommata longiseta Bartsch l. c. s. 44.
Monommata longiseta Eyferth l. c. s. 110.
Notommata longiseta Eckstein l. c. s. 365.
Monommata longiseta Blochmann l. c. s. 103.
Furcularia longiseta Gosse l. c. Vol. II, s. 46, Pl. XVIII, Fig. 16.
Monommata longiseta Tessin-Bützow l. c. s. 151.

Diese leicht kenntliche Art wurde in der späteren Hälfte des Monats
August ziemlich allgemein. Ich sah sie wohl in den meisten, Moosrasen
führenden Wasseransammlungen, welche ich in der Gegend von Jakobshavn
untersuchte. Wahrscheinlich habe ich sie auch vorher einmal in Egedesminde
gesehen. In meinen da gemachten Notizen steht nämlich: Eine Notommata
mit ausserordentlich langen Zehen. Über die Verwandtschaften dieser Form
ist die Auffassung der Autoren recht verschieden. Ich werde deshalb, nachdem
ich einen Auszug aus meinen Beobachtungen über den Bau dieses Thierchens
mitgetheilt, einen Versuch machen meine Ansicht, dass BARTSCH mit Recht für
diese Art eine eigene Gattung aufgestellt hat, zu begründen.

Ich habe bei keinem anderen Räderthiere den Körper so weich gesehen.
Die Form des Körpers ist ganz unglaublich veränderlich. Man würde kaum
glauben, dass auch die weichste Rotiferencuticula so bedeutende Formver-
änderungen erlauben könnte. Es ist fast wie bei einer Planarie, die Kontrak-
tionen gehen aber viel schneller. Die gewöhnliche Form beim Kriechen zeigt
meine Fig. 14 a.

Das querabgeschnittene Kopfende trägt am Rande ein cingulum, von
welchem sich in der ventralen Mittellinie einige Cilien abzweigen und sich
etwas nach oben ausbreiten ohne jedoch die Mundöffnung zu erreichen. Auf der
Stirn steht in der Mitte ein Büschel von recht kräftigen Cilien, und von demselben schien mir auch en Band von kürzeren Cilien nach unten zu gehen
und bis an den Mund zu reichen. An den Seiten und gleich unter der Mundöffnung sah ich keine Cilien.

Ich sah deutlich einen dorsalen Taster, über das Vorhandensein von
seitlichen Tastern wurde ich aber nicht ganz sicher. Wenn sie da waren
müssten sie weit nach hinten gelegen sein. GOSSE sagt: "There is a prominent
angle on the occiput, which may indicate a protrusile antenna, but I have not
seen it exserted". Ich kann kaum glauben, dass dieser Taster eingezogen
werden kann. Eher möchte ich annehmen, dass er nach vorn nieder gelegt
werden kann, halte es jedoch wahrscheinlicher, dass derselbe wegen seiner
Kleinheit auch in "ausgestrecktem" oder aufstehendem Zustande leicht genug
übersehen werden kann.

Magen und Darm waren sehr scharf getrennt und die Wände sehr
dick, was besonders von den in der Nähe der Einschnürung gelegenen Theilen
derselben galt. Die Magendrüsen waren gewöhnlich gar nicht sichtbar. Nur

einmal sah ich die kleine Anschwellung am vorderen Theile des Magens, welche auf der Abbildung mit *dr* bezeichnet ist. GOSSE sagt "the contractile vesicle is very large", und so habe ich sie auch gesehen und gezeichnet. Vom Excretionsapparate sah ich nur einen Wimpertrichter, der vorn neben dem mastax lag, und ein kleines, hinteres Stück des einen Längskanals.

Die grönländischen Exemplare scheinen kürzere Zehen zu haben als die europäischen, denn bei fast allen Verfassern finde ich die Angabe dass die Zehen zwei (GOSSE) oder zwei- bis dreimal (EHRENBERG, BLOCHMANN) so lang wie der Körper sein sollen. Bei mehreren Exemplaren habe ich deshalb die Grösse der Zehen mit der Körperlänge verglichen und fand ohne Ausnahme die kleine Zehe gleich lang wie der Körper und die grössere beinahe anderthalb mal so lang. Eine Messung, die als typisch angegeben werden kann, gab: Körperlänge 100 Mik, kürzere Zehe 105 Mik und grössere Zehe 140 Mik. Dabei ist noch zu bemerken, dass der Körper noch etwas mehr gestreckt werden konnte. Die Zehen werden gewöhnlich mehr oder weniger gebogen getragen. Die kleine ist öfter gerade als die grosse.

Die grösste Eigenthümlichkeit jener Zehen sind die quergestreiften Muskelfasern, welche sich in denselben befinden. Wie die Figur zeigt, konnte ich in jeder Zehe zwei relativ starke Fasern beobachten, welche von der Gelenkstelle der Zehen am Fusse ausgehen und sich schon im proximalen Drittel oder Viertel ansetzen. Die eine von diesen Muskeln war konstant kürzer als die andere.

Auch von der Lage des Auges sind die Ansichten verschieden. Die meisten Autoren verlegen es in den Nacken, aber GOSSE, der das Thierchen von vier verschiedenen Stellen im südlichen England untersucht hat, sagt indessen: "A great brain carries an opaque terminal mass at its point. The front, viewed dorsally, has the outline of a law cone with a single minute red eye at the very point" und er führt auch in seiner und HUDSON's neuen Arbeit diese Art zu der Gattung *Furcularia*.

Ich habe dagegen an meiner Skizze und in meinen Notizen nur ein im Nacken liegendes Auge gezeichnet und genannt. Ich kann, obgleich ich damals nicht diese abweichende Auffassung GOSSE's kannte, umsomehr meinen Notizen in dieser Frage Vertrauen schenken, weil ich notirt habe, dass ich bei einigen Individuen (vielleicht allen, das steht aber nicht ausdrücklich) an den Seitentheilen des Gehirns eigenthümliche, nicht kleine gelbrothe Flecken beobachtete.

was wohl wahrscheinlich macht, dass ich auch den rothen frontalen Flecken gesehen hätte, wenn ein solcher da gewesen wäre. Ich habe auch genaue Notizen über das Räderorgan gemacht und eine Skizze über das Kopfende von vorn gesehen verfertigt, und dabei müsste ich ohne jeden Zweifel ein frontal stehendes Auge bemerkt haben. Es scheint mir auch unglaublich, dass ich den feinen dorsalen Taster gesehen hätte aber nicht das frontale Auge. Weil die Sache für die Verwandtschaft dieser Art sehr wichtig ist, habe ich diese Verhältnisse angeführt, welche meiner Meinung nach für die Richtigkeit meiner Beobachtung sprechen. Diese angenommene frontale Lage des Auges hat wohl GOSSE veranlasst diese Art in die Gattung *Furcularia* aufzunehmen. Wenn jedoch das Auge nackenständig ist, so fällt wohl der Hauptgrund dieser Auffassung. Die Bewegungsart ist so eigenartig, dass sie auch nicht gern für eine nähere Verwandtschaft mit *Furcularia* als mit *Notommata* sprechen kann. *Monommata* longiseta schwimmt sehr gut, schnell oder langsam. Oft genug sieht man sie eine Zehe nach jeder Seite in entgegengesetzten Richtungen strecken, oder sie stelzt fast gespensterähnlich auf ihren langen Zehen hinweg, welche sie auch in anderer Weise zu blitzschnellen Veränderungen der Bewegungsrichtung und zu recht bedeutenden Sprüngen benutzt. Ich glaube, dass die Gattung *Monommata* mit sowohl *Notommata* wie auch mit *Furcularia* recht nahe verwandt ist, und werde deshalb keine Worte daran spenden auseinanderzusetzen, welcher der beiden sie näher steht. So ausserordentlich nahe kommt mir nämlich diese Verwandtschaft nicht vor, und ich kann mich nur wundern, dass GOSSE, nachdem BARTSCH eine eigene Gattung für diese Form gegründet hatte [1]), dieselbe wieder zu einer anderen Gattung führte. Auch ECKSTEIN, der aber diese Form nicht aus eigener Anschauung kannte, führte sie noch einmal als *Notommata longiseta* auf. Wenn auch die Länge der Zehen für die Begründung einer Gattung ungenügend sein mag, möchte ich glauben, dass neben diesem Merkmal das Vorhandensein von Muskelfasern in den Zehen einen besseren Grund für die Aufstellung einer Gattung abgibt, als sich für recht viele andere von allen Autoren erkannten Rotiferengattungen anführen lässt. BARTSCH hatte indessen seine Gattung *Monommata* so bestimmt, dass sie nicht lange in dem Begriffe beibehalten werden konnte.

---

[1] Schon bei PERTY findet man jedoch die Bemerkung: "Sollte vielleicht eine eigene Sippe bilden".

Zu der neu aufgestellten Gattung führt er nämlich neben der oben behandelten Form auch *Notommata Tigris* Ehrbg, eine Art, deren Platz und Benennung auch, wie wir später sehen werden, bei den verschiedenen Verfassern sehr abwechselnd gewesen.

Die Diagnose welche BARTSCH gibt ist: "Der cylindrische Körper ist durch eine zum Theil erhärtende Cuticula bedeckt und geht in zwei lange Fussspitzen aus. Ein Nackenauge". Die gewöhnliche Körperform der *M. longiseta* ist nicht so sehr einem Cylinder ähnlich. Wenigstens haben dann die meisten Notommataden ebenso gut einen cylindrischen Körper. Bei *Diurella Tigris* ist die Cuticula wirklich theilweise erhärtet, bei *M. longiseta* ist, wie ich schon oben angegeben habe, der Körper sehr weich [1]). Die Form und Beschaffenheit der Zehen ist bei den beiden Arten, welche BARTSCH in seine Gattung aufnahm, so verschieden wie nur möglich. Dasselbe gilt auch in Folge dessen für die Bewegung und Lebensweise. Dass BARTSCH sie zusammengestellt hat, kann wohl nur daraus erklärt werden, dass er *M. longiseta* nicht aus eigener Anschauung gekannt zu haben scheint. BARTSCH führte seine neue Gattung zu einer neuen Familie *Longiseta*, welche die Gattungen *Distemma* Ehrbg, *Rattulus* Ehrbg, *Furcularia* Ehrbg, *Monommata* Bartsch und *Monocerca* Ehrbg umschloss. Später hat er noch andere Gattungen -- *Dinocharis? Triarthra, Mastigocerca* und *Polyarthra* — in diese Familie eingeführt, wie ich aus einer Arbeit HUDSON's [2]) entnehme, denn die Arbeit Rotatoria Hungariae ist mir nicht zugängig gewesen. EYFERTH gibt der entsprechenden Familie den Namen *Macrodactyla* und lässt sie die Gattungen *Scaridium, Monommata, Furcularia,, Distemma, Rattulus, Monocerca* und *Diarella* umfassen. Er trennt wieder mit vollem Recht EHRENBERG's *Notommata Tigris* aus der Gattung Monommata aus und führt sie, wie mir scheint auch vollkommen richtig, als eigene Gattung auf. HUDSON schliesslich stellt diese Form zu der Familie Notommatadae, und GOSSE nimmt sie, wie oben dargestellt wurde, in die Gattung *Furcularia* auf.

---

[1]) Diese Thatsache ist schon von O. F. MÜLLER hervorgehoben. Seine beiden Figuren stellen das Thier in sehr verschiedenen Contractionszuständen dar.

[2]) HUDSON, C. T., An Attempt to reclassify the Rotifers. Quarterl. Journ. of Microsc. Science, Vol. XXIV. New Series. 1884, s. 335, und LEUCKART's Bericht in Archiv für Naturgesch. 1878. Bd. II, s. 679, wo indessen nur die neuen Arten angeführt werden. Diese BARTSCH's Arbeit ist ausserdem ungarisch geschrieben.

Die Formen, mit welchen *Monommata* im Auftreten und Bewegungsweise vielleicht die grösste Ähnlichkeit besitzt, dürften die Scaridien sein, aber ich kann nicht glauben, dass sie auch morphologisch die nächst verwandten sind, denn *Scaridium* hat lang ausgezogenen Fuss, in welchem die quergestreiften Muskelfasern sich befinden, und ich möchte auch glauben, dass *Monommata* in der Familie Notommatadæ stehen soll. Die weiche Haut, die Körperform, sogar das Räderorgan, die Form der Kiefer und die Lage des Auges findet man da ganz wie bei dieser Art. Dagegen finde ich die Ausbildung der Zehen bei den Gattungen *Mastigocerca* (und *Monocerca*), *Rattulus* und *Diurella* ganz verschieden. Sie sind ja mehr oder weniger stachelförmig, stark cuticularisirt, wogegen die Zehen der Monommata sehr biegsam und mit Muskelfasern versehen sind. Eine besonders nahe Verwandtschaft zwischen *Monommata* und jenen mehr oder minder gepanzerten Formen kann ich nicht annehmen, wenn ich auch, wie öfter angedeutet, zu der Meinung neige, dass die Bepanzerung keine so grosse Kluft zwischen die Gattungen legen sollte, wie sie in vielen Systemen gethan.

Anhang. Als ich die Bearbeitung meiner in Grönland aufgezeichneten Notizen machte, war mir die in die obige Synonymenliste jetzt eingesetzte genaue Arbeit von Tessin-Bützow leider nicht zugänglich, und ich habe darum oben auf dieselbe nicht Rücksicht nehmen können, will aber hier ein Paar Bemerkungen zufügen. Er behält Eyferth's Familie *Macrodactyla* und rechnet dazu die folgenden Gattungen: *Plagiognatha* (Duj.) T.-B., *Furcularia* Ehrbg, *Monommata* Bartsch, *Acanthodactylus* T.-B. und *Scaridium* Ehrbg. Zu der von ihm aufgestellten Gattung *Acanthodactylus* werden die Gattungen *Diurella* Bory d. St. V., *Monocerca* Ehrbg und *Mastigocerca* Ehrbg zusammengeschlagen. Weil ich schon oben Eyferth's ähnliche Auffassung besprochen habe, brauche ich nicht weiter hier darauf einzugehen.

Betreffend den Bau der *Monommata longiseta*, so hat Tessin-Bützow auf seiner Abbildung den dorsalen Taster gezeichnet. Er hat auch die lateralen Taster gesehen, und sie liegen weit nach hinten, ungefähr da, wo ich sie auch zu sehen geglaubt habe. Auf seiner Zeichnung sehe ich auch nicht die an den anderen Figuren dargestellten Magendrüsen. Vom Auge sagt er: "Das Auge ist nicht ein einfaches Auge, wie es bis jetzt immer beschrieben wurde, sondern der eigentliche, längliche Pigmentfleck liegt in dem vorderen Theil eines kleinen Kalksäckchens". Ganz so habe ich es auch beobachtet und gezeichnet. Von einem frontalen Auge wird nichts gesagt, und ich kann mich also auch auf seine Beobachtung gegen GOSSE berufen.

In zwei anderen Beziehungen muss ich dagegen abweichende Beobachtungen vorlegen. TESSIN-BÜTZOW gibt als Gattungs-merkmal unter anderen an: "Cuticula mit parallelen Längsfurchen". Von solchen als constanten Bildungen finde ich in meinen Notizen nichts angegeben und sehe dieselben ebensowenig an TESSIN-BÜTZOW's Zeichnung wie an meiner eigenen. Auf der Figur stellt TESSIN-BÜTZOW es so dar, als gingen die Muskelfasern in den Zehen bis an die Spitzen. Ich habe es ganz anders gesehen, wie es auch meine Figur zeigt, und ich glaube auch die Wirkung der Muskeln würde schwer verständlich sein, wenn die Zeichnung TESSIN-BÜTZOW's darin richtig wäre. Ich habe dieser Frage genaue Aufmerksamkeit gewidmet und habe nur im oberen Theile der Zehen Muskelfasern gesehen. Es wäre ja möglich, dass kleinere Muskelfasern, welche sich länger nach aussen streckten, mir entgangen sind, aber ich kann auch das nicht glauben. Die plötzlichen Umwerfungen der Bewegungsrichtung scheinen mir nur möglich, falls sich die Muskelfasern, welche diese Bewegung veranlassen, nahe dem Gelenke der Zehen ansetzen. Gehen sie bis an die Spitze, würde wohl bei deren Contraktion eher eine Biegung oder Zusammenziehung der Zehen eintreffen.

Weil ich *Monommata* wenigstens eben so nahe mit *Notommata* wie mit *Furcularia* verwandt halte, lasse ich hier einige andere, wohl auch mit *Notommata* nahe verwandte Gattungen folgen. Wenn ich dieselben zwischen *Monommata* und *Furcularia* stelle, will ich jedoch nicht damit andeuten, dass sie näher mit *Furcularia* als mit *Notommata* verwandt sein sollten.

XVI. Copeus Gosse.

40. *C. caudatus* Collins. Fig. 25 *a, b, c, d.*

Copeus caudatus Gosse l. c. Vol. II, s. 33, Pl. XVI, Fig. 5.

Von dieser so gut kenntlichen Art habe ich bei Egedesminde einige Exemplare gefunden. Früher ist er, so viel ich weiss, nur von ein paar Stellen in England bekannt. Die zwei ersten, welche genauer untersucht wurden, sammelte ich den 14 Juli mit Moosen und Algen in einem Moortümpel auf Räfön, und später sah ich einige andere Exemplare aus derselben Gegend. Ich habe diese Art nicht in Jakobshavn oder Ritenbenk gesehen. Sie gehörte zu den seltenen Formen. Wegen der ständigen Bewegungen war dies Thierchen sehr schwer zu beobachten, und weil es schon ziemlich spät Abends war, konnte ich nicht die Untersuchung so genau ausführen, wie ich gewünscht hätte. Als ich später einige Exemplare unter das Mikroskop bekam, war ich mit anderen Arbeiten beschäftigt. Ich habe also keine mit Camera gemachte Skizze mitzutheilen. Folgender kurzer Auszug meines Notizbuchs mag vielleicht nichts desto weniger hier Platz finden.

Das gemessene Thier war 160 Mik lang. Die Körperhaut war sehr weich, Falten waren kaum sichtbar. Einige Andeutungen kamen jedoch vor. Das Halsstück ist lang und nicht wenig schmäler als sowohl der Kopf wie der weiter nach hinten folgende Theil des Körpers. Einige dorsale Cilien des Räderorgans waren deutlich länger als die seitlichen. Der dorsale Taster hatte eine eingedrückte Spitze, sah fast wie ein Handschuhfinger aus. Ich sehe nicht ein, warum der hintere, lumbare Taster als der wirkliche Schwanz des Körpers betrachtet werden soll, wenn der vordere nur als ein Anhang angesehen wird. Es ist ja eben charakteristisch für diese Gattung, dass an verschiedenen Stellen des Körpers Tasteranhänge ausgebildet werden. Gosse hat auf der Spitze des "angular prominence" eine "rather short seta" gesehen, und seine Zeichnung Fig. 5 c stellt ein kurzes nach unten starkes Haar dar. Ich habe drei Haare gesehen, von denen das eine kürzer war, wie meine Zeichnungen es auch darstellen. In meinen Notizen steht es "drei Haare oder vielleicht Haarbüschel".

Der Fuss schien mir zwei wirklich abgesetzte Glieder zu besitzen, von denen das letztere eine schwache Andeutung einer wiederholten Gliederung zeigte. Es kann wohl sein, dass hier wirklich drei gleichwerthige Glieder vorkamen. Die Zehen zeigten auch etwas vor der Mitte eine schwache Querlinie. Es war indessen keine wirkliche Gelenkbildung, denn ich sah niemals eine Bewegung des Endstücks auf dem Basaltheil. Der lange oesophagus schien mir fadenfein, dennoch sah ich in seinem lumen sehr deutlich die Bewegung der Cilien. Ebenso im Magen, der sehr scharf vom Darme abgesetzt war. Der vordere Theil des Darms bildete einen ebensolchen ovalen Körper wie der Magen. Das hintere Stück des Darmes war wieder fadenfein, und sein lumen trat nur deutlich hervor, wenn eine Faecalmasse zum After geführt wurde.

Ich sah sehr deutlich die lateralen Taster, welche weder bei COLLINS noch bei GOSSE erwähnt sind. Dieselben lagen ungefähr auf der Grenze zwischen dem zweiten und dem letzten Drittel des Körpers. Die Tasthaare, welche sehr fein waren, sassen nicht an einer Verlängerung des Körpers, wie an den zwei anderen Tastern. Solche kleine laterale Taster scheinen auch bei anderen *Copeus*-arten beobachtet zu sein. So bei *C. Cerberus* Gosse. Bei *C. pachyurus* Gosse sind die Tasterfortsätze sehr klein, sollen aber merkwürdigerweise nach GOSSE setæ entbehren.

Anmerkung. Ich halte es nicht unwahrscheinlich, dass *C. Cerberus* auch von mir gesehen ist. Ich habe ja unter den Notommaten von Formen gesprochen, bei denen ich einen kleinen Fortsatz über dem Fuss gesehen.

XVII. Proales Gosse.

41. *Pr. sp.*

Ich habe Formen gesehen, die *Proales sordida* und *Pr. decipiens* sehr nahe kommen, habe aber keine genauere Aufzeichnungen und gehe deshalb nicht näher hierauf ein. Ich habe schon früher hervorgehoben, dass ich über die Existenzberechtigung dieser Gattung Zweifel hege, und dass ich die Begrenzung derselben nicht natürlich finde. Es wäre nicht ganz unmöglich, dass diese Formen mit Unrecht ihre Nummern erhalten haben, und dass sie schon unter Notommata angeführt sein könnten. Deshalb gebe ich ihnen auch nur eine Nummer.

XVIII. Diops n. g.

42. *D. marina* n. sp. Fig. 27 *a, b, c, d, e, f, g*.

Auch diese Form macht mir Schwierigkeit. Vielleicht könnte sie als eine *Furcularia* oder *Diglena* aufzufassen sein. Aber ganz genau stimmt sie mit keiner von diesen beiden Gattungen, und ich lasse sie deshalb, bis ich unsere Meeresrotatorien näher zu untersuchen Gelegenheit finde, als neue Form gehen.

Eine ziemlich langgestreckte Form, deren sowohl Quer- wie Dorsiventral-Durchmesser recht bedeutend ist, Figg. 27 *a* und 27 *g*. *Das Vorderende ist* quer abgeschnitten und trägt einen peripherischen Cilienring, dessen dorsale Cilien am mächtigsten sind. An der ventralen Seite lief ein medialer Einschnitt, wodurch eine Art Rinne gebildet wurde, und wenigstens an den Rändern der Rinne wurden Cilien gesehen. Auf dem inneren Theil des Kopfendes wurden einige kürzere Cilien beobachtet, welche mir als zwei gegen einander stehende halbmondförmige Bänder schienen, die sich von der Stirn gegen die ventrale Rinne streckten. Ob sie diese auch erreichten, vermochte ich nicht zu entscheiden.

Die Rückenfläche ist stärker gewölbt als die ventrale, aber auch die letztere ist sehr oft etwas konvex. Gewöhnlich war der Körper am höchsten an oder gleich hinter der Mitte und fiel nach vorn allmählich, nach hinten aber recht schnell ab. Die Haut ist weich und zeigt meistentheils zwei vordere auf dem Halstheil liegende schwache Falten. Die Körperform wird durch Contraktionen ziemlich stark geändert.

Der Fuss ist ziemlich lang und besteht aus zwei Gliedern, von denen das letztere länger ist. Zwei ziemlich dicke, spitze Zehen sind wie gewöhnlich bei den Notommataden vorhanden. Eine Eigenthümlichkeit ist dagegen, dass die Zehen gewöhnlich stark eingezogen sind, so wie es die Fig. 27 c darstellt. Im Fusse gingen auch deutliche Muskelfasern neben den langen Fussdrüsen. Meistentheils zeigen die Zehen einen ventralen geraden und einen dorsalen etwas gebogenen Rand.

Ich habe auf der Figur einen dorsalen Taster gezeichnet. Mehrmals glaubte ich einen solchen an diesem Platze zu sehen, aber ich konnte ihn nie länger als einen Augenblick fest halten.

Das Auge war stirnständig wie bei verschiedenen Furcularien, war aber nicht einfach, sondern bestand bei allen von mir untersuchten Individuen aus zwei zusammengelagerten, scharf gegen einander abgegrenzten Pigmentflecken. Das Pigment war dunkelviolett. Obgleich das Auge gar nicht gross ist, tritt die Doppeltheit desselben schon bei geringer oder mittelstarker Vergrösserung hervor. Sehr deutlich sieht man die zwei Pigmentflecken nach Zusatz von Kalihydrat.

Der mastax ist nicht sehr stark und besitzt, wenn ich die Verhältnisse richtig auffasste, gebogene oft ein wenig unsymmetrische manubria, an denen ziemlich starke dreizähnige unci vorhanden sind. Dagegen war es mir bei *mehrmals erneuerten Untersuchungen auch nach Kalizusatz vollständig un-möglich ein falcrum sichtbar zu machen.*

An einigen Exemplaren konnte ich unmöglich eine Einschnürung zwischen dem Darme und dem Magen beobachten, aber dennoch waren sie leicht unterscheidbar, denn der Mageninhalt wie die Magenwände waren bräunlich, wogegen Darminhalt und Darmwände hyalin waren. Ich sah keine Cilien an der Magen- und Darmwand. Der Inhalt wurde während der langen Beobachtungszeit nicht in Bewegung gesehen. Andere Exemplare zeigten eine leichte Einschnürung. Bei den meisten von mir untersuchten Exemplaren waren die langgestreckten Magendrüsen mit Loben versehen. Die Exkretionsblase war gross. In anderen Beziehungen boten die inneren Organe nichts Eigenthümliches dar.

Die Länge war bei einigen gemessenen Exemplaren 180 - 200 Mik. Genau lässt sie sich kaum angeben, weil der Fuss fast immer mehr oder weniger eingezogen wird, sobald das Thier ruhig steht oder liegt. Ich habe schon oben angeführt, dass auch die Zehen in das Fussglied deutlich eingezogen sind. Das Thier zeigt nicht selten eine schwache bräunliche Farbe, kriecht gewöhnlich und ist sehr lebhaft. Es kann indessen auch ganz gut schwimmen.

Diops marina kam bei Egedesminde in den letzten Tagen des Monats Juli sehr allgemein vor und wurde auch im August gesehen, aber nicht so zahlreich. Auch bei Jakobshavn ist sie beobachtet worden. Sie liebte am meisten die kleinen Strandpfützen, wo auch meine *Pleurotrocha marina* zuerst bemerkt wurde, aber ganz wie diese wurde sie auch an schwimmenden von kleineren Phaeophyceen bewachsenen Fucuszweigen gefunden. Sie scheint zum grossen Theil von Diatomeen zu leben. In den Exkrementen sah ich nämlich bedeutende Mengen davon.

Für diese Gattung ist das charakteristische: *Ein doppeltes, stirnständiges Auge, mastax ohne falcrum.* In übrigen Beziehungen besitzt die Gattung die gewöhnlichen Eigenschaften der Notommataden und kommt wohl Furcularia am nächsten. Weil aber das Auge von zwei Flecken besteht, könnte es auch möglicherweise zwei getrennten entsprechen, und dann würde die Gattung *Diglena* in Frage kommen. Jedoch ist die Körperform bei den meisten Diglenen eine andere.

Von bisher beschriebenen Formen sind es eigentlich drei Arten, welche zu einer Vergleichung auffordern nämlich: *Furcularia Boltoni* Gosse l. c. Vol.

II, s. 45, Pl. XX, Fig. 2 und *Furcularia Reinhardti* Ehrbg l. c. s. 420,
Taf. XLVIII, Fig. IV.

GOSSE hat selbst Zweifel gehegt, ob nicht seine *F. Boltoni* mit EUREN-
BERG'S hier angeführten Art identisch sein könnte, findet aber, dass die erstere
durch ihre sehr bedeutende Grösse ($^1/_{12}$—$^1/_8$ inch) und durch den kürzeren Fuss
(ein Viertel der Körperlänge, bei *F. Reinhardti* die Hälfte), durch ein kleines
Auge und durch ihr Vorkommen in süssem Wasser "in a pool in the heart of
England" von derselben genügend unterschieden ist.

Meine *Diops marina* zeigt in einigen von den angeführten Merkmalen
Übereinstimmung mit *F. Boltoni*, unterscheidet sich aber durch geringere Grösse
und durch die Beschaffenheit der Kiefer. Von diesen sagt GOSSE "the mallei
being slight and feeble, while the incus is strongly developed with wide, glassy,
arched rami produced into long decurved points", und bildet auch ein fulcrum
ab. Das Profilbild Fig. 2 *a* stellt auch eine recht verschiedene Kieferform dar.
Das Kopfende ist schräge und bietet das Aussehen vieler Diglenen dar. Diese
Formen sind deshalb wahrscheinlich sehr verschieden.

Furcularia Reinhardti Ehrbg bietet vielleicht noch grössere Schwierig-
keiten dar. Die Körpergrösse ist fast dieselbe. Das Auge wird gross genannt,
ist aber nicht so gezeichnet. Der mastax scheint auch das fulcrum zu entbehren. Aber das Aussehen der unci scheint mir eine Identität unmöglich zu
machen. Der Fuss ist auch als ungegliedert gezeichnet, und HUDSON vermuthet,
dass diese Art mit GOSSE's *Notommata Theodora* l. c. Suppl., s. 21 verwandt
oder sogar identisch ist. Mit der Abbildung jener Form l. c. Pl. XXXI, Fig.
8 *a* und *b* bietet meine *Diops marina* ganz sicher sehr geringe Ähnlichkeit
dar. Der schmale, fast *Monostyla*-ähnliche Fuss lässt an eine Identität dieser
beiden Arten gar nicht denken. Von beiden Arten dürfte auch das doppelte
Auge ein unterscheidendes Merkmal ausmachen. *Furcularia Reinhardti* ist
eine marine Form, die nicht nur an *Sertularia* und *Coryne* gefunden worden
ist, sondern die auch ganz wie meine *Diops marina* auch an losgerissenen
Fucuszweigen beobachtet worden ist. v. EICHWALD hat diese Form später bei
Reval gesehen, wo sie "sehr häufig im Seewasser" war. Die mir nicht ganz
klare Beschreibung, welche er gibt, schliesst auch jeden Gedanken an eine Identität
aus, weshalb ich seine Worte wiedergebe. "Der Körper selbst ist im aus-
gedehntem Zustande schmal, aber sehr lang und verlängert sich noch mehr
durch Ausschieben, wie ein Fernrohr, gleich dem Fusse, der in einem cylin-

drischen Behältniss zu stecken scheint, worin er sich völlig zurückziehen kann, während das Behältniss selbst nach innen tritt und eingezogen wird" [1]). Schmal kann der Körper von Diops marina niemals genannt werden.

Ich musste den obigen Vergleich anstellen, weil es doch möglich wäre, dass die früheren Verfasser kein Gewicht auf das *doppelte* Auge gelegt hätten. Indessen hat EHRENBERG wirklich ein solches Auge bei einer Form gesehen und abgebildet, und diese Form, die auch marin ist, und die schliesslich wohl die grösste Ähnlichkeit mit meiner Diops marina darbietet, ist *Distemma marinum* Ehrbg l. c. s. 450, Taf. LVI, Fig. IV. Die Diagnose derselben lautet: "Corpore ovato-conico, ocellis rubris valde approximatis, pede longo digitis validis longitudine pedis".

Die Grösse ist $\frac{1}{12}$ Linie, was ja so ziemlich der Grösse meiner Art entspricht. Die Körperform ist auch ähnlich, der Fuss zweigliederig. EHRENBERG sagt weiter: "Vielleicht wäre sie zu der Gattung *Notommata* zu stellen, allein ich würde geneigter sein sie als Typus eines Subgenus von *Distemma* aufzustellen, da das Auge offenbar doppelt ist. Das Genus *Distemma* zerfiele dann in das Subgenus *Eccentrum*, Stachelzahn, und *Eosdesma*, Bündelzahn gerade wie *Notommata* in *Labiodon* und *Ctenodon*. Bemerkt muss werden, dass die Augen nicht hinter dem Schlundkopfe sondern vor demselben, aber doch hinter dem Räderwerke liegen. Bei vielen Notommatis ist es aber ebenso, und vielleicht war auch die frühere Ansicht bei Rattulus richtiger — — —".

Weiter spricht er die Ansicht aus, dass diese Art mit Müllers im Meereswasser gefundenen *Vorticella succollata* identisch sei, was aber nicht zu entscheiden ist.

HUDSON bespricht kurz diese Form (l. c. Suppl. s. 32) und findet wie EHRENBERG selbst die Stellung derselben in der Gattung *Distemma* zweifelhaft, denn "indeed it resembles the rest of the genus in only one point, viz. in having two cervical eyes". HUDSON glaubt weiter, dass Ehrenbergs Zeichnung das Vorhandensein einer lorica zeige, was ich nicht sehen kann. Schliesslich sagt HUDSON "It is obvious that this Rotiferon must be more carefully observed, in order that its proper position may be assigned to it".

---

[1]) v. EICHWALD, E., Zweiter Nachtrag zur Infusorienkunde Russlands. Bull. d. la Soc. Imp. des Naturalistes de Moscou. Année 1849, nr 1, s. 400 Die Behandlung der Räderthiere fängt an s. 526 an.

Das Auge ist auf Ehrenbergs Figur etwas grösser gezeichnet, als ich es gesehen habe, und zeigt auch eine andere Form. Ich weiss aber nicht, ob er diese Theile genau darzustellen beabsichtigt hat. Ich würde kaum zweifeln, diese Formen zusammenzuführen, wenn nicht dieses *Nacken*-auge wäre. EHRENBERG bemerkt gewiss ausdrücklich, dass es vor dem mastax liegt, aber er setzt hinzu, dass so auch bei manchen echten Notommatis der Fall ist, und zeichnet das Auge vom Vorderende recht weit entfernt. Der mastax zeigt gewiss auch grosse Ähnlichkeit in der Form. Fünf Zähne habe ich jedoch nicht gesehen. Ehrenberg hat ein fulcrum gesehen, was bei meiner Form nicht entdeckt werden konnte.

Es wäre auch eigenthümlich, wenn diese Art in der Ostsee und an den Küsten von Grönland allgemein wäre und nicht an der englischen Küste vorkäme. Man könnte dafür anführen, dass das Ostseewasser dem grönländischen Strandwasser etwas ähnlicher wäre, weil an letzterer Stelle so gewaltige Eismassen ins Meer transportirt werden. Das scheint aber sehr geringe Wirkung zu haben, denn sogar bei Jakobshavn, wo einer von den allergrössten "Isfjorde" ausmündet, ist die Zusammensetzung des Wassers nur wenig verschieden von derjenigen des Atlantischen Oceans. Bei Jakobshavn nahm HAMMER in Oktober und November 1879 viele Proben, und der Salzgehalt war gewöhnlich um 3,33 "⁄₀ Minimum 3,24 "⁄₀, Maximum 3,16 "⁄₀. Ja, in der Mitte der Mündung des Isfjords fand er im März einen Salzgehalt von 3,21 "⁄₀ [1]. Man könnte einwenden, dass diese Maasse im Winter genommen worden sind. Das hat aber sehr wenig zu bedeuten, denn JENSEN fand z. B. bei Kangek, N. Br. 68" 07', W. L. 53" 14' im Aug. 3,44 "⁄₀. Sogar weit hinein im Nagsugtok fand er bei N. Br. 67" 52' und W. L. 50" 19' d. 31 Juli noch 3,12 %⁄₀ die d. 11:ten und 14:ten Juli näher der Mündung dieses Fjords genommenen Proben zeigten noch höheren Salzgehalt, und die Proben, welche den 30:sten Mai bei Natarnivinguak N. Br. 67" 09' W. L. 53" 49' an der Mündung des Isortok untersucht wurden, zeigten auch ziemlich hohen Salzgehalt, nämlich meistentheils über 3 "⁄₀. Von 15 Proben hatten 10 höheren Salzgehalt als 3 "⁄₀, eine aber niedriger, nur 1,22 "⁄₀. Diese Probe war um 11 U. Nachts genommen. Den vorigen Tag war der Salzgehalt geringer, aber um 11 U. N. höher, 3,13 "⁄₀ [2].

[1] HAMMER, R. R. J., Undersögelser ved Jakobshavns Isfjord etc. l. c. s. 39 u. ff.
[2] JENSEN, J. A. D., Astron. Obs. etc. l. c. s. 205 u. ff.

Von den gesammten mir bekannten Observationen geht es gewiss hervor, dass der Salzgehalt des Wassers in den langen Fjorden geringer als im offenen Meere und auch geringer im Sommer als im Winter ist, aber alle zeigen sie auch, dass das Meereswasser nahe an der Küste ungefähr dieselbe Zusammensetzung wie dasjenige der Nordsee hat. Es wäre übrigens sehr merkwürdig, wenn eine geringe Verschiedenheit im Salzgehalt eine Art von der englischen Küste vertreiben sollte, denn die Räderthiere scheinen gegen eine solche Verschiedenheit wenig empfindlich zu sein. Von 34 Arten, die im Meere vorkommen, sind nicht weniger als die Hälfte auch in süssem Wasser gefunden [1]).

Dass bei meiner Form keine lorica vorkam, zeigten die energischen Contraktionen des Körpers.

Ich habe mir Algen von unseren Küsten schicken lassen und darin wohl einige Räderthiere gefunden aber weder EHRENBERG's *Distemma marinum* noch meine *Diops marina*. Indessen ist das Material bisher schlecht gewesen, weil ich es nicht selbst habe einsammeln können.

Unter solchen Umständen muss ich jetzt nach meiner Art nova species setzen. Für die Aufstellung einer neuen Gattung meine ich kaum weitere Gründe anzuführen zu brauchen. Dass meine Art gar nichts mit *Distemma* zu thun hat, ist mir augenscheinlich. *Auge, Kiefer, Räderorgan, Körperform und Zehen sprechen alle dagegen,* und viel besser steht es auch nicht mit der Übereinstimmung zwischen den Gattungen *Diglena* und *Diops*. *Furcularia* steht zwar noch zurück, hat aber nur *ein einfaches Stirnauge* und wird wohl nach einer Revision auch in Räderorgan, Körperform und Zehen fast eben so grosse Abweichung zeigen. Ich lasse indessen meine Gattung in der Nähe von *Furcularia* stehen.

EHRENBERG's Vermuthung, dass MÜLLER's *Vorticella succollata* mit *Distemma marinum* Ehrbg identisch sei, scheint mir sehr unwahrscheinlich, denn diese MÜLLER's Form hatte sowohl vordere wie hintere Spitzen. Diese sind an allen Abbildungen mit Ausnahme der merkwürdigen Fig. 12 deutlich zu sehen, und diese stellt wohl ein beschädigtes Thier dar [2]). Nach den Abbildungen zu urtheilen scheint es mir möglich, dass MÜLLER's Form gepanzert war, und in der Nähe von *Salpina* (oder *Monura*) ihren Platz haben soll.

---

[1]) HUDSON, C. T., The presidents adress. Journ. of Roy Micr. Soc. 1889, s. 176.
[2]) MÜLLER, O. F. l. c. s. 289, Tab. XI., Fig. 8—12.

XIX. Furcularia Ehrbg.

Manchmal habe ich in Grönland Furcularien gesehen, hatte aber dennoch
nie Gelegenheit sie genauer zu untersuchen. Zu den häufigeren Räderthieren
konnten sie jedoch nicht gerechnet werden. Auch war meine Literatur betreffend diese Gattung besonders arm. Aus meinen Notizen geht hervor, dass
ich wenigstens drei Arten beobachtet habe, von denen die zwei sich mit
schon beschriebenen vergleichen lassen. Die dritte scheint jedoch nicht früher
bekannt zu sein.

43. *F. cf. gracilis* Ehrbg.

F. gracilis Ehrbg l. c. s. 421, Taf. XLVIII, Fig. VI.
F. gracilis Eckstein l. c. s. 374, Fig. 43.
F. gracilis Blochmann l. c. s. 102, Fig. 239.
F. gracilis Gosse l. c. Vol. II, s. 42, Pl. XIX, Fig. 14.

Eine kleine, kaum 100 Mik lange Furcularia, welche divergirende Zehen
und sehr kurzen Fuss zeigte, glaube ich mit dieser Art vergleichen zu können.
Die Übereinstimmung ist recht gut, nur habe ich sie als fast fusslos notirt.
Sie wurde im August im Bodenschlamme nahe dem Ufer eines ziemlich grossen
Sees in der Gegend von Egedesminde gesammelt.

44. *F. cf. gibba* Ehrbg.   Fig. 26 *a, b.*

F. gibba Ehrbg l. c. s. 420, Taf. XLVIII, Fig. III.
F. gibba Eckstein l. c. s. 374.
F. gibba Blochmann l. c. s. 102.
F. gibba Gosse l. c. Vol. II, s. 43, Pl. XIX, Fig. 13.

Ich habe gewiss diese Art gesehen, halte es jedoch nicht unwahrscheinlich,
dass ich in meinen Notizen zwei Formen unter diesen Namen zusammengeführt
habe. Die beiden Formen trugen lange, aufwärts gebogene Zehen. Eckstein
sagt in seiner Gattungsdiagnose "Zehen lang gekrümmt", und deshalb fand ich
es zulässig anzunehmen, dass solche Zehen bei Furcularia normal seien, obgleich
es bei Blochmann von gibba hiess: "Fuss kurz mit zwei langen geraden Zehen
— — ". Bei einer Form habe ich die Länge der Zehen als 60 Mik notirt,
bei einer anderen sehr ähnlichen habe ich dagegen ungefähr dieselbe Total-
länge 170—180 Mik angeführt, die Länge der Zehen war aber 90 Mik.

Von dieser letzteren bekam ich zufälligerweise eine sehr gute Ansicht
der Kiefer und gebe meine Zeichnungsskizze hier wieder, weil dieselbe, wenn
auch die Kiefer etwas verzerrt waren, eine bedeutende Ähnlichkeit mit Gosse's
Abbildung dieser Organe bei *Furcularia gibba* zeigt; vgl. Fig. 13 *b* der angeführten Arbeit. Sowohl manubria wie fulcrum sind sehr ähnlich. Nur tritt
der Fuss des letzteren nicht deutlich hervor, was vielleicht eine Folge der Lage
dieses Theils sein könnte.

Bei der einen von den beiden unter dieser Nummer angeführten Formen
sah ich sehr deutlich auf der etwas hervorragenden Stirn ein Büschel von kurzen
sich träge bewegenden Cilien.

Ich habe diese Formen nur für Jakobshavn notirt, aber erinnere ganz
deutlich, dass solche auch bei Egedesminde mehrmals über das Gesichtsfeld
zogen.

45. *F. sp.*

Eine kleine Art mit scharf abgesetztem Fusse, kürzeren, dickeren Zehen,
die nicht aufwärts gekrümmt waren, wurde d. 26 Aug. bei Jakobshavn beobachtet.

XX. Eosphora Ehrbg.

46. *E. cf. Naias* Ehrbg. Fig. 29 *a* und *b*.

E. Naias Ehrbg l. c. s. 451, Taf. LVI, Fig. VII.
„ „ Leydig l. c. s. 40, Taf. III, Fig. 29.
„ „ Hudson Supplement s. 27, Pl. XXXIII, Fig. 2.

Zwei Mal habe ich bei Egedesminde einige Exemplare dieser Gattung
gesehen, welche wahrscheinlich nicht alle ganz übereinstimmend waren. Später
habe ich in Jakobshavn den 23 August ein Riesenexemplar eines zu dieser
Gattung gehörenden Thieres gesehen. Sie sind indessen alle nicht recht genau
untersucht worden, und das in Jakobshavn gesehene Thier trug ein ausserordentlich grosses, sehr dickschaliges Ei, welches die Gestalt desselben ziemlich stark veränderte. Die anderen Individuen zeigten die charakteristische
rektanguläre Körperform. Fig. 29 *a* zeigt das Räderorgan eines der in
Egedesminde gefundenen Thiere, von oben gesehen. Bei demselben Thier sah
ich ausser einem sehr dunklen Nackenauge zwei kleinere in deutlichen Fort-

sätzen des Kopfrandes liegende gelbrothe Flecken, was ja sehr gut mit der Abbildung Leydig's übereinstimmt. Etwas näher der Mittellinie lagen in fast derselben Höhe wie die Augenerhebungen zwei viel kleinere Fortsätze *stf*, welche an ihren Spitzen Tasthaare trugen, die sich nicht bewegten. Dieselben waren ungewöhnlich deutlich, weshalb es mir sehr unwahrscheinlich vorkommt, dass sie von einem so ausserordentlich scharfen Beobachter wie Leydig sollten übersehen worden sein. Diese Thatsache macht mich in meiner Bestimmung dieser Form ein wenig unsicher.

In Fig. 29 *b* habe ich den vorderen Theil der Digestionsröhre desselben Thieres dargestellt. Der viereckige mastax mit kräftigen nicht näher untersuchten Kiefern trat sehr deutlich hervor. Der oesophagus dieses Thieres war sehr weit und zeigte gleich hinter der Mittte eine ovale Anschwellung. Vielleicht war diese nur eine zufällige Bildung, obgleich sie da blieb, so lange ich das Thier beobachten konnte. Der Magen war kaum vom Darme abgesetzt, sondern der Darmkanal hatte fast dasselbe Aussehen, wie es Eckstein in seiner Fig. 30 bei *E. elongata* darstellt. Auch darin fand sich eine Übereinstimmung vor, dass auf dem erweiterten Theil des Darmkanals sehr grosse Zellen gelegen waren. Sie lagen fast ringförmig um die Erweiterung (den Magen). Ich fasste sie damals mit Eckstein als besondere Drüsenbildungen auf, aber es kann wohl möglich sein, dass sie nur grössere Wandzellen waren [1]. Der Inhalt des Magens war hyalin, die Wände aber stark braun. Die Magendrüsen waren auch weisslich oder hyalin. Zwischen den Magendrüsen und der Einmündungsstelle des oesophagus sass jederseits eine sehr kleine wie gestielte Zelle, die auch in Verbindung mit dem lumen des Magens zu stehen schien. Man könnte vielleicht diese Bildungen als Zellen der Körperflüssigkeit Blutzellen — die zufälligerweise festgewachsen waren, auffassen wollen [2]. Indessen scheint mir die symmetrische Lage gegen eine solche Erklärung zu sprechen. Auch habe ich nichts Ähnliches bei anderen Rotiferen gesehen.

---

[1] Vgl. übrigens Eckstein l. c. s. 415, Zacharias, O. Über Fortpflanzung und Entwicklung von *Rotifer vulgaris* Z. f. w. Z. Bd. XLI 1884, s. 231, Zelinka l. c. s. 115 und Hudson l. c. Suppl. s. 32 bei *Triophthalmus*.

[2] Dass Blutzellen wirklich bei Räderthieren vorkommen bestätigt Zelinka in seiner schönen Arbeit: Studien über Räderthiere III. Zur Entwicklungsgeschichte etc. Z. f. w. Z. Bd. LIII 1891, s. 25.

Die Excretionsgefässe waren stark entwickelt, und jedes trug *fünf* Wimpertrichter nebst einigen mehr oder weniger zusammengeknäuelten drüsigen Verzweigungen. Die starke Muskulatur *war sehr deutlich quergestreift.* Ziemlich nahe dem Hinterende des Körpers sass jederseits ein lateraler Taster.

47. *E. sp.*

Einige Eosphoren zeigten in verschiedenen Hinsichten Abweichungen. Ich habe aber zu wenig notirt um darauf näher einzugehen. Die Stirnaugen welche wohl so gross wie das Nackenauge waren, sassen nicht in Erhebungen, solche wurden nicht gesehen. Vielleicht sassen sie sogar ein wenig hinter dem Rande. Davon habe ich aber nichts notirt. Nur eine Skizze zeigt dieses Verhältniss. Bei diesem Thiere war der Darm deutlich vom Magen abgesetzt. Der oesophagus war schmal und keine kleine Drüsenbildungen wurden beobachtet. Das Thier hatte im Magen grosse Kiefer von einem zur Familie Philodinadæ gehörigen Thier. Das Räderorgan war ziemlich schwach. Die Zehen waren lang aber nicht ganz so lang wie der Fuss.

XXI Diglena Ehrbg.

Levinsen hatte *Diglena* sp. beobachtet.

Nicht wenige Diglenen kamen mir zu Gesicht, waren aber immer vereinzelt und konnten besonders im Anfang des Sommers nicht näher berücksichtigt werden. Nach meinen Notizen lassen sie sich mit den folgenden vergleichen [1]).

48. *D. forcipata* Ehrbg.

D. forcipata Ehrbg l. c. s. 443, Taf. LV, Fig. 1.
  „   „   Blochmann l. c. s. 102.
  „   „   Gosse l. c. Vol. II, s. 50, Tab. XIX, Fig. 2.
Egedesminde d. 10 August.

---

[1]) Sie müssen indessen als ziemlich selten angesehen werden, denn ich habe wohl nur 5 oder 6 Individuen gesehen.

49. *D. cf. catellina* Ehrbg.

D. catellina Ehrbg l. c. s. 444, Taf. LV, Fig. III.
„   „   Gosse l. c. Vol. II, s. 53, Pl. XIX, Fig. 10.
„   „   Weber l. c. s. 46, Pl. XXXIV, Fig. 1–6.

Eine kleinere Diglena, die ich mit dieser Form zusammenstelle, wurde einige Male flüchtig gesehen.

50. *D.? natans* n. sp.

Diese Form wurde auch sehr flüchtig untersucht. Sie kam wahrscheinlich in zwei Exemplaren auf einem Objektträger zusammen mit verschiedenen anderen interessanten Formen vor. Ich sah sie während meiner Arbeit mit diesen mehrmals, als ich aber nach einigen Stunden fertig war dieselbe zur näheren Untersuchung vorzunehmen, konnte sie nicht wiedergefunden werden. Indessen habe ich kein Bedenken für dieselbe eine eigene Art aufzustellen. Es war beinahe das auffallendste Räderthier was ich jemals gesehen habe. *Es war rötlig hyalin und fast noch durchscheinender* als die von mir gesehenen Männchen, mit denen sie auch *in der kegelförmigen Körperform* grosse Ähnlichkeit darbot. Indessen war sie ein mit Darmkanal und mastax versehenes Weibchen. Das ausser der Bewegung so sehr charakteristische war *ein breiter schildförmiger Fortsatz, der von der Stirn gleich vor den Augen ausging.* Diese Bildung hatte keine Ähnlichkeit mit den bei so vielen anderen Diglenen vorkommenden hakenartigen Kopffortsätzen. Diese letzteren sehen von oben oder unten betrachtet entweder wie ein kleiner hakenförmiger Fortsatz aus, oder werden sie kaum bemerkt. Im Profilbild sind sie deutlich hakenförmig wogegen dieser Fortsatz bei *D. natans* von oben gesehen plattenförmig war und wenigstens die halbe Breite des Kopfes besass. Diese dünne Scheibe mag ihnen wohl morphologisch entsprechen sieht aber ganz anders aus. *Die zwei Stirnaugen waren von einander ziemlich weit entfernt.* Ihr Pigment schien mir intensiv schwarz, so dass die kleinen Augen sehr scharf hervortraten. An den Seitentheilen des Kopfes bemerkte ich lange Cilien. *Der Fuss war kurz, die Zehen dagegen lang, gerade und spitz.* Der mastax wurde nicht hervorgeschoben und die Kiefer auch nicht ausgestreckt. Ich glaube gewiss dass eine nähere Untersuchung zur Aufstellung einer neuen Gattung für diese Form geleitet haben würde. Nach meiner oberflächlichen Besichtigung kann ich dieselbe jetzt nicht ganz ohne Bedenken als neue Art anführen. So unvollkommen meine diesbezügliche Notiz auch ist, bin ich nicht desto weniger ganz gewiss, dass dieses Thierchen, wenn jemand dasselbe wieder antrifft, sogleich wieder erkannt werden muss.

Als eine Notommatade mit zwei Stirnaugen konnte sie ja nur mit Diglena verglichen werden, aber die Körperform dieser Gattung hatte sie gar nicht und auch nicht die Bewegungsweise. Eine Diglena kriecht ja rasch umher, zieht ihren weichen Körper oft zusammen und streckt die Kiefer hervor. *Diglena? natans* wurde nur schwimmend gesehen. Sie schwamm eine Strecke umher, dann hielt sie plötzlich still, ohne dass ich sie jemals was berühren oder anpacken sah, obgleich sowohl andere Thiere wie Algen und Moosenblätter mit auf dem Objektträger waren. Sie stand dann eine Weile ganz ruhig gespensterähnlich, fast wie nachsinnend still, und nach einigen Minuten fuhr sie wieder blitzschnell nach einem anderen Rande des Gesichtsfeldes oder der feuchten Kammer fort um da wieder zu pausiren. Nahrung sah ich sie gar nicht weder suchen noch einnehmen.

Es wäre nicht absolut unmöglich, dass diese Form einen Panzer besass, denn so weit ich erinnern kann, sah ich sie sich niemals zusammenziehen. Aber die Verwandtschaftsbeziehungen wären mir in solchem Falle wenigstens ebenso unklar, als wenn ich dieselbe als eine mit *Diglena* verwandte Form auffasse. .

Indessen spricht der kegelförmige, geringelte Körper kaum dafür. Ich kenne auch keine Loricatengattung, welche ohne Zwang diese Form einräumen könnte. Der Körper ging ganz allmählig ohne Spur von Absätzen in den Fuss und dieser in die Zehen über.

Ich habe nur ein oder zwei Exemplare gesehen, in Jakobshavn d. 27 Aug. Die Länge schätzte ich zu ungefähr 100 Mik. (Sie wurde nicht genau gemessen.)

Vom Namen geleitet glaubte ich in EHRENBERG's *Diglena frontalis* vielleicht eine ähnliche Form zu haben, aber diese zeigt eine ganz andere Form des Körpers und des Räderorgans. EHRENBERG schlägt für dieselbe den Namen *Rhinoglena* vor [1]. Wenn meine Art wiedergefunden wird, und, wie ich ver-

---

[1] EHRENBERG, C. G. Über die neuerlich bei Berlin vorgekommenen Formen des organischen Lebens. Berichte über die zur Bek. geeign. Verh. d. K. Preuss. Ak. d. Wissensch. zu Berlin 1853, s. 193.

muthe, zu den Illoricaten und zur Familie Notommatadæ geführt werden kann, dürfte dieselbe passend *Klypeoglena* heissen können.

(XXII) Arthroglena n. subgenus. Fig. 30 *a, b, c*.

51. *A. Lütkeni* n. sp.

Die Abbildung Fig. 30 zeigt eines von den schönsten Räderthieren, die ich bis jetzt gesehen habe, von welchem ich leider auch nur ein einziges Individuum gehabt habe. Ich kenne selbst zu wenig, wie gross die Variation unter den Räderthieren sein kann um den Werth dieser Charaktere ganz sicher beurtheilen zu können. In der Literatur sind mir auch wenige Angaben hierüber bekannt. Bei keiner anderen Diglena habe ich die Charaktere gefunden, welche diese Art auszeichneten, und muss sie deshalb als neue Art anführen. Die wesentlichen Eigenthümlichkeiten, welche mich sogar zur Aufstellung einer neuen Untergattung von *Diglena* genöthigt haben, *sind das Fehlen von Augen und die gegliederten Zehen.*

Die Körperform, welche die Figur recht genau wiedergibt, ist diejenige einer *Diglena* und hat nicht geringe Ähnlichkeit mit derjenigen einer *D. forci, ata*. Nicht selten war der Körper etwas mehr gestreckt. *Der Rücken ist schwach gewölbt, wogegen die Grenzlinie des Bauches fast gerade verläuft.* Die vordere Kopffläche ist gewöhnlich nur wenig von der Bauchfläche abgesetzt, jedoch mehr als bei *D. grandis* und *D. forcipata*, welche in anderen Beziehungen die nächststehenden sind. Bei Zurückziehungen des Kopfes trat indessen jene Grenze viel schärfer hervor, Fig. 30 *b*. *Die Haut ist sehr weich und zeigt einige leichte Falten, drei vordere und zwei hintere,* deren Lage genügend aus der Figur hervorgehen dürfte. *Die Rückenhaut setzt sich am Kopfrande in eine ziemlich spitze gekrümmte Verlängerung fort.* Bei genauem Nachsehen wurde immer über jenem Haken ein kleinerer rundlicher Fortsatz *dl* beobachtet. *Der Fuss besteht aus einem deutlichen Gliede.* Auf dem Rücken dieses Gliedes schien eine kleine leistenförmige Erhebung zu laufen, welche nach hinten in einer kleinen Spitze endigte. Diese Erhebung war wohl ein wenig fester als die übrige Haut. Der Fuss trägt zwei *lange, schmale schwach gebogene Zehen,* welche einen grossen deutlichen Gelenkkopf besitzen. *Dann folgt ein langes fast in der ganzen Länge gleich dickes Basalstück, und endlich das schwach gekrümmte Endglied, welches durch ein deutliches Gelenk abgesetzt ist,*

und eher stumpf als spitz genannt werden muss. Die bei *Digl. forcipata* vorkommende proximale Verdickung der Zehen findet sich hier nicht.
Das Räderorgan und die vordere Kopffläche sind in der Fig. 30 *b*, von
vorn und unten gesehen, abgebildet. *Der Kopfrand zeigt zwei obere seitliche
Ausbuchtungen*, die in dieser Stellung sehr deutlich hervortreten. Am Profilbild Fig. 30 *a* sind sie nicht so bedeutend. Die daselbst stehenden Randeilien
sind kürzer als diejenigen, welche am Kopfrande nach oben und nach unten von
diesen Ausbuchtungen ihren Platz haben. *Unter dem Stirnhaken befand sich
ein auf einer kleinen Erhebung sitzendes Büschel von Cilien* (nicht Haare,
denn sie zeigten zweifellos active Bewegungen). *An den unteren Seitentheilen
des Gesichts bemerkte ich breite Cilienbänder, welche eine hintere, mediane
zum Mund gehende Einsenkung begrenzten.* Wahrscheinlich war auch diese
Rinne von Cilien bekleidet.

Wie oben angedeutet, *waren keine Augen da.* Ich habe dieses Verhältniss
mehrmals sehr genau untersucht. Bei den anderen von mir gesehenen Diglenen
waren wohl die Augen klein, aber sie traten dennoch sehr scharf hervor.

Etwas hinter dem Gehirn wurde während der ersten Stunden der Beobachtung ein kleiner wie es mir schien blasenförmiger Körper gesehen, der
vielleicht dem bei so vielen anderen Notommaladen so oft vorkommenden Kalkkörner enthaltenden Beutel entsprach. *Dunkel war derselbe nicht und zeigte
auch keinen Pigmentfleck.* Er stand wahrscheinlich mit dem Gehirn in Verbindung. Auf meiner Skizze war indessen keine solche Verbindung einge-
zeichnet. *Ein kleiner dorsaler Taster wurde nur bei gewissen Beleuchtungen
einen Augenblick gleich hinter dem Stirnhaken sichtbar* Fig. 30 *a dt.*

Die inneren Organe betreffend finde ich nur das folgende erwähnenswerth.
Der ziemlich grosse mastax lag ein Stück vom Vorderende entfernt, und
schloss ganz leicht sichtbare aber *schwache Kiefer* ein. *Sie waren denjenigen der Diglena ähnlich.* Ich konnte keine Zeit finden dieselben näher zu
untersuchen, sondern konservirte das Thier und bewahrte es in Glycerin
auf. Aber nach meiner Heimkehr ist es mir nicht möglich gewesen die
Kiefer deutlich zu machen. Das Kalihydrat hat mir dabei keine Hilfe geleistet [1]). Vom oesophagus habe ich nichts notirt. Der Darmkanal zeigte gar

---

[1]) Dasselbe ist leider auch bei einigen anderen Thieren der Fall gewesen. Freilich
dauerte die Aufbewahrung nicht so kurze Zeit (2—3 Monate), aber ich kann keinen Grund
finden, weshalb die Untersuchung nicht nachher gut gelingen sollte.

keine Grenze zwischen Darm und Magen. Die Wand des vorderen Theils
war sehr dick. Die Dicke nahm nach hinten allmählig ab, und das letzte
Stück des Darmes zeigte eine ungewöhnlich dünne Wandung. Die Magendrüsen waren klein. Die Geschlechtsdrüse war lang und zeigte eine vordere
hellere Abtheilung, in welcher grosse, helle, blasenförmige Kerne sichtbar
waren. Im hinteren Theile lag ein grosses, dunkleres Ei, das sehr dünnschalig
war und jedem Drucke nachgab. Die Form desselben war eben deshalb sehr verschieden, je nachdem die Exkretionsblase gefüllt oder vor kurzem entleert war.
Ausser der Blase bemerkte ich nur einen vorderen unter dem mastax liegenden
Wimpertrichter und ein vorderes Stück des einen Exkretionsgefässes, wie auch
die Figur zeigt.

Im Fussgliede lagen zwei rundliche Drüsen, von denen Fortsetzungen in
die Zehen ausgingen. Weil die Zehenbasen so stark angeschwollen waren,
ungefähr wie bei Monommata, suchte ich besonders eifrig nach Muskeln in
denselben, konnte aber keine finden. Eine sehr starke Muskulatur war im
Körper entwickelt, und ganz besonders waren die starken Ringmuskeln des
Kopftheiles auffallend.

Ich beobachtete diese Form d. 25 Aug. unter Moosen aus einer Wasser-
ansammlung nahe bei Jakobshavn. Anfangs war sie sehr lebhaft, kroch ohne
Ruhe umher und zog jeden Augenblick ihren Kopf stark zurück. Beim
Kriechen benutzte sie natürlich die Zehen viel, *und dabei wurden die äusseren
Glieder der Zehen stark bewegt.* Ich sah dieselben sehr oft *vollkommen senk-
recht gegen das Basalstück stehen.* Nur selten schwamm sie kleinere Strecken.
Mein Thier lebte nach der Isolirung eine Nacht über unter dem Deckgläschen
und war auch den zweiten Vormittag noch sehr munter. Eine gewisse Veränderung war dennoch eingetreten. Die Blase arbeitete langsam und sehr
unregelmässig, und die Fussdrüsen wie auch andere Organe waren viel körniger
geworden. Während des ersten Tages sah ich das Thier nicht die Kiefer
bewegen, aber am zweiten Tage nahm ich einige Kaubewegungen wahr, wobei
der mastax nach vorn geführt wurde.

Die Länge des Thieres war um 230 Mik. Die Zehen waren ein wenig
länger als 50 Mik.

Ich habe zwei Mal bei Räderthieren z. B. *Copeus caudatus* eine schwach
angedeutete Querlinie auf den Zehen gesehen, aber niemals habe ich eine wirk-

liche Gelenkbildung gefunden, und ich habe auch kaum in der Literatur etwas derartiges angeführt gefunden.

Bei einigen zur Gattung *Diglena* geführten Formen finden sich keine Augen, weshalb dieser Charakter gewiss nicht wichtig genug ist um eine neue Gattung aufzustellen. Zusammen mit den gegliederten Zehen finde ich jedoch dieses Merkmal wichtig genug um diese Form in der alten Gattung *Diglena* eine Untergattung bilden zu lassen. Dass die augenlosen Diglenen wohl zum Theil wenigstens in die Gattung *Pleurotrocha* übergeführt werden müssen, wenn diese letztere Gattung bestehen soll, habe ich übrigens schon früher hervorgehoben. Es ist kaum mehr berechtigt um der Körperform Willen übrigens verschiedenartige Formen zur Gattung *Diglena* zu führen, als es früher richtig war alle Formen, die ein Nackenauge besassen, in die Gattung *Notommata* hinein zu zwingen.

Arthroglena unterscheidet sich von den näher verwandten Diglenen auch in anderen Hinsichten. Von *Diglena forcipata*, der sie wohl am meisten ähnlich ist, weicht sie durch geringere Grösse, längere, geradere Zehen ab, sowie auch dadurch dass die Cilienbänder sich nicht so weit nach hinten strecken wie bei dieser Art. Auch ist die ventrale Begrenzung des Gesichts viel schärfer. *Diglena grandis* ist viel grösser und hat geradere, scharf zugespitzte Zehen. *Diglena gibber*, von welcher Gosse nur ein Exemplar, das nicht ganz lebhaft war, untersuchen konnte, unterscheidet sich durch bedeutendere Grösse und durch eine eigenthümliche panzerartige Hülle, welche sich über den Rücken stark erhebt, und weiter durch gekrümmte Zehen. Von den Zehen dieser Art sagt der oben citirte Verfasser: "On each toe at about one-fourth of its length, there is an abrupt decrease of diameter on its superior edge, with the appearance of a joint; and a delicate line crosses each near its point" [1]. Diese übrigens so wohl getrennte Art würde sich also möglicherweise in der Beschaffenheit der Zehen meiner *Arthroglena* etwas nähern. Indessen scheint mir die äussere feine Querlinie kaum der deutlichen Gelenkbildung bei unserer Art entsprechen zu können. Es lässt sich aber nicht entscheiden, denn Gosse hat das Thier nicht kriechen gesehen. Es war schon durch das Ausreissen des mastax so beschädigt, dass es weder schwimmen noch kriechen konnte, "though it con-

[1] Die Länge der Zehen kann ich kaum vergleichen, denn die Figur und der Text stimmen schlecht. Nach dem Texte wären die Zehen ungefähr doppelt so lang 100 Mik. Der Körper aber 255. Auf der Zeichnung sieht es aber ganz anders aus.

stantly contorted its body, and threw about its toes" [1]). Freilich möchte wohl bei diesen Bewegungen eine wirkliche Gelenkbildung an den Zehen sich deutlich merkbar gemacht haben. Auch in einer anderen Beziehung scheint eine gewisse Übereinstimmung zu bestehen. Augen werden nicht genannt, sind auch auf der Zeichnung nicht angegeben, aber offenbar hat GOSSE dem negativen Resultat seiner Untersuchung, weil das Thier beschädigt und vorne etwas zusammengezogen war, kein grösseres Gewicht zuerkennen wollen. Ich habe bei dieser Vergleichung nichts vom mastax gesprochen, weil meine Angaben zu allgemein und zu unbestimmt sind. Er schien mir jedoch nach dem allgemeinen Diglenentypus gebaut, aber gewiss weder mit demjenigen der *D. forcipata* noch mit demjenigen der *D. grandis* ganz übereinzustimmen. Von dem mastax der *Diglena gibber*, die vielleicht auch nicht ihren definitiven Platz in der Gattung *Diglena* finden kann, hat GOSSE auch keine Angaben geliefert.

Arthrodena Lütkeni ist zur Ehre des Herrn Prof. C F. LÜTKEN in Kopenhagen, benannt, dem ich es verdanken kann, dass diese Reise mir aufgetragen wurde, und der mir auch bei der Literaturanschaffung für diese Arbeit freundlichst Hülfe geleistet hat.

XXIII. Distemma Ehrbg.

52. *D. dubia* n. sp. Fig. 31.

Eine sehr kleine Form, welche einen von den letzten Tagen meines Aufenthaltes in Egedesminde gefunden wurde, dürfte am besten hier ihren Platz finden. Sie wurde im Bodenschlamme eines Sees nahe am Ufer genommen.

GOSSE meinte, dass EHRENBERG'S *D. setigerum* zu seiner Gattung *Coelopus* gehören muss. Diese Gattung ist dadurch ausgezeichnet, dass der Fuss angeschwollen und im hintersten Theil des Körpers eingeschlossen und dass die eine Zehe eine breite Platte ist, auf welcher die andere in verschiedener Ebene liegt, und dazu haben alle untersuchten Arten der Gattung *Coelopus* ein Auge, das im hinteren Theile des Gehirns sitzt [2]). Die zweiäugige, eines mastax entbehrende Art *C. minutus* GOSSE kann nämlich kaum mit Recht hierher gestellt werden, und GOSSE selbst bezeichnet auch dieselbe als eine species

---

[1]) l. c. Vol. II, s. 49, Pl. XIX, Fig. 7.
[2]) Ich nehme keine Rücksicht auf die Art "*tenuior*", bei welcher Gosse gar nichts von einem Auge sagt. Gosse l. c. Vol. II, s. 67—70.

incertae sedis. Um so unwahrscheinlicher ist es, dass diese Art zu der Gattung *Coelopus* gehört, da dieser Autor nicht hat entscheiden können, ob die Zehen und der Fuss nach dem Typus dieser Gattung gebaut waren. In der Gattung *Rattulus* und *Diurella* ist auch meistentheils ein Nackenauge beobachtet [1]). Es wird immer schwer werden zu sagen, ob diese ein wenig gepanzerten Arten besser unter die Loricaten als unter die Illoricaten zu stellen sind, und deshalb lasse ich bis weiter diese Art in der Gattung *Distemma* stehen. Ich habe dieses Thier viel zu oberflächlich beobachtet um darauf hin irgend eine Veränderung in der Nomenklatur vornehmen zu dürfen.

Meine Art war cylindrisch mit erweitertem, mit reichlichem Cilienkleide versehenem Kopfe und ausserordentlich grossen mastax, der lange aber schwache Kiefer einschloss. Das fulcrum war lang mit einer deutlichen Fussplatte. Zwei kleine aber sehr scharf hervortretende Nackenaugen waren zu sehen, deren Pigment tief schwarz erschien. Von den Zehen habe ich nur angegeben, *dass sie sehr schmal und stark gekrümmt waren, und dass sie beim Schwimmen nach unten hingen.* Das Thier schwamm sehr schnell.

Von Ehrenbergs *Distemma setigerum* unterscheidet sich diese Form durch den seitlich erweiterten Kopf, grösseren mastax und das schwarze Augenpigment. EHRENBERG hebt sogar in der Diagnose seiner Art das rothe Augenpigment hervor.

Mit derselben Form stimmt meine in der Grösse — ungefähr 120 Mik - überein.

Ich hatte keine Veranlassung die Zehen näher zu betrachten, und deshalb weiss ich nicht, wie grosses Gewicht darauf zu legen ist, dass ich in meinen Notizen von zwei Zehen spreche. Gewiss fasste ich es so auf, als ob zwei symmetrische borstenähnliche Zehen existirten und meinte, dass auf der Figur die eine an der anderen Seite des Körpers lag oder von der gezeichneten verdeckt war. Wenn nun die nach unten hängenden Zehen eines schwimmenden *Coelopus* leicht die Vorstellung hervorrufen können, dass zwei symmetrische nach dem gewöhnlichen Typus gestalteten Zehen vorhanden sind, dann ist es wohl denkbar, dass ich mich getäuscht haben kann, denn meine Untersuchung musste ja so schnell als möglich beendet werden. Ich habe nicht notirt, ob ich ein oder mehrere Individuen gesehen habe. *Jedenfalls war das Thier sehr selten.*

[1]) Bei *R. calyptus* ist kein Auge gesehen.

Unterordnung Loricata.

g. Fam. Acanthodactylidæ (Rattulidæ Hudson & Gosse) [1].

XXIV. Mastigocerca Gosse (nec. Ehrbg).

EHRENBERG hatte eine Gattung mit diesem Namen für seine Art *carinata* aufgestellt, und andere verwandte Arten führte er später zu einer neuen Gattung *Monocerca*, während er Anfangs alle zusammengeführt hatte. In seiner grossen Arbeit sagt er unter der Gattung *Mastigocerca:* "Die nahe Verwandtschaft mit *Monocerca Rattus* liess auch mich beide Formen lange verwechseln, allein ich halte jetzt, seit 1830, beide generisch und selbst der Familie nach verschieden" [2]. Er führt nämlich die Gattung *Monocerca* zu seiner Familie Hydatinaea, die Gattung *Mastigocerca* aber zur Familie *Euchlanidota*. GOSSE schlägt diese beide Gattungen wieder zusammen, und ich folge ihm darin, weil diese Arten sowohl in der Körperform wie in anderen Zügen des Baus übereinstimmen, und weil eben die Gattung *Monocerca*, deren Arten in sehr ungleichem Grade gepanzert sind, mir die ziemlich geringe systematische Bedeutung einer stärkeren oder geringeren Bepanzerung der Cuticula darzulegen scheint.

53. *M. Rattus* (Ehrbg) Gosse.

Trichoda Rattus O. F. Müller l. c. s. 205, Pl. XXIX, s. 6.
Monocerca Rattus Ehrbg l. c. s. 422, Tab. XLVIII, Fig. VII.
Monocerca Rattus Blochmann l. c. s. 103.
Mastigocerca Rattus Gosse l. c. Vol. II, s. 63.
Acanthodactylus Rattus Tessin-Bützow l. c. s. 156.

Diese Art war vielleicht das gewöhnlichste Räderthier in Grönland. Dasselbe und einige Philodinaden kamen in den meisten Gewässern vor, und es war gleich gewöhnlich in den Gegenden von Egedesminde, Jakobshavn und Ritenbenk. Es war so gewöhnlich, dass ich sehr oft viele Individuen in einem Tropfen Wasser erhalten konnte. Indessen muss bemerkt werden, dass ich

---

[1] Den Grund, weshalb ich den Namen verändert habe, findet der Leser unter der Gattung *Diurella*.
[2] Ehrenberg l. c. s. 160.

Mastigocerca Rattus nicht vor dem 25 Juli notirt habe, und ich halte es für absolut unmöglich, dass ich dieselbe übersehen haben kann.

Diese Art ist von LEVINSEN für Grönland angegeben. Bei einem gemessenen Exemplare war die Länge des Körpers 210 Mik und die Länge der Zehe 203 Mik. Ich glaube kaum ein einziges Exemplar gesehen zu haben bei welchem der Stachel anmerkungswerth länger als der Körper war.

Weiter bemerke ich mit Hinsicht auf GOSSE's Beschreibung und Abbildung, dass ich in meinen Notizen zwei gössere, zusammengekrümmte und zwei kleinere Nebenstacheln als deutlich sichtbar bezeichnet habe.

54. *M. cf. Lophoëssa* Gosse? Fig. 32.

M. Lophoëssa Gosse l. c. Vol. II, s. 60, Pl. 20, Fig. 10.

Die Form, welche ich hier anführe, fasste ich in Grönland nur als eine Varietät von *M. Rattus* auf. Der Hauptstachel ist nur ein Drittel der Körperlänge (bei *M. Lophoëssa* zwei Drittel). Dann kommt an der einen Seite desselben Hauptstachels einer, der kaum die halbe Länge des grösseren besitzt, und an dessen äusserer Seite war noch ein kleinerer, ein wenig gekrümmter, nur mit Schwierigkeit sichtbar. An der anderen Seite des grossen Stachels war ganz deutlich ein Stachel zu sehen. Der mastax war viel kürzer als gewöhnlich. Rückenkiel sehr niedrig, kaum vorhanden. Das Auge war klein. Die Wimperzungen waren ungewöhnlich lang; weit nach vorn wurden drei solche gesehen und eine vierte in der Nähe der Blase. Ich sehe recht wohl ein, dass diese Form auch von *M. Lophoë sa* abweicht, wollte sie indessen nicht unerwähnt lassen. Es ist hauptsächlich der so kleine mastax, der mich veranlasst hat, dieselben zusammenzuführen. Derselbe ist an meiner Zeichnung noch viel kürzer als an GOSSE's Figur. Möglicherweise und sogar wahrscheinlich sollte diese Form eine eigene neue Art bilden. Das hier besprochene Räderthier wurde bei Jakobshavn im Ende des Monats August flüchtig untersucht. Ich kann deshalb nicht sagen, ob es selten oder gewöhnlich war. Das erstere scheint mir wahrscheinlich.

55. *M. bicornis* (Ehrbg) Gosse. Fig. 40.

Monocerca bicornis Ehrbg l. c. s. 423, Tab. XLVIII, Fig. VIII.

Monocerca bicornis Blochmann l. c. s. 103.

Mastigocerca bicornis Gosse l. c. Vol. II, s. 63, Pl. XX, Fig. 5.

Eine in Grönland viel seltenere Form als M. Rattus. Ich habe sie nur zweimal ausdrücklich erwähnt. Viele ja, die meisten Mastigocercaindividuen liess ich selbstverständlich gehen ohne sie näher anzusehen. Das erste Mal, als ich M. bicornis antraf, war d. 19 Juli. Ich gebe einige Maasse eines gemessenen Exemplares an:

Körper .... 225 Mik,
Hauptstachel .... 133 „
Seitliche Stachel .... 6 „
Stirnstachel .... 33 „
Vordere Seitenstachel 18 „
Mastax .... 60 „

Ich glaubte ganz bestimmt an der Basis des Hauptstachels zwei kleinere Stacheln zu sehen. Meine Auffassung war natürlich von den Wort enin Blochmanns Buche beeinflusst: "am Grunde des Fusses zwei Nebendorne". Ich habe sie indessen an einer Zeichnungsskizze ausgeführt, und ich sollte meinen, dass sie auch an Gosse's Figur angedeutet sind, obgleich derselbe sagt: "The toe, is slightly swollen at its base, but I cannot detect any substyle though Ehrenberg speake of them".

XXV. Diurella (Bory d. S:t Vinc.) Eyferth.

56. *Diurella tigris* Bory d. S:t Vinc. nach Ehrenberg.

Trichoda Tigris Müller l. c. s. 206, Tab. XXIX, Fig. 8.
Notommata tigris Ehrbg l. c. s. 431, Taf. LIII, Fig. I.
Diurella stylota Eyferth l. c. s. 108.
Diurella tigris Eckstein l. c. s. 376, Fig. 21.
Diurella tigris Plate l. c. s. 50, Fig. 13, 14.
Diurella tigris Blochmann l. c. s. 103.
Rattulus tigris Gosse[1] l. c. Vol. II, s. 65, Pl. XX. Fig. 13.
Acanthodactylus tigris Tessin-Bützow l. c. s. 153, Fig. 13.

Ich kann hier nicht Gosse's Nomenklatur folgen. Die Charakteristik, welche Ehrenberg seiner Gattung *Rattulus* gibt, lautet: "Animal ex Hydatinae-

---

[1] Gosse setzt bei dieser einzigen Art Müller als Namengeber, obgleich derselbe mit ebenso vielem Recht bei einer ganzen Reihe von den Ehrenbergschen Arten stehen könnte. Ich finde sogar Müllers Figur nicht so besonders genau auf *Diurella tigris* passend.

orum familia, oculis duobus frontalibus, pede simpliciter styliformi, cirris pinnulisve carens". Gosse charakterisirt seine Gattung *Rattulus* mit den Worten: "Body cylindric, curved; lorica smooth, (usually) without a ridge; toes two decurved, symmetric" und in der Diagnose der Familie Rattulidæ heisst es dazu — — —· "eye single, cervical". Es muss dann gewiss Erstaunen wecken, wenn man nach der so charakterisirten Gattung *Rattulus* Ehrenberg als Autor gesetzt findet und das ohne jede Bemerkung. Unter seiner Gattung *Coelopus* sagt Gosse: "It is possible, that Ehrenbergs *Rattulus lunaris* may represent my *C. porcellus* etc. But the absence of any detailed diagnosis, in his text, leaves it doubtful; while his assigning of two eyes to his species is against the identification".

Es scheint indessen als wäre Ehrenberg's *Rattulus lunaris* nicht so gänzlich unbekannt, denn schon Leydig [1]) findet die Art bei Würzburg häufig, wenn er dieselbe auch nicht näher untersucht hat, und bei Bartsch lese ich: "*Rattulus* E. Körper cylindrisch, kurz, gebogen an beiden Enden abgerundet. Zwei Stirnaugen; Fuss einfach borstenförmig. *R. lunaris* E. Die einzige von Ehrenberg aufgestellte Art kam mir ziemlich häufig zu Gesicht. Wie Perty, der das Thier sehr häufig gefunden, bemerkte — — —" [2]). Weil also mehrere Verfasser glauben Ehrenberg's ursprüngliches Thier gesehen zu haben, kann ich nicht eine solche Veränderung der Bedeutung des Namens berechtigt ansehen. Wenn nicht der Fuss borstenförmig sein sollte, könnte möglicherweise diese Form sogar Distemma nahe stehen, denn die Stirnaugen sitzen hier nicht so wenig vom Stirnrande entfernt. Ehrenberg will sie indessen nicht "wie früher Nackenaugen nennen, weil sie vor dem Schlundkopfe liegen" [3]).

Überhaupt dürfte es ausserdem besonders die Rotiferen und Infusorien betreffend sehr schwer sein zu behaupten, dass ein Thier von einem Verfasser nicht richtig aufgefasst worden ist, weil es noch nicht wieder gefunden worden ist. Ehe man wagen kann eine solche Behauptung auszusprechen,

---

[1]) Z. f. w. Z. Bd. VI etc. s. 20.

[2]) Viele andere Verzeichnisse nehmen auch diese Art auf, und, was mir schwer begreiflich ist, Hudson setzt selbst *Rattulus lunaris* (ohne Bemerkung) als eines von den häufigeren Räderthieren. Hudson, C. T. The presidents adress. Journ. of Roy. Micr. Soc. London 1889, s. 171. Diese Arbeit ist mir erst lange nach der Abfassung des Textes zugänglich geworden.

[3]) Ehrbg l. c.

müssen wenigstens sehr genaue und durch viele Jahre fortgesetzte Untersuchungen an derselben Ort angestellt worden sein.

Wenn aber der Gattungsnamen *Rattulus* nicht für *Diurella* und Verwandte passt, so gehört vielleicht der wirkliche *Rattulus* kaum zu derselben Familie, und deshalb habe ich hier oben den Familiennamen *Acanthodactylidae* benutzt ohne damit etwas anderes sagen zu wollen, als dass der Namen Rattulidae in dieser Bedeutung wenigstens noch nicht verwendbar ist. Die Umfassung der Familie ist ganz dieselbe wie Hudson's und Gosse's.

Tessin-Bützow hat die Gattungen *Mastigocerca* und *Diurella* zu einer Gattung, Acanthodactylus, zusammengeführt, und dafür können gewiss verschiedene Gründe hervorgezogen werden. Ich habe jedoch diese Thiere zu wenig beobachtet, um in einer solchen Frage zwischen einem so erfahrenen Forscher wie Gosse und Tessin-Bützow urtheilen zu können und folge deshalb Gosse. Ich hatte auch diese Bearbeitung meiner Notizen schon vollendet, als ich Tessin-Bützow's Arbeit kennen lernte, und habe jetzt keine Zeit nicht absolut nothwendige Veränderungen vorzunehmen. Nur habe ich den Familiennamen, den ich sehr passend fand, nach seinem Gattungsnamen gebildet und gegen den anderen von mir früher angewendeten Namen vertauscht und auch seinen Namen in die Synonymenliste eingeführt.

Diurella tigris wurde wie die *Mastigocerca Rattus* im späteren Theile des Sommers recht gewöhnlich. In Egedesminde sah ich sie viel seltener als in Jakobshavn. Ich kann Eckstein's Angabe, dass die Zehen bei der Basis getrennt sind, mit ihren feinen Spitzen aber zusammenliegen, bestätigen. Übrigens zeigt eben diese Art sehr bedeutende Variationen in der Länge der Zehen.

57. *Diurella cf. Rattulus* Eyferth.

Diurella Rattulus Eyf. (Die Seite hatte ich leider zu notiren vergessen).
Diurella Rattulus Eckstein l. c. s. 376, Fig. 20.
Wird von Gosse l. c. Vol. II, s. 67 besprochen.

Eine kleinere Diurella ohne Nebenstacheln dürfte mit dieser vergleichbar sein, oder es könnte möglicherweise eine *Coelopus*-art sein. Sie wurde nicht näher untersucht.

h. Fam. Dinocharidæ.

XXVI. Dinocharis Ehrbg.

Dinocharis sp. ist schon von LEVINSEN notirt worden. Ich muss die von mir gesehenen Formen als zwei Arten anführen.

58. *D. tetractis* Ehrbg.

D. tetractis Ehrbg l. c. s. 473, Taf. LIX, Fig. 11.
D. tetractis Hudson l. c. Vol. II, s. 72, Pl. XXI, Fig. 2.

Bei sowohl Egedesminde wie Jakobshavn kam eine Form vor, die hieher geführt werden muss, weil sie keinen Dorn zwischen den beiden Zehen besass.

59. *D. intermedia* n. sp. Fig. 33 *a, b.*

Ich finde in der Literatur nichts von einer interessanten Form, erwähnt, die gewissermassen die sonst so verschiedenen Arten *D. Collinsii* Gosse und *D. tetractis* mit einander verbindet. In Grönland fasste ich diese Form nicht als eine von der vorigen verschiedene Art auf. Ich habe denselben auch keine genauere Aufmerksamkeit gewidmet, weil sie mir so charakteristisch schienen. Indessen habe ich ein in Glycerin aufbewahrtes, konserviertes Exemplar mit nach Hause geführt, nach welchem die Zeichnungen theilweise ausgeführt sind, und das auch neben meinen in Grönland verfassten Notizen der folgenden Darstellung zu Grunde liegt.

D. intermedia unterscheidet sich von D. tetractis hauptsächlich durch breitere, ventrale Seitenränder des Panzers, welche gezähnt sind. Der Panzer des Körpers hat von oben gesehen eine fast quadratische Form. Die vordere Grenzlinie ist quer, die hintere abgerundet. Nahe dem Hinterende ist die Breite am grössten und von da schmälert der Panzer nach vorn leicht ab.

Die ventralen Seitenränder des Panzers sind dünn und breit und laufen nach vorn in kleine aber deutliche Dorne aus. Jene Dorne sind gewöhnlich etwas nach innen gekrümmt. Von den Zähnen der Seitenränder sind einige grösser und andere kleiner. Darin scheint aber keine Regelmässigkeit vorzuliegen. Man sieht auch auf dem Profilbild Fig. 33 *a,* dass dorsale Zähne sich sowohl am Körper selbst wie auf dem ersten Fussgliede vorfinden. Ausser dem finden sich sehr kleine Spitzen an den Feldern des Panzers. Grosse Rückenzacken, so wie sie bei *D. Collinsii* zu einer bestimmten Anzahl auftreten, sind nicht vorhanden. Im Bau des Fusses und der Zehen stimmt *D. intermedia* mit *D. tetractis* vollständig überein. Nur sind, wie eben genannt, am Rückentheil des ersten Gliedes bei *D. intermedia* einige kleinere Zacken ausgebildet, die dann und wann so gross werden können, dass sie beinahe ohne Grenze in die grösseren auch bei *D. tetractis* vorhandenen Fortsätze übergehen.

Die Zehen sind lang, etwas gebogen und mit zugeschärften Endspitzen versehen. Sie stehen gewöhnlich etwas von einander ab. Auge, mastax und Lebensweise boten, so viel ich weiss, nichts Eigenartiges dar.

Auch betreffend diese Form tritt die Frage hervor, ob sie nicht eher als eine Varietät von *Dinocharis tetractis* wie als eine selbstständige Art aufzufassen sei. Um das zu entscheiden wäre es nöthig gewesen über die grönländischen D. tetractis ausgedehntere und genauere Beobachtungen anzustellen, als ich es konnte, da meine Zeit so beschränkt war.

Das Interesse, welches diese Form unter dieser Voraussetzung darbieten würde, wäre gar nicht geringer, als wenn sie als eine eigene Art aufzuführen wäre, wie es hier geschehen ist, denn sie würde auch in diesem Falle die angeführten beiden Arten ebensogut verbinden.

D. intermedia stimmt mit *D. Collinsii* hauptsächlich in den gezähnten verbreiterten Seitenrändern des Panzers überein. Die Bezahnung variirt jedoch viel mehr als bei *Collinsii*. Das sieht man indessen deutlich genug auf der Abbildung Fig. 33 *b.*

Die vorderen bedeutenderen Dorne der Seitenränder scheinen weder bei *D. tetractis* noch bei *D. Collinsii* vorhanden zu sein.

Auch in der Körperform scheint jedoch *D. intermedia* sich recht bedeutend von *D. tetractis* zu unterscheiden [1]. Sowohl Gosse's Abbildung wie seine Worte geben eine andere Vorstellung vom Aussehen des Panzers. Im Texte liest man "the trunk viewed dorsally has a somewhat triangular outline, the apex of the triangle being towards the foot, and is shorter in proportion to the foot and toes than it is in the former species". Der erste Passus dieses

[1] Ich zeige indessen hier besonders darauf hin, dass ich für die Vergleichung der Körperform dieser beiden Arten, nur das konservirte mit eingezogenem Kopfe versehene Thierchen, welches die Abbildung darstellt, berücksichtigen konnte

Citat's stimmt gar nicht mit meinen Notizen und könnte möglicherweise einen grösserer Unterschied zwischen den beiden Arten ausmachen, als ich angenommen habe.

Indessen habe ich jetzt auch keine Möglichkeit eine grössere Menge der europäischen *D. tetractis* zu untersuchen um die Bedeutung dieser Verschiedenheit richtig schätzen zu können. In Grönland hatte ich nicht besonders darauf geachtet.

Ein gemessenes Thier zeigte folgende Maasse:

Länge des Panzers (ausser dem Kopftheil)......... 85—90 Mik,

„   des Fusses .... 50—60 „

„   der Zehen .... 60 „

Breite des Panzers mit den Seitenrändern......... 80 „

Die Dinocharisarten wurden mehrmals bei Egedesminde gesehen. Ich kann aus oben dargelegten Gründen nicht angeben, welche von den beiden hier behandelten Arten die gewöhnlichere war.

XXVII. Scaridium Ehrbg.

60. *Sc. longicaudum* Ehrbg.

Trichoda longicauda O. F. Müller l. c. s. 216, Tab. XXXI, Fig. 8—10.

Scaridium longicaudum Ehrbg l. c. s. 440, Taf. LIV, Fig. I.

„   longicauda Eckstein l. c. s. 373, Fig. 42.

„   longicaudatum Blochmann l. c. s. 107.

„   longicaudum Gosse l. c. Vol. II, s. 73, Pl. XXI, Fig. 5.

Nach meiner Erfahrung gehört diese Form in Grönland zu den seltenen Räderthieren. Indessen wurde sie in verschiedenen Gewässern bei Egedesminde gesehen. In den vielen Pfützen, Tümpeln und Seen, aus welchen ich bei Jakobshavn Proben untersuchte, kam diese Art nie vor.

Die lateralen Taster sah ich sehr deutlich gleich hinter der Körpermitte. Über die Streitfrage, ob der rothe Flecken am mastax ein Auge ist oder nicht, habe ich keine entscheidende Beobachtungen gemacht. Weil der Flecken mit dem mastax bewegt wird, hat ja PLATE die Ansicht ausgesprochen, dass er nur ein stark rothbrauner Theil des chitinösen Kaugerüsts sei. Ich spreche auch in meinen Notizen von dem stark rothbraunen Flecken auf dem mastax.

Hudson und Gosse wollen indessen nach genauen Untersuchungen dieses Organ als ein wirkliches Auge deuten. Gosse sagt: "The most remarkable peculiarity of the species is the anomalous character of the eye, — a large flattened capsule with crimson pigment not quite filling it, permanently attached to the surface of the mastax, and apparently not connected, as usual, with the occipital brain, which however, presses upon it from above and behind".

Nach dieser Aussage Gosse's, welche eine genaue Untersuchung voraussetzt, kann ich natürlich meiner oberflächlichen Untersuchung geringes Gewicht zuerkennen. Hudson glaubt auch, dass bei *Sc. eudactylotum* das Gehirn sich sehr weit nach unten streckt, so dass es direkt auf dem mastax zu liegen kommt.

Die Länge eines gemessenen Thieres:

Körper	200 Mik,
Fuss	125 –130 „
Zehen	145 „

64.? *Sc. longic. f. maculatum* n. f.

Bei Ritenbenk sah ich einmal einige Individuen einer Scaridiumform, welche sehr eigenthümliche hellgelbe Flecken im Kopfe besassen. Solche Flecken hatte ich bei den anderen Scaridien nicht bemerkt. Ich habe auch bei keinem anderen Räderthiere etwas Ähnliches gesehen. In anderen Beziehungen notirte ich von dieser Form bei meiner sehr flüchtigen Untersuchung nichts Bemerkenswerthes, obgleich ich glaube, dass auch der Fuss einige Verschiedenheiten aufzeigte.

XXVIII. Stephanops Ehrbg.

Levinsen hat *Stephanops lamellaris* für Grönland angegeben.

Einzelne Individuen von zu dieser Gattung gehörigen Formen habe ich ziemlich oft in Proben aus den Gewässern von den Gegenden um sowohl Egedesminde wie Jakobshavn bemerkt. *Stephanops lamellaris* soll nach sowohl Ehrenberg wie Gosse einen mit drei fast parallelen hinteren schlanken Stacheln versehenen Panzer besitzen. Solche Stacheln, wie die Abbildungen dieser Autoren darstellen, sah ich niemals an grönländischen Stephanopsarten, was ich um so sicherer angeben kann, da ich gleich nach meiner Rückkehr hier in Lund einen *Stephanops lamellaris* untersuchte, und sogleich diese hinteren Stacheln sehr

deutlich sah. Nur einmal bemerkte ich in Jakobshavn bei einem *Stephanops zwei*
kleine stumpfe Fortsätze am Hinterende des Panzers, die jedoch unmöglich
Stacheln genannt werden konnten. Auch zeigten die untersuchten grönländischen
Individuen nicht den hinteren Borsten, welchen EHRENBERG und GOSSE zwischen
den Zehen gesehen haben. Es ist sehr schwer jetzt genaueres über diese Arten
anzugeben, weil die Verschiedenheit der Arten *St. muticus* und *St. lamellaris*
nicht ganz zweifellos erscheint. GOSSE hält es nämlich möglich, dass ECKSTEIN
in seiner Abbildung beide Arten zusammengeführt hat, und setzt sogar zu:
"I confess I have had suspicions that these are but one species. I have had
specimens in my live-box of what seemed lamellaris, with the three caudal
spines clear enough; yet in a few minutes I could find only specimens of
muticus, with no spines at all to be discerned, to my great bewilderment. It
seemed as if the spines could at will disappear, but I cannot conjecture how.
This has happened repeatedly. Except the greater developement of the neck,
there is little else to discriminate the twoo". Sehr lange habe ich bisher nicht
diese Thiere beobachten können, habe aber etwas solches gar nicht bemerkt,
und betrachte sie deshalb, wie auch GOSSE selbst, bis auf weiteres als gut
getrennte Species. Die grönländischen Formen sind wahrscheinlich von den
europäischen etwas verschieden. Indessen führe ich sie zum Theil unter denselben Namen auf.

62. *St. cf. lamellaris* Ehrbg.

Brachionus lamellaris O. F. Müller l. c. s. 340, Tab. XLVII. Fig. 8—11.
Stephanops lamellaris Ehrbg l. c. s. 478, Taf. LIX, Fig. 13.
„   lamellaris Eckstein l. c. s. 394.
„   lamellaris Blochmann l. c. s. 108.
„   lamellaris Gosse l. c. Vol. II, s. 75, Pl. XXI, Fig. 7.

Die eine Form, welche kleine hintere Erhebungen zeigte, führe ich hier
auf, obgleich sie keine Stacheln und auch keine Fuss-spina zeigte.

63. *St. grönlandicus* n. sp.   Fig. 44.

Ich würde diese Form als *St. cf. muticus* aufgeführt haben, weil sie die
Stacheln und Fussborsten entbehrt, wenn nicht die Körperform sehr breit wie
bei *lamellaris* gewesen wäre, und weil der Körper bei vorliegender Form gar
nicht den langen Hals zeigte, welcher *St. muticus* kennzeichnen soll. GOSSE

gibt diesem Hals eine bedeutende ringförmige Anschwellung. Auf ECKSTEIN's Abbildung ist der Kopf dagegen durch eine tiefe Einschnürung vom Körper abgesetzt. Keines von beiden passt auf die von mir gesehenen Exemplare. Auch war die Körperform nicht dieselbe wie auf den Abbildungen von *St. muticus* bei den genannten Autoren. GOSSE scheint hauptsächlich auf die Nackenanschwellung Gewicht zu legen, und dann kann ich nicht meine Form als mit der seinigen identisch auffassen. Eine solche Anschwellung habe ich bisher bei keinem *Stephanops* gesehen. Ich habe nicht notirt, wie oft die eine oder andere von den obigen Formen beobachtet wurde.

Die Länge eines gemessenen in Glycerin aufbewahrten Exemplares war 168 Mik und die grösste Breite war 66 Mik.

Nach der Abbildung bei ECKSTEIN ist bei *St. muticus* die Länge drei und ein halb Mal die Breite. Bei Gosse enthält sie aber die Breite fünf und ein halb Mal.

Nach einer mir erst lange nach der Abfassung des Textes dieser Arbeit bekannt gewordenen Notiz in Journal of Roy. Mikr Soc. 1890 s. 44 soll W. B. BURN in der mir nicht zugängigen Science-Gossip 1889 s. 179—81 etwas über eine Art *St. intermedius* mitgetheilt haben, die er zwischen den beiden Arten *lamellaris* und *muticus* stellt, obgleich er es noch besser hält alle drei zu einer Art zu vereinigen. Vielleicht kann diese Art, von der ich nichts weiter kenne, meiner nahe kommen.

64. *St. Chlæna* Gosse.

? Stephanops Chlæna Gosse l. c. Vol. II, s. 76, Pl. XXI, Fig. 9.

Unter diesen Namen führe ich einige Thiere auf, die ich in derselben Wasseransammlung, wo *Mikrocodides* vorkam, beobachtete, die aber leider wenig genau untersucht wurden. Indessen scheinen mir meine Notizen die Zusammenstellung dieser Form mit GOSSE's *Stephanops Chlæna* nicht nur zu erlauben sondern sogar zu fordern. So lange ich die Thiere lebend zugänglich hatte, habe ich geringes Gewicht auf die Verschiedenheiten gelegt, die sich zwischen dieser Form und *Mikrocodides* vorfanden [1]. Aber nachher finde ich die Zeichnungsskizzen so abweichend, dass sie gewiss sehr verschiedene Thiere darstellen müssen.

[1] Deshalb kann ich auch bei flüchtiger Betrachtung dieser Formen sie verwechselt haben. Eine solche Verwechslung ist dagegen bei den skizzirten Formen kaum denkbar.

Diese Form zeigte eine Querlinie gleich hinter den hinteren Spitzen, und diese Linie muss die Grenzlinie des Panzers dargestellt haben. Eine kleine Spitze sass dorsal fast rechtwinklig gegen die Zehe. Leider nahmen in den Tagen andere Beschäftigungen und speziell meine Arbeit mit Mikrocodides meine Zeit so stark in Anspruch, dass ich der etwas unvollständigen Beschreibung GOSSE's nichts zufügen kann. Ich kann deshalb nur diese Art hier anführen um die Aufmerksamkeit späterer Forscher auf dieselbe hinzulenken.

Wenn ich aber diese Form mit GOSSE's zusammenstellen kann, so geschieht es gewiss nur unter der Voraussetzung, dass *Stephanops Chlæna* keine *Stephanops*-Art sein kann, und ich glaube auch kaum, dass jemand, der einen Blick auf GOSSE's angeführte Abbildung wirft, es möglich finden kann diese Art mit den anderen *Stephanops*-arten zusammenzustellen. *Diese Gattung ist durch das helle feste Schildchen und die in Verbindung damit stehende Halseinschnürung sehr gut charakterisiert. Weder auf Gosse's Abbildung noch in der Natur konnte ich bei dieser Form etwas solches finden. Der Panzer scheint auch ziemlich abweichend von demjenigen der anderen, ebenso die einfache Zehe.* Dazu hat *St. Chlæna* nur *ein Auge, wogegen die anderen Arten dieser Gattung, welche Augen besitzen, zwei solche haben.* Augen können wohl bei einigen Arten solcher Gattungen fehlen, die meistentheils Augen führen, aber kaum weiss ich ein Beispiel, dass man in dieselbe Gattung Arten mit *einem* und mit *zwei* weit getrennten Augen zusammenführt.

Würde diese Art in der Gattung *Stephanops* ihren natürlichen Platz finden, so müssen z. B. *Diaschiza* und *Furcularia*, *Salpina* und *Diplax*, *Colurus* und *Monura*, *Brachionus* und *Notens*, *Anuræa* und *Notholca* wieder zusammengestellt werden. Wir kennen bis jetzt wahrscheinlich nur den geringsten Theil sogar der europäischen Räderthiere, und es kann wohl deshalb kein Bedenken erwecken eine Gattung aufzustellen, wo vorläufig nur eine Art hinzustellen ist. Übrigens hat schon GOSSE unter den aus zwei verschiedenen Localitäten stammenden von ihm untersuchten Exemplaren so bedeutende Abweichungen gefunden, dass er fragt, ob nicht zwei Arten vorliegen.

Die Art *St. cirratus*, welche GOSSE den *St. Chlæna* mit den anderen normaler gebauten *Stephanops*-arten verknüpfen lässt, zeigt ja schon nach MÜLLER's Abbildung sehr deutlich sowohl die schirmartige Platte wie auch die Halseinschnürung.

114 D. Bergendal.

Weil ich indessen die vorliegende Form in der Natur zu wenig beobachtet
habe, lasse ich sie bis weiter in der Gattung *Stephanops* verbleiben, bin aber
ganz überzeugt, dass sie bald als selbstständige Gattung im Systeme der
Räderthiere stehen muss.

i. Fam. Salpinadæ.

XXIX. Salpina Ehrbg.

65. *S. cf. mucronata* Ehrbg. Tab. IV, Fig. 34 *a*, *b*.

Brachionus mucronatus O. F. Müller l. c. s. 349, Tab. XLIX, Fig. 8—9.
Salpina mucronata Ehrbg l. c. s. 469, Taf. LVIII, Fig. IV.
?   „   „   Eckstein l. c. s. 380, Fig. 18.
          Blochmann l. c. s. 107.
    „   „   Gosse l. c. Vol. II, s. 83, Pl. XXII, Fig. 4.

In den meisten Gewässern Grönlands war eine *Salpina* sehr häufig und
nach BLOCHMANN's Beschreibung der *Salpina mucronata* fasste ich dieselbe als
eine solche auf. Sie trat auch oft ziemlich massenhaft in den Gefässen auf,
in welchen die eingesammelten Mooszweige etc. aufbewahrt wurden. Ich habe
nur ein Paar Mal solche Formen genauer untersucht, habe aber niemals
bei den anderen nur flüchtig gesehenen Individuen Verschiedenheiten bemerkt. Wenn ich also nur eine *Salpina*-art notirt habe, können nichts destoweniger sehr wohl auch andere Formen derselben Gattung recht gewöhnlich sein.

Etwas weicht jedoch meine Abbildung der grönländischen Form von den
Abbildungen EHRENBERG's und GOSSE's ab, denn auf diesen sehe ich einen
viel schärfer hervortretenden lumbaren Stachel. Ebenso wird dadurch die
hintere Grenzlinie des Panzers zwischen den lumbaren und alvinen Stacheln
mehr bogenförmig, wogegen ich an meiner Abbildung eine fast gerade Grenzlinie gezeichnet habe. Weil indessen die allgemeine Ähnlichkeit sehr gross
ist, und weil ich nachher unter den nach Hause geführten in Spiritus
aufbewahrten Mooszweigen wenigstens die Panzer dieser Art zu finden hoffen
kann, lasse ich jetzt die grönländische Form unter diesen Namen gehen.
Das Vorderende zeigt wie bei der gewöhnlichen *S. mucronata* zwei fast gleich
grosse Dorne an jeder Seite und zwischen denselben eine ziemlich gerade Grenz-

linie. Eine Verschiedenheit finde ich dagegen darin, dass bei der grönländischen Form auf dem vorderen Theile des Panzers grössere Zacken oder Höcker vorkamen als auf dem grösseren hinteren Theil desselben. Bei EHRENBERG heisst es "lorica subtilissime scabra" und bei GOSSE finde ich im Texte keine Mittheilung über die kleinen Körner des Panzers, aber seine Fig. 1 b zeigt kleine Erhebungen des Panzers, die überall gleich gross sind und überall länger von einander entfernt sind, als ich es beobachtet habe.

Bei ECKSTEIN lese ich dagegen freilich: "Der Vorderrand des Panzers hat einen breiten Umschlag, der mit kleinen Zacken und Höckern besetzt ist, während der übrige Panzer fein gekörnelt erscheint" und die Angabe passt sehr gut zu meiner Salpina, aber die Abbildung ECKSTEIN's scheint mir kaum eine Zusammenstellung unserer Formen zu erlauben. Ebensowenig kann ich glauben, dass seine, EHRENBERG's und GOSSE's Salpina mucronata dieselbe Art darstellen. Der lumbare Stachel seiner Salpinaart ist viel länger als die alvinen. Ausserdem ist er gerade, und so scheint auch die Grenzlinie des Panzers zwischen dem lumbaren und den alvinen Stacheln.

Es könnte deshalb vielleicht möglich sein, dass die grönländische Salpina eine verschiedene Art oder Varietät darstellte.

Die Länge eines gemessenen Panzers betrug 165 Mik.

k. Fam. Euchlanidæ.

XXX. Euchlanis Ehrbg.

66. E. dilatata Ehrbg.

Brachionus Bractea O. F. Müller l. c. s. 343, Tab. XLIX, Fig. 6– 7 [1]).
Euchlanis dilatata Ehrbg l. c. s. 463, Taf. LVIII, Fig. II.

„	„	Leydig l. c. s. 60.
„	„	Eckstein l. c. s. 385, Fig. 33–35.
„	„	Blochmann l. c. s. 108.
„	„	Plate l. c. s. 52, Fig. 16–20.
„	„	Hudson l. c. Vol. II, s. 91, Pl. XXIII, Fig. 5.

[1]) Diese Abbildung passt sehr gut auf diese Art, nur weiss ich nicht sicher, was die beiden "uncinulæ binæ distantes" bezeichnen können. Kann man annehmen dass dieselben nur die seitlichen Ränder des Fussausschnittes im Panzer bezeichnen?

67.? *E. macrura* Ehrbg.

Euchlanis macrura Ehrbg l. c. s. 463, Taf. LVIII, Fig. I.
„   „   Hudson l. c. Vol. II, s. 91, Pl. XXIII, Fig. 6.

Ich habe bei N:r 67 ein Fragezeichen gesetzt, weil es mir sehr wahrscheinlich vorkommt, dass diese Arten nicht getrennt werden dürfen, weil, wie Hudson bemerkt, diese Merkmale einer bedeutenden Variation unterworfen sind. Die in Grönland gewöhnlichste Form hatte viel längere Zehen, als Eckstein auf seiner Abbildung dargestellt hat. Einmal beobachtete ich bei Jakobshavn eine kleinere Form, die auch relativ kürzere Zehen besass. Im Vorhandensein von setæ kann kaum ein Merkmal liegen, denn erstens sieht man bei einem Individuum eine Weile die setæ, und dann kann man sie nicht länger entdecken, zweitens variiren bei den mit setæ versehenen Individuen die anderen Merkmale nicht wenig, und drittens kann man bei unstreitig zu derselben Art gehörenden Individuen, trotz langer und wiederholten Beobachtung nicht bei allen die setæ aufweisen. Plate hat schon die Aufmerksamkeit hierauf gerichtet, indem er nicht die Art *E. unisetata* Leydig als eine von den anderen verschiedene Art betrachten will.

In einem nicht unwichtigen Punkte ist die Auffassung des Baus dieser Thiere verschieden: Plate sagt: "Rücken- und Bauchschild haben die gleiche Form, nur dass das erstere breiter und gewölbter ist als das letztere". Eckstein sagt: "Während der Rückenschild flach ist, ist das Bauchstück in der Mitte gewölbt, so dass dadurch Raum für die Leibeshöhle gewonnen wird". Ich habe auch mehrmals in Grönland die Lage des Thieres so aufgefasst, als ob es auf einem flacheren Rückenschild lag, will aber hierauf kein Gewicht legen, da ich nicht absichtlich darüber besondere Beobachtungen anstellte.

Ich habe weder die von Eckstein genannten Pigmentflecken an den Basen der Zehen noch die Nebenaugenflecken sehen können.

Ein gemessenes Exemplar hatte eine Länge von 200 Mik ausser den Zehen, welche 60 Mik maassen. Grösste Breite des Panzers 125—130 Mik.

Die Euchlanisformen, welche ich unter den obigen Namen aufgeführt habe, waren nie häufig, aber hie und da wurden einzelne Individuen von den ersten Tagen des Juli an bei sowohl Egedesminde als Jakobshavn notirt.

68. *E. triquetra* Ehrbg.

Euchlanis triquetra Ehrbg l. c. s. 461, Taf. LVII, Fig. VIII.
„   „   Blochmann l. c. s. 108, Fig. 247.
„   „   Hudson l. c. Vol. II, s. 91, Pl. XXIII, Fig. 4.

Diese schöne Art war viel seltener als die vorigen. Sie wurde nicht bei Egedesminde gesehen. Nur bei Jakobshavn habe ich sie einige Male notirt. Sollte das möglicherweise darin seinen Grund haben, dass ich meine Untersuchungen in Jakobshavn später vornahm?

1. Fam. Cathypnadæ.

XXXI. Cathypna Gosse.

69. *C. sp.* Tab. V, Fig. 38

Es ist beschämend diesem Räderthiere nicht ganz sicher einen Namen geben zu können, denn dasselbe gehört zu den allergewöhnlichsten Rotiferen Grönlands. Ich hoffe aber diesen Mangel später abhelfen zu können. Als Entschuldigung mag gelten, dass ich in meiner Literatur keine Form fand, mit der ich dasselbe näher vergleichen konnte. Ja, ich konnte sogar nicht die Gattung finden, denn ich wollte dies Thierchen nicht gern zu der Gattung *Euchlanis* führen, weil es in der Lebensweise eher einer *Monostyla* ähnlich war. Weil das Thierchen fast überall so gewöhnlich war, wurde die genauere Untersuchung von Tag zu Tag verschoben, so dass es schliesslich zu spät wurde. Aus dem Gedächtnisse und nach meinen oberflächlichen Notizen kann ich nur das Folgende mittheilen. Die Abbildung stellt einen alten zerrissenen Panzer eines schon lange todten Thieres dar, welches ich der vier darin liegenden Eier wegen ein Mal skizzirte. Weil ich keine andere Zeichnung habe, theile ich jetzt diese mit, obgleich sie gar nicht für eine Publication beabsichtigt war.

Das Thier schien mir trotz des deutlichen Panzers die Form des Körpers ein wenig verändern zu können, wenigstens habe ich dieses von einigen Individuen angegeben. Von anderen sagen meine Notizen, dass solche Veränderungen nicht gesehen wurden. Der Panzer ist ziemlich hoch und hat von oben gesehen eine etwas längliche ovale Form, und zeigte einige, meist längslaufende Leisten, die jedoch nicht längere Strecken verfolgt werden konnten. Zwischen diesen Leisten schienen mir grubenartige Einsenkungen vorzukommen. Die langen Zehen zeigten sehr deutlich gekrümmte Klauen.

Weil ECKSTEIN für seine Gattung *Distyla* einen deprimirten Panzer angibt [1]), kann ich nicht das Thier dahin führen, obgleich dasselbe eine nicht so geringe Ähnlichkeit mit GOSSE's Abbildung seiner *Distyla flexilis* zeigt [2]). So lang war jedoch der Panzer nicht, und die Leisten desselben gingen, so viel ich erinnern kann, nicht ganz vom einen Ende bis zum anderen. Von anderen mir bekannten Abbildungen konnte nur die Abbildung 5 auf derselben Tafel XXIV in GOSSE's Arbeit hier in Betracht kommen. Aber zu derjenigen Art, *Cathypna sulcata*, gehörte die grönländische Form gewiss auch nicht.

XXXII. Monostyla Ehrbg.

Zwei Arten von dieser Gattung sind ganz sicher beobachtet worden, und es ist wahrscheinlich, dass ich noch ein paar andere flüchtig gesehen habe. Sie waren gewöhnlich, sogar sehr gewöhnlich, und konnten wenigstens in den Gefässen, welche mit schwimmenden Mooszweigen einige Tage in meinem Zimmer gestanden, zusammen mit der vorigen und Salpina mucronata ziemlich massenhaft auftreten, so dass viele in einer mikroskopischen Probe vorkamen. GOSSE und auch andere Verfasser sehen in dem langen hinteren Stachel eine Zehe. Nur bei *Monostyla Lordii* Gosse äussert dieser Verfasser einen Zweifel, ob nicht nur der äusserste bei dieser Art scharf abgesetzte Theil einer Zehe entspreche. Ich kann mich der Auffassung, nach welcher der ganze Stachel eine Zehe wäre, nicht anschliessen, weil ich bei den von mir näher untersuchten Thieren immer leicht eine Gliederung des Stachels habe sehen können. Ich betrachte nur das äusserste Glied als eine Zehe.

70. *M. Quennerstedti* n. sp. [3]). Tab. VI, Fig. 39.

Diese Art steht *Monostyla lunaris* Ehrbg sehr nahe, ist jedoch von derselben durch die Beschaffenheit des Fusses scharf unterschieden. Derselbe läuft

---

[1]) Eckstein l. c. s. 383.

[2]) Gosse l. c. Pl. XXIV, Fig 7.

[3]) Da ich diese Art nach meinem verehrten Lehrer Herrn Prof. A. W QUENNERSTEDT benenne, erlaube ich mir ihm hiermit meinen besonderen Dank zu sagen, weil er durch sein Entgegenkommen bei der Anordnung meiner Dienstpflichten am zool. Institute mir diese Reise möglich machte, wie er mir auch später sowohl wie früher in vielen Beziehungen Beistand geleistet hat.

bei *M. lunaris* in eine grössere Spitze aus, an deren Basaltheile zwei kleinere sitzen. *Der Fuss von M. Quennerstedti setzt sich dagegen sehr allmählig in die Zehe fort, und Seitenstacheln sind gar nicht vorhanden. Der Fuss ist sehr deutlich gegliedert.* In fast allen anderen Beziehungen stimmt diese Art mit *M. lunaris* überein. Der Panzer ist hoch und breit. Der mastax ist sehr gross, und das Aussehen bei eingezogenem Kopfe ist ganz dasselbe. Ich habe indessen mit ECKSTEIN'S Abbildung neben mir den Fuss so genau untersucht, dass ich meinen Notizen diese Frage betreffend volles Vertrauen schenken kann. Einmal habe ich von einer flüchtig gesehenen Monostylaform notirt, dass der Fuss mehr plötzlich in die Zehe überging. Es wäre deshalb möglich, dass ich auch die verwandte *M. lunaris* gesehen habe. Diesen allgemeinen Thieren konnte ich natürlich nur dann und wann nähere Aufmerksamkeit widmen.

Die Länge eines gemessenen Thieres war 168 Mik ausser dem Fussstachel, welcher eine Länge von 68 Mik besass.

71. *M. cf. cornuta* Ehrbg.

Trichoda cornuta O. F. Müller l. c. s. 208, Tab. XXX, Fig. 1—3.
Monostyla cornuta Ehrbg l. c. s. 459, Taf. LVII, Fig. IV.
    ,,   ,,   Eckstein l. c. s. 382, Fig. 50.
    ,,   ,,   Blochmann l. c. s. 107.
    ,,   ,,   Gosse l. c. Vol. II, s. 98, Pl. XXV, Fig. 1.

Diese auch gewöhnliche Form war weniger hoch und breit und hatte den Panzer nach vorn abschmälernd. Der Fuss zeigte auch keine plötzliche Dickenabnahme. Er war etwas kürzer als bei der vorigen Art. Die Abbildung EHRENBERG'S würde wohl besser als GOSSE'S zu den von mir untersuchten Exemplaren passen.

m. Fam. Coluridæ.

XXXIII. Colurus Ehrbg.

LEVINSEN hat *Colurus* sp. angegeben.

72. *C. uncinatus* Ehrbg.

Brachionus uncinatus O. F. Müller l. c. s. 350, Tab. L, Fig. 9—11.
Colurus uncinatus Ehrbg l. c. s. 475, Taf. LIX, Fig. VI.

Colurus uncinatus Eckstein l. c. s. 378, Fig. 45 & 46.

„ „ Blochmann l. c. s. 107, Fig. 243.

„ „ Gosse l. c. Vol. II, s. 103.

Diese kleine Art wurde auch in vielen Gewässern beobachtet. In der Grösse, und in der Form des Hinterendes des Panzers kamen sicher bei einigen Coluren Verschiedenheiten vor, welche Abweichungen jedoch nicht so beständig waren, dass ich sie für Artenunterscheidung benutzen konnte. Gosse hat eine ganze Menge von *Colurus*-arten aufgestellt und sagt von *C. uncinatus:* "It is usually of minute dimensions and though widely spread, rather rare". Ich glaube jedoch, dass alle von mir etwas näher untersuchten *Colurus*-individuen zu der Art *uncinatus* geführt werden müssen, denn ich widmete dieser Art nicht geringe Zeit. Möglich wäre, dass auch *C. obtusus* gesehen worden ist.

Ich habe *C. uncinatus* für die Gegenden von Egedesminde, Jakobshavn und Ritenbenk notirt.

XXXIV. Monura Ehrbg.

73. *M. Amblytelus* (Gosse). Fig. 35 *a, b.*

Colurus Amblytelus Gosse l. c. Vol. II, s. 104, Pl. XXVI, Fig. 5.

Ich finde so grosse Übereinstimmung zwischen dem hier abgebildeten Thiere und Gosse's *C. Amblytelus*, dass ich sie als identisch annehmen muss. Gosse behält "mainly in deference to the great Prussian zoologist" die Gattung *Monura*, obgleich dieselbe sich von *Colurus* nur durch die einfache Zehe unterscheidet. Obgleich er diese beide Gattungen als so nahe verwandt betrachtet, stellt er dennoch die Gattung *Metopidia* zwischen dieselben. Ich kann ihm darin ebensowenig folgen wie in der Begrenzung der Gattungen Colurus und Monura. Ich würde es gar nicht unrichtig halten die Gattung *Monura* ganz wegfallen zu lassen. Lässt man aber dieselbe bestehen, muss selbstverständlich auch die obige Art in die Gattung *Monura* und nicht in die Gattung *Colurus* gestellt werden.

Ich sah im proximalen Theil der Zehe eine Linie, die wohl eine Andeutung der Grenzlinie zwischen den beiden verwachsenen Zehen darstellte. Weiter nach der Spitze zu konnte ich dieselbe nicht gewahr werden.

Was ich von der inneren Organisation beobachtete, zeigt die Abbildung. Der Magen war sehr deutlich vom Darme abgesetzt und hatte einen stark braunen Inhalt.

Dieses Räderthier kam *im Meere vor* und ganz wie die beiden anderen vorher besprochenen Meeres-rotiferen wurde es sowohl in Strandpfützen wie auf weiter hinaus auf dem Meere treibenden bewachsenen Fucuszweigen gefunden. Eine grössere Coluride, welche ich aus dem Bodenschlamme eines grösseren Sees bei Egedesminde holte, schien mir dieser im Meere gefundenen Art sehr ähnlich. Ich wage jedoch nicht sicher zu behaupten, dass sie identisch waren. Ich hatte für diese Formen keine Literatur, und es ist also sehr möglich, dass diese Süsswasserform wirklich eine andere Art z. B. *Colurus caudatus* oder eine verwandte gewesen, denn meine kurze Zeit erlaubte mir nicht mehrere Exemplare von derselben zu sammeln und genaue Zeichnungen zu machen. Ich war nämlich eben in den Tagen im Begriffe von Egedesminde abzureisen. Gosse sagt von *M. Amblytelus:* "This species seems exclusively marine", und aus dieser Aussage würde ja ohne weiteres folgen, dass das eben genannte Thier nicht zu derselben Art gehören konnte.

M. Amblytelus war seltener als die anderen von mir im Meere an der grönländischen Küste beobachteten Räderthierarten.

Die Länge dieser Form war um 130 Mik. Der Panzer betrug 90 Mik. die Zehe 25 Mik.

XXXV. Metopidia Ehrbg.

Auch diese Gattung war reichlich vertreten und einige dahin gehörende Formen wurden besonders in Jakobshavn sehr oft gesehen und traten auch in grösserer Anzahl auf. Die Bestimmung ist hauptsächlich nach meiner Rückkehr ausgeführt.

74. *M. (cf.) Lepadella* Ehrbg. Fig. 37 *a. b.*

Metopidia Lepadella Ehrbg l. c. s. 477, Taf. LIX, Fig. X.

    „   „   Gosse l. c. Vol. II, s. 106, Pl. XXV. Fig. 6.

Diese an den meisten Orten so gewöhnliche Art *war in Grönland selten.* Ich sah dieselbe nur in Jakobshavn, und auch da war sie nur von wenigen Individuen vertreten. Der Panzer derselben war nach hinten nicht so stark verjüngt, wie es Gosse's Abbildung darstellt. Ehrenberg's Figur passt viel besser auf diese Thiere. Weil ich die Körperform auf *Squamella oblonga* hinweisend fand, suchte ich genau nach einem zweiten Paar Augen, und kann darum ganz bestimmt angeben, *dass nur zwei Augen vorhanden waren.*

75. *M. solida* Gosse.

Metopidia solidus Gosse l. c. Vol. II, s. 106, Pl. XXV, Fig. 11.

Eine grosse Form, welche fast cirkelrunden Panzer mit einem breiten durchscheinenden Rand besass. Auf meiner Abbildung ist der Panzer fast noch runder als auf GOSSE's.

Diese Art war sowohl bei Egedesminde wie bei Jakobshavn in vielen Gewässern und in meinen kleinen Aquariengefässen sehr allgemein, viel gewöhnlicher als die vorige. Auch bei Ritenbenk wurde sie gesehen.

76. *M. affinis* n. sp. Fig. 42.

Eine mit der vorigen sehr nahe verwandte Art, die ich jedoch als von derselben verschieden ansehen muss. *Sie entbehrt beinahe vollständig den durchscheinenden Rand, besitzt auf dem stark deprimirten Rückenpanzer zwei hintere höckerartige Fortsätze und, was diese Art besonders auszeichnet, hat die vorderen Hörner des Panzers stark gegen einander gekrümmt.* In übrigen Verhältnissen steht sie der Metopidia solida so nahe, dass jede längere Beschreibung überflüssig ist.

Die Grösse ist etwas geringer als diejenige der vorigen Art.

M. affinis wurde Anfang September in wenigen Exemplaren in einer Bergpfütze in der Nähe von Ritenbenk gefunden.

77. *M. acuminata* Ehrbg.

Metopidia acuminata Ehrbg l. c. s. 477, Taf. LIX, Fig. XI.

   „   „   Perty l. c. s. 40.

   „   „   Bartsch l. c. s. 54.

   „   „   Eyferth l. c. s. 114.

   „   „   Eckstein l. c. s. 387.

   „   „   Blochmann l. c. s. 108.

   „   „   Gosse l. c. Vol. II, s. 107, Pl. XXV, Fig. 9.

Eines von den allergewöhnlichsten der Räderthieren Grönlands. Die einzige Abweichung von den in der Literatur befindlichen Beschreibungen dieser Art, welche ich bemerken konnte, war, dass die hintere Spitze etwas kleiner war als ich dieselbe an den meisten Abbildungen gezeichnet finde. Hierauf kann ich jedoch nicht eine ArtVerschiedenheit begründen.

Eigenthümlich scheint es mir, dass diese Form so gewöhnlich in Grönland war, denn in Europa scheint sie gar nicht so häufig zu sein. EHRENBERG hatte nur ein Exemplar, in Berlin 1832, gefunden, als er sechs Jahre später seine grosse Arbeit ausgab. WEISSE rechnet sie erst in seinem dritten Verzeichniss auf [1]). Weder LEYDIG, PLATE noch TESSIN-BÜTZOW haben dieselbe in ihren Verzeichnissen aufgenommen. PERTY hat sie bei Bern aber nur in einzelnen Individuen gefunden. BARTSCH sagt von dieser Art nicht ob dieselbe gewöhnlich oder selten war. Wenn die Arten allgemein waren, pflegt er jedoch dieses anzugeben. EYFERTH sagt von derselben "nicht häufig". ECKSTEIN hat sie an zwei Fundorten angetroffen, und GOSSE endlich gibt sie für drei Stellen an, setzt aber hinzu "very scarce".

Ich würde kaum eine Wasseransammlung in Grönland nennen können, wo ich nicht wahrscheinlich diese Art gesehen habe. Natürlich habe ich nicht oft über ein so häufiges Thier genauere Untersuchungen angestellt oder besondere Notizen gemacht, aber schon das flüchtige Ansehen dürfte bei dieser leicht kenntlichen Art für eine sichere Bestimmung genügen.

78. M. triptera Ehrbg.

Metopidia triptera Ehrbg l. c. s. 478, Taf. LIX, Fig. XII.

„   „   Eyferth l. c. s. 114.

„   „   Blochmann l. c. s. 108.

„   „   Gosse l. c. Vol. II, s. 108, Pl. XXV, Fig. 7.

„   „   Tessin-Bützow l. c. s. 162.

Diese noch leichter kenntliche kleine Art war viel seltener als M. solida und M. acuminata. Ein Exemplar wurde d. 5 Juli in Egedesminde gesehen. Später wurde sie während meines langen Aufenthalts daselbst nicht ein einziges Mal wieder angetroffen. Ende August fand ich sie in Jakobshavn wieder, und daselbst wurde sie während meines Aufenthalts in mehreren Wasseransammlungen und in recht vielen Exemplaren beobachtet. Es scheint mir deshalb wahrscheinlich, dass auch diese Art in Grönland häufiger als in Europa

[1]) Weisse. J. F. Drittes Verzeichniss etc. V. 1847. s. 39.

auftritt. Ich setze hier nur hinzu, dass diese Art in WEISSE's [1] erstem Verzeichniss erwähnt worden ist, und dass GOSSE dieselbe "rare" nennt.

In Ritenbenk wurde sie nicht wahrgenommen, aber unter einigen Moos-
zweigen, die da gesammelt waren und während der Rückreise in einer bedeckten
Glasschale aufbewahrt wurden, habe ich sie nach meiner Rückkehr beobachtet.
Anmerkung. Es fällt mir schwer zu glauben, dass die so gewöhnliche
Metopidia bractea Gosse (*Squamella bractea* Ehrbg) nicht in Grönland allgemein wäre. Ich habe sie aber nicht notirt. Vier Augen habe ich ganz
sicher bei keinem einzigen näher untersuchten Thiere gefunden. Die einzige
Art, mit welcher sie verwechselt werden konnte, ist ja *M. acuminata*; ich will
deshalb ausdrücklich erwähnen, dass ich viele Exemplare dieser Art genau
besichtigt habe und eben so deutlich die kleine hintere Panzerspitze bei allen
gesehen, wie ich bei keinem vier Augen habe bemerken können. Es wäre
darum ein eigenthümlicher Zufall, wenn *M. bractea* unter den anderen nur
ganz flüchtig gesehenen häufiger vorkommen sollte. Ich will auch hier bemerken, dass ich kein augenloses *Metopidia*-ähnliches Räderthier gesehen habe,
welches mit der sogenannten *Lepadella ovalis* Ehrbg zusammengestellt werden
könnte.

n. Fam. Pterodinadæ.

XXXVI. Pterodina Ehrbg.

79. *Pt. cf. elliptica* Ehrbg (nec Gosse [2]). Fig. 36 *a, b, c.*

Pterodina elliptica Ehrbg l. c. s. 117. Taf. LIV. Fig. V.

„   „   Blochmann l. c. s. 108.

Diese Art wurde Ende des Monats August in Jakobshavn mehrmals
gesehen, aber nur unter den aus einem Teiche stammenden Moosen und nur in
einzelnen Exemplaren. Ich habe mit keinem anderen Räderthier so viele

---

[1] Ich bemerke dies, besonders weil ECKSTEIN in seiner gewöhnlich so vollständigen
Litteraturangabe für diese Art WEISSE nicht citirt hat. Ich habe meistentheils nicht WEISSE's
Arbeit in den Synonymenlisten mitgenommen, weil sie nur eine Aufzählung enthält, und
weil ich sie nur ziemlich flüchtig auf der Berliner Bibliothek benutzt habe und bei meinen
Notizen nicht die Seite angeführt habe.

[2] Gosse hat jedoch seine zuerst *Pt. elliptica* genannte Form jetzt als *Pt. truncata*
aufgeführt l. c. Vol. II, s. 115.

Mühe gehabt. Wenigstens dreimal hatte ich Thiere ausgesucht und glücklich isolirt, aber wurde immer gestört, musste andere Dinge vornehmen, und die isolirten Thiere gingen alle verloren. Ich habe eine Skizze gemacht und theile auch einige Notizen mit.

Ich sah diese Art nicht, als ich in Ritenbenk Proben aus einigen Gewässern untersuchte, habe aber nachher unter den schon früher erwähnten nach Hause geführten Moosen, welche in Ritenbenk gesammelt waren, eine *Pterodina* beobachtet. Dieselbe stimmt indessen nicht ganz mit meinen in Jakobshavn untersuchten Pterodinen überein. Sie war breiter und kam der *Pt. Patina* näher. Diese Thiere könnten allerdings hier in Lund hineingekommen sein, denn die Glasplatte, welche über dem Gefäss lag, wurde ja dann und wann aufgehoben, und *Pterodina Patina* kommt hier in Lund häufig vor und wurde unter nöthigen Vorsichtsmaassregeln gleichzeitig untersucht. Ich halte jedoch diese Annahme für sehr unwahrscheinlich, da sie nur mit Staub hätte hineinkommen können und meine Gefässe nie austrockneten. Auch draussen war es ja im Herbste so feucht, dass ein Herumführen durch den Wind für diese Art ziemlich sicher ausgeschlossen war.

Es scheint mir nicht sicher, dass *Pt. elliptica* und *Pt. Patina* gut getrennte Arten sind, und deshalb führe ich die beiden Formen unter einen Namen an, welcher besser auf die in Grönland selbst untersuchten Exemplare passt. PLATE glaubt ebenfalls, dass die beiden Formen nicht verschiedene Arten bilden. Er hat sowohl die Körperform wie die anderen von EHRENBERG angeführten Merkmale variirend gefunden. In Grönland sah ich jedoch niemals so rundliche Thiere wie die später hier untersuchten Pt. Patina, und hier in Lund ist *Pt. Patina* nach meinen bisherigen Untersuchungen zu urtheilen constant fast cirkelrund.

Wenn man meine Abbildung einer von der Seite gesehenen grönländischen *Pterodina* mit HUDSON's entsprechender Abbildung einer in derselben Lage befindlichen *Pt. Patina* vergleicht, tritt eine recht bedeutende Verschiedenheit hervor, indem HUDSON's Figur 11 *b* eine bedeutende dünne hintere Partie zeigt, wozu ich auf meiner Skizze nichts Entsprechendes finden kann. Auch mein ideales Querschnittsbild ist HUDSON's Abbildung 11 *c* wenig ähnlich. Die dünnen membranartigen Ränder sind viel breiter an den Hudson'schen Abbildungen.

Das in seitlicher Lage abgebildete Thier war mit seiner Fussspitze befestigt, und ich kann deshalb auch mit grösster Sicherheit Plate's gegen Eckstein ausgesprochene Angabe, dass die Pterodinen ihren Fuss in derselben Weise wie andere Räderthiere, benutzen bestätigen. Es wundert mich, dass hierüber verschiedene Meinungen existiren können, denn ich beobachtete gar nicht selten, dass eine *Pterodina* sich ziemlich lange auf demselben Platz mit dem Fusse festhielt und den Körper nach verschiedenen Seiten streckte. Der Fuss war dann nicht ganz ausgestreckt und die in seiner Spitze befindlichen starken Cilien waren auch eingezogen. Der Fuss war immer nur mit einem Theile des Randes befestigt.

o. Fam. Brachionidæ.

XXXVII. Brachionus Ehrbg.

Brachionus sp. war schon von Levinsen notirt, und ich habe wenig dabei zuzufügen. Nur das möchte ich bemerken, dass diese Arten in Grönland selten waren. Ich habe nur zwei verschiedene Arten notirt.

80. *Br. cf. Bakeri* Ehrbg.

Brachionus Bakeri Ehrbg l. c. s. 514, Taf. LXIV, Fig. I.

„   „   Blochmann l. c. s. 109, Fig. 248.

„   „   Gosse l. c. Vol. II, s. 420, Pl. XXVII, Fig. 8.

Nur einmal sah ich in Egedesminde eine ziemlich kleine Form, die sehr flüchtig besichtigt werden konnte, und die ich mit der obigen Art vergleiche. In Jakobshavn sah ich keinen zu dieser Art gehörenden Brachionus. Weil ich so wenig von diesem Thier gesehen habe, wollte ich keine ausführlichere Synonymenliste mittheilen.

81. *Br.? sp.*

Das ausserordentlich schnell schwimmende Räderthier, welchem ich hier einige Worte widme, wurde in vielen Exemplaren in Jakobshavn gesehen, aber die Zeit wurde mir schliesslich für die immer durch andere Arbeiten von einem Tage zu dem andern verschobene nähere Untersuchung zu kurz. Nach meiner Rückkehr habe ich dasselbe in dem nach Hause mitgeführten Material bis jetzt nicht auffinden können.

Das Räderthier fuhr fast blitzschnell über das Gesichtsfeld. Dasselbe trug einen glänzenden, glashellen, durchscheinenden Panzer, welcher, so viel ich erinnere, fast rechteckig war und mehrere (wenigstens drei jederseits) lange hintere Stacheln trug. Anfangs war ich fest überzeugt einen *Brachionus* vor meinen Augen zu haben. Einmal sah ich ein Exemplar etwas näher an und gerieth dabei in Zweifel, weil ich keine vordere Dorne sehen konnte. Das *sehr kleine* Thier trug ein oder mehrere Eier mit sich herum.

Ich kenne keine Abbildung einer *Brachionus*art, welche mir diesem Thiere recht ähnlich erscheint. Es war fast einer *Polyarthra* ähnlicher, aber war gepanzert und mit vom Hinterende ausgehenden Stacheln versehen. Ganz ausgeschlossen ist auch nicht die Annahme, dass unter diesen nur sehr flüchtig beobachteten Formen sowohl ein *Brachionus* wie eine *Polyarthra?* sich befanden.

Näheres kann ich jetzt nicht angeben. Ich hatte Mooszweige u. d. gl. in einigen Gläsern mit Wasser aufbewahrt um dieselben während der Rückreise auf dem Schiffe auf Räderthiere und Infusorien zu untersuchen. Die Rückreise war aber sehr stürmisch, so dass man gewöhnlich grosse Mühe hatte um seinen eigenen Körper auf dem eingenommenen Platze fest halten zu können, und alle Gegenstände, die nicht fest waren, ziemlich schnell auf dem Boden umher geworfen wurden. Obgleich ich nun mein Mikroskop nach der auf Challenger gebrauchten Methode mit einer Feder befestigen konnte, zeigte es sich vollkommen unmöglich unter diesen Verhältnissen lebende Räderthiere auszusuchen und genauer zu beobachten. Präparate konnte ich dagegen freilich für kürze Augenblicke recht gut betrachten. Nun hatte ich berechnet besonders diese s. g. Brachionusart wie auch einige andere in Grönland nicht genug untersuchte, gepanzerte Arten auf der Rückreise vollständiger zu studiren. eine Absicht die nicht ausgeführt werden konnte, und nach meiner Rückkehr war dieses Material so faul geworden, dass ich es leider schon in Kopenhagen wegwarf ohne zu bedenken, dass die Panzer wohl wahrscheinlich dennoch hätten gefunden werden können. Hoffentlich werde ich später diese Art in meinem Spiritusmaterial aufsuchen können. Ich theile das obige nur deshalb mit, weil meine Absicht die Thiere auf der Rückreise noch einmal lebend zu untersuchen in einigen Fällen die unvollständige Untersuchung während meines kurzen Aufenthalts in Jakobshavn erklärt. Freilich hätte ich da nicht viel mehr erreichen können, denn ich sass fast den ganzen Tag an meinem Mikroskop.

p. Fam. Anuræadæ.

Anmerkung: Ich schalte auch hier die von Dr. Gurney und Richard angeführten *Anuræa cochlearis* Gosse und *An. longispina* Kellicott ein. Vgl. oben s. 13.

XXXVIII. Notholca Gosse.

82. *Notholca ambigua* n. sp. Tab. IV, Fig. 24 *a*, *b*.

Gosse bricht diese Gattung aus Ehrenberg's Gattung *Anuræa* aus und führt zu derselben die Arten, deren Panzer sechs vordere Dorne und longitudinale Furchen und Leisten besitzen. Auch gibt er als Gattungsmerkmal "no hind spines" an. Jedoch ist der Panzer "sometimes produced behind". Meine hier angeführte Art scheint Merkmale der beiden Gattungen zu vereinen. Jedoch scheint sie mir den *Notholca*-arten näher zu kommen. Diese Gattungen scheinen mir auch sehr nahe verwandt zu sein.

Auch diese Form ist ungenügend beobachtet worden. Ein Exemplar wurde schon d. 25 Juli beobachtet. Ich hatte damals noch die Hoffnung andere zu finden und konnte es übrigens im Augenblick auch aus anderen Gründen nicht so eingehend wie wünschenswerth untersuchen. Ich habe jedoch in der ganzen Zeit kein zweites *Anuræa-* oder *Notholca*-individuum gesehen. Trotz der mangelhaften Untersuchung und der unvollständigen Skizze scheint sie mir dennoch charakteristisch genug um die Aufstellung einer neuen Art zu rechtfertigen.

Diese fusslose Form zeigt einen etwas bräunlichen Panzer, der vorne sechs Dorne trägt, von denen die medianen des Rückens am längsten erscheinen. Diese sowohl wie die oberen, seitlichen sind dünn, stachel- oder stäbchenförmig. Die unteren sind dagegen breiter. Der mediane Einschnitt zwischen den beiden dorsalen Stacheln ist viel tiefer als derjenige zwischen den dorsalen einerseits und den oberen seitlichen anderseits. *Nach hinten läuft der Rücken in einen oberen starken Stachel aus, aber auch der ventrale Rand des etwas prismatischen Panzers setzt sich in einen recht kräftigen, schräg nach unten gerichteten, kürzeren Stachel fort.*

Über die Skulptur des Panzers sind leider meine Notizen unvollständig. *So viel ist sicher, dass längsgehende Leisten da waren.* Dagegen kann ich nicht sicher angeben, ob dieselben ohne jede Unterbrechung vom vorderen Ende bis zum hinteren hinzogen, oder ob sie an einigen Stellen zusammenliefen. Ich glaube ganz sicher zu erinnern, dass ich *einige ungefähr so zusammenstossen sah, wie ich es an den Abbildungen angedeutet habe. Sicher ist, dass keine regelmässige eckige Figuren, wie solche bei den meisten Anuraeen vorkommen, da waren.*

Dagegen sollte ich glauben, dass die Leisten grosse Ähnlichkeit mit denjenigen zeigten, welche SPENCER auf dem Panzer von *Notholca heptodon* (Perty) Hudson zeichnet. Nur waren die Leisten in viel grösserer Zahl vorhanden. Ebensowenig kann ich sagen, ob der Panzer aus einem einzigen "box-like" Stücke gebaut war, oder ob derselbe, wie bei den echten *Notholca*-arten von zwei Hälften -- einer dorsalen und einer ventralen — bestand. Ich sah das Thier nicht in Bewegung.

Die Länge des Panzers	175	Mik,
Der hintere lumbare Stachel	16—20	„
Die medianen vorderen Stacheln		
An ihrer medianen Seite	20	„
An der äusseren Seite	10—12	„
Die oberen seitlichen Stacheln	10	„

Unter den bis jetzt beschriebenen mir bekannten Formen steht meine Art den beiden Arten *Notholca foliacea* Hudson (= *Anuraea foliacea* Ehrbg [1]) und *Notholca heptodon* Hudson (*Anuraea heptodon* Perty [2]) recht nahe, kann aber von beiden durch den alvinen Stachel leicht unterschieden werden, welcher bei keiner von denselben vorhanden ist. In der Körperform kommt sie der *Notholca foliacea* sogar sehr nahe. Nur war das von mir gesehene Exemplar nicht in derselben Weise nach vorn verjüngt, und ich konnte beim Ansehen von oben nur vier Stacheln auf ein Mal sehen. Von den Leisten habe ich schon vorher gesprochen. Über eine feinere Struktur des Panzers (Körner und dgl.) habe ich nichts notirt.

[1] EHRENBERG l. c., s. 507, Taf. LXII, Fig. X.
HUDSON l. c. Suppl. s. 56, Pl. XXXIV, Fig. 35.
[2] PERTY l. c., s. 45, Taf. II, Fig. 4.
HUDSON l. c. Suppl. s. 56, Pl. XXXIV, Fig. 34.

Über einige in Grönland beobachtete Rotiferenmännchen nebst einigen Bemerkungen über die Männchen und die Wintereier der Räderthiere.

Einige Male habe ich während meiner Arbeiten mit der Fauna der süssen Gewässer in Grönland Rotiferenmännchen beobachtet und gebe hier eine etwas ausführlichere Mittheilung darüber, weil diese Thatsache, dass Männchen auch in Grönland vorkommen, mir mit Rücksicht auf verschiedene eben in neueren Arbeiten dargelegte Beobachtungen und Ansichten besonders interessant und gewissermaassen auch wichtig erscheint. Nur ein einziges von diesen Männchen konnte ich etwas näher untersuchen.

Ich führe dasselbe zu der Gattung *Furcularia* und lasse hier eine so eingehende Beschreibung, wie die etwas lückenhaften Beobachtungen es erlauben, folgen, weil, soviel ich weiss, kein Furculariamännchen bisher beobachtet und beschrieben worden ist. Fig. 28 *a* Tab. V stellt dasselbe in starker Vergrösserung dar. In den Abbildungen Fig. 28 *c* und 28 *b* sind die Contouren bei viel schwächerer Vergrösserung nach Camerazeichnungen aufgezogen.

Dieses Männchen ist sehr langgestreckt. Es wurde erst gemessen als es sich ein wenig zusammengezogen hatte und zeigte dennoch nicht weniger als 110 Mik Länge. Ich schätzte dieselbe anfangs zu gegen 150 Mik, was ja für ein Rotiferenmännchen eine recht grosse Länge ist. Sehr deutlich traten einige Ringfalten hervor. Ich habe an zwei von meinen Abbildungen sechs Ringfalten gezeichnet. Auf der Fig. 28 *b* sind nur fünf zu sehen, was wohl durch eine Ungenauigkeit beim Zeichnen entstanden ist. Meine Notizen geben nämlich auch die Zahl der Ringfalten zu sechs an. Die zwischen zwei Falten liegenden Schein-Segmente waren zuerst lang. Allmählig wurden sie kürzer und kürzer. Die Dicke des conischen Körpers nimmt nach hinten rasch aber gleichmässig ab. Im letzten Ringe liegen die Drüsen, weshalb derselbe vielleicht als Fuss gerechnet werden darf. Das Fussglied trug zwei recht lange etwas nach unten gebogene Zehen, in denen die Ausführungsgänge der Klebdrüsen sichtbar waren.

Im letzten Ringe des eigentlichen Körpers sah ich nahe dem hinteren Ende eine feine Spitze, welche die Rückenhaut durchsetzte. Diese Spitze, welche mir recht stark chitinisirt vorkam, gehörte dem Penis an. Das dicke Kopfende zeigte eine schwach gewölbte Vorderfläche die von einer kreisförmigen Randfalte umgeben war. Jene Randfalte trug deutliche recht starke Cilien, und auf dem inneren Theil der Vorderfläche sah ich viele kürzere Cilien. An der Stirn sass ein sehr grosses lebhaft braunrothes Auge, und nahe unter demselben sass eine kegelförmige Erhebung, die längere Haare trug, welche ich nicht in selbständiger Bewegung sah.

Über die inneren Organisationsverhältnisse kann ich wenig berichten, denn mit der immer stärkeren Zusammenziehung wurde auch die Begrenzung und Structur der Organe weniger deutlich. Die Längsmuskulatur war auffallend deutlich und kräftig. Nahe der Mitte lagen im Inneren des Körpers drei Anschwellungen. Von der grössten, welche fast ganz rund und wie mit Körnern erfüllt war, ging ein Gang nach hinten, den ich zur proximalen Anschwellung des Penis verfolgen konnte. Jene körnerführende Anschwellung muss demnach natürlich als der Testis gedeutet werden. Nach oben und hinten von dieser lag ein ovaler blasenförmiger Körper, in welchem sich eine Masse stark schwärzlicher Körner befand. Möglicherweise streckte sich von demselben nach hinten eine sehr schwache strangförmige Fortsetzung. Nach vorn konnte ich keine Fortsetzung sehen. Ob die dritte Anschwellung zum Testis gehörte oder eine andere Bedeutung hatte, weiss ich nicht. Ebensowenig wurde mir die Bedeutung der zwei ventralen körnigen und faserigen Zellmassen, die später unter der Form einer Reihe ovaler Körper auftraten, klar. Sie sind an der Figur mit einem Fragezeichen versehen.

Vom Excretionsapparate habe ich nur einen vorderen gleich hinter dem Gehirn liegenden Trichter gesehen. Eine contractile Blase fand sich sicher nicht vor. Das Gehirn war sehr gross, und das vordere Ende desselben ging fast unmittelbar an den Stirnkegel und das Auge.

Der Penis war bedeutend lang mit einer scharfen Spitze. Die Chitinisirung desselben streckte sich auch recht weit auf den Basaltheil des Penis hin.

Über die Muskulatur des Begattungsgliedes konnte ich keine genaue Beobachtungen anstellen, denn die Schrumpfung trat nach der vorgenommenen Isolirung
sehr bald ein [1]). Früher, so lange das Thier unter Moosblättern frei herum-
kriechen konnte, war es sehr munter und lebhaft. Es bewegte sich sehr schnell
aber fast nur kriechend. Mit dem Vorderende untersuchte es sehr genau
die Blätter und Erdkörner, welche unaufhörlich mit dem Kopfe berührt
wurden. Sein ganzes Benehmen ähnelte recht viel dem Suchen eines Jagd-
hundes. Hätte ich nicht den mastax und den Darmkanal vollständig vermisst,
würde ich geglaubt haben, dass das Männchen nach Nahrung suchte. Der Körper
war sehr biegsam, aber wurde beim Kriechen ziemlich wenig contrahirt.

Eine merkwürdige Erscheinung war, dass, seitdem ich das Thier einige
Stunden auf einem Objektträger gehabt hatte, die Zehen beim Zusatz einer
sehr schwachen Kalilösung ganz verschwanden. Der übrige Körper schien gar
nicht von dieser sehr schwachen Lösung angegriffen zu werden. Ich kann
mir diese Thatsache nur dadurch erklären, dass die Zehen viel weniger cuticularisirt waren. Ich habe nie etwas Ähnliches bei anderen Räderthieren
gesehen. Die biegsame gefaltete Haut schliesst nämlich jeden Gedanken an
eine Gepanzerung von vorn herein vollständig aus.

Die Form der Zehen, die Körperform und die Lage des Auges haben
mich veranlasst, dieses Männchen zur Gattung *Furcularia* zu führen. Die
Körperform ist derjenigen vieler Notommataden sehr ähnlich, und dies gilt
auch von der Form der Zehen. Unter den Notommataden kommt *ein Stirnauge* nur der Gattung *Furcularia* (und in gewissem Sinn meiner Gattung
Diops) zu.

Wenn ich dieses Männchen mit den anderen bisher beobachteten Männchen
vergleiche, finde ich die Körperform sehr langgezogen und auch die Grösse
ziemlich bedeutend. Ebenso scheint es mir, als wäre die starke Chitinisirung
des Penis recht ungewöhnlich. Dieselbe wäre freilich zu erwarten, wenn
PLATE's Angaben richtig und allgemein gültig wären, nach welchen bei *Hydatina* das Männchen bei der Begattung die Haut des Weibchens an einer belie-
bigen Stelle durchbohrt. Bei *Hydatina* lässt Plate diese Durchbohrung durch die
spitzen stäbchenförmigen Körper geschehen, welche derselbe wie vor ihm LEYDIG

---

[1]) Es wäre ja auch möglich, dass die Lebenszeit des Männchens schon vorüber war.
Die Männchen der Rotiferen sollen bekanntlich sehr kurze Zeit leben — einige Stunden
bis 3 Tage.

im Hinterende des Hodens gesehen hat. Auch theilt er dabei den starken Borsten, welche er an der Penisöffnung beobachtete, eine gewisse Rolle zu. Ich habe bei diesem Furculariamännchen nichts weder von solchen stäbchenförmigen Körpern noch von den grossen Borsten notirt. Diese Angaben verbindet PLATE mit der Theorie, dass die Männchen unter den Rotatorien gar keine Bedeutung haben. Die Eier sollen parthenogenetisch entwickelt werden, was auch für solche Weibchen, die in oben angegebener Weise Sperma in ihre Körperhöhle empfangen haben, gelten soll. Die Spermatozoen werden nämlich in der Körperflüssigkeit bald pathologisch verändert, und es lässt sich ja übrigens kaum verstehen, wie die Spermatozoen von der Körperhöhle zu den Eiern kommen sollten. Auch die damals angenommene Abwesenheit von Richtungskörpern [1] wurde von PLATE für seine Theorie angeführt. Wenn PLATE Recht hätte, so würde man auch annehmen können, dass bei vielen Rotiferen die Männchen, welche nicht länger für das Bestehen der Art eine Bedeutung hätten, schon ganz vertilgt wären. Folglich wäre der Grund dazu, dass so wenige Männchen bisher gefunden sind, darin zu suchen, dass dieselben bei verschiedenen Arten überhaupt nicht länger ausgebildet werden. Immerhin spricht gegen PLATE's Anschauung, dass jene dennoch in so vielen Gattungen beobachtet worden sind.

Es scheint auch als wäre diese PLATE's Hypothese nicht auf genügend vollständige Beobachtungen gestützt. HUDSON sagt schon in demselben Jahre in seiner grossen Arbeit: "Dr PLATE says that the male of Hydatina senta pierces the female, anywhere, with its penis. He admits that he has never seen the organ within the female's body, and that he never could find any aperture after the apparent penetration; but suggests that the cilia of the penis make very minute punctures in the skin, and that the rod-like spermatozoa find their way through these. Such hypothesis scarcely requires serious notice; but I may mention that Mr BRIGHTWELL, Mr GOSSE, Mr HOOD and myself have all seen coitus take place, in various Rotifera, at the cloaca" [2]. GOSSE hatte

---

[1] PLATE nennt *Seison* als Ausnahme, aber auch bei *Apsilus* hatte MECZNIKOW schon 1866 Richtungskörper gesehen.

[2] HUDSON, l. c. Vol. II, s. 83. Vgl. mein oben geliefertes Referat der Plate'schen Anschauungen. Ich muss hier auch eine Bemerkung zufügen. PLATE hat gesehen, wie das bei der Begattung durch die durchbohrte Haut eingeführte Sperma sich zuweilen um die gebildete Hautöffnung in einem Klumpen anhäuft. — Plate l. c. s. 38.

Ich kann nicht sehen dass BRIGHTWELL eine cloacale Begattung wirklich beobachtet hat. Er hat seine Beobachtungen bei geringer Vergrösserung gemacht und sagt z. B. ". —

nämlich schon 1856 über die Begattung von *Brachionus Pala* geschrieben: "   and I distinctly saw the thick penis presented to the cloaca and for a moment inserted about half its own length; then it was instantly drawn out" [1]). Vor ganz kurzem sind diese Verhältnisse von WEBER erneuerten Studien unterworfen. Er hat bei *Diglena catellina*   bei *Hydatina* hat er wohl die Männchen, aber nicht die Begattung gesehen - eine normale Begattung beobachtet. WEBER gibt eine ganz unzweideutige Abbildung eines Pärchens in copula, wo man den Penis tief in die Cloake des Weibchens eingedrungen sieht. Er hat viele Männchen gehabt und immer ist die Begattung in dieser Weise vor sich gegangen. "Pluisieurs fois cependant j'ai vu des mâles accolés au corps de la femelle; mais dans cette position la copulation ne s'effectue pas. J'ai observé le même fait chez Hydatina. La copulation est donc cloacale et ne peut pas avoir lieu sur un autre endroit du corps, contrairement a ce qu'affirment plusieurs auteurs tels que Cohn —   " [2]). HUDSON'S, GOSSE'S und WEBER'S Beobachtungen sprechen gewiss sehr stark gegen die oben angeführte Annahme PLATE'S. Aber diese Verfasser haben dennoch nicht die Begattung und Befruchtungsverhältnisse bei *Hydatina senta* untersucht.

Mit diesen beschäftigt sich in eingehender Weise MAUPAS in seinen genialen experimentellen Untersuchungen über niedere Thiere. Es scheint wohl, dass dieselben für *Hydatina* die Streitfrage vollständig entscheiden. Er hielt 796 Weibchen isolirt und von jeder Berührung mit Männchen abgesperrt. Dieselben gaben ihm *ohne Ausnahme* parthenogenetische Sommereier, aus denen sich sowohl Männchen wie Weibchen entwickelten. Zu 172 Weibchen gab er "en temps opportun" Männchen, und erhielt er von 84 Weibchen Wintereier und von 88 Weibchen parthenogenetische Eier. Er hat mehrmals gefunden, dass wie bei vier Weibchen in diesem Falle eine Begattung, die scheinbar unter günstigen Umständen vor sich ging, resultatlos blieb. Die Weibchen müssen nämlich

attache his sperm tube to its side and remain so attached fifty seconds". Auch von den anderen Männchen sagt er immer "attache to". Siehe BASGURWILLS gleich unten citirte Arbeit s. 156 & 157.

[1]) GOSSE P. H. On the dioecious character of the Rotifera. Comm. by Th. Bell. Phil. Trans. of the Roy. Soc. of London. Vol. CXLVII, s. 313. Das hier citirte s. 317. Der Aufsatz wurde im März und April 1856 in der Society gelesen.

[2]) WEBER l. c. s. 53.

sehr jung sein. Er glaubt, dass die günstigste Zeit für die Begattung von der ersten bis an die sechste Stunde nach dem Auskriechen aus dem Ei fällt. Bei den Weibchen, welche schon Eier zu legen angefangen haben, bleibt eine Begattung immer resultatlos [1]. In einer anderen Untersuchungsserie experimentirte MAUPAS mit 822 jungen Hydatinen. Er liess 342 sich begatten und controlierte, dass wirklich eine Begattung eintrat. Er bekam von 252 (74 %) Wintereier und von 90 (= 26 %) parthenogenetische, weibliche Eier (weibliche Sommereier). Die anderen 480 Weibchen, die Schwestern der vorigen Serie, hielt er von den Männchen abgesperrt und bekam von denselben 361 männliche Sommereier (75 %) und 119 weibliche Sommereier (25 %). Aus diesen Thatsachen zieht MAUPAS die wichtigen Schlüsse, 1. dass die Wintereier nur als Resultate einer Befruchtung entstehen, 2. dass die Befruchtung nur auf solche Keime, die, parthenogenetisch entwickelt, Männchen gegeben hätten, einwirken; in Folge derselben werden sie zu Wintereiern umgebildet, und 3. dass aber diejenigen Keime, welche ohne Befruchtung zu weiblichen Sommereiern sich entwickeln würden, keine Einwirkung durch die Befruchtung empfangen. Dieselben sind also für Befruchtung nicht empfänglich [2].

Von der Befruchtung selbst sagt MAUPAS: "Les petits mâles s'accouplent en se fixant par leur penis sur un point quelconque du corps des femelles dont ils perforent la paroi extérieure pour injecter leur sperme. Plusieurs mâles quelquefois cinq à six peuvent donc s'accoupler simultanément avec une femelle. L'accouplement dure un peu moins d'une minute. Un seul accouplement suffit pour féconder une femelle. Un mâle possède donc la faculté d'en féconder plusieurs. Dans un cas j'ai donné 7 femelles successivement à un même mâle. Il s'accoupla avec toutes et en féconda quatre, les première, deuxième, troisième et sixième" [3].

MAUPAS bestätigt demnach den entgegengesetzten Vermuthungen von HUDSON und WEBER zum Trotz die von COHN und PLATE gelieferten Angaben über, wie

---

[1] MAUPAS, M. Sur la multiplication et la fécondation de l'*Hydatina* senta Ehrbg. Note présentée par M. de LACAZE-DUTHIERS. Comptes rendus etc. Tome CXI, Paris 1890, s. 310.

[2] MAUPAS, M. Sur la fécondation de l'Hydatina senta Ehrbg. Note transmise par M. de LACAZE-DUTHIERS. Ibm 1890, s. 505.

[3] MAUPAS, M. l. c. s. 312. Verschiedene von diesen Thatsachen waren schon von PLATE mitgetheilt.

die Begattung bei *Hydatina* zugeht, zeigt aber, dass die Männchen absolut kein Luxusartikel, sondern unumgänglich nöthig sind, insofern ohne Begattung keine Wintereier entstehen können [1]). Wir kommen also zu der alten Cohn'schen Auffassung dieser Frage zurück, wenn nämlich die aus den Verhältnissen bei Hydatina gezogenen Schlüsse verallgemeinert werden dürfen.

Wenn diese Resultate MAUPAS' richtig sind, so wird auch das Suchen nach Männchen in den Gattungen, wo sie nicht gefunden sind, wichtig. Dann kann ich mir auch leichter erklären, dass die Männchen sogar ganz nothwendig in Grönland auftreten müssen, wo die Natur gewiss nicht viel auf Luxus verwenden kann.

Es scheint wohl, als ob es nach diesen vielen Beobachtungen von MAUPAS ganz entschieden wäre, dass die Begattung wirklich so sonderbar, wie PLATE angegeben hatte, vor sich geht. Indessen kommen immer neue Angaben, welche die Sache mehr und mehr verwickelt machen. Ebenso bestimmt wie diese Angaben von PLATE und MAUPAS lauten, lautet nämlich auch eine weitere Angabe von HUDSON, wo er, indem er seinen früher geäusserten Zweifel an den Plate'schen Angaben noch einmal vorträgt, auch beifügt, dass "Mr J. Hood has seen intercourse take place at the cloaca in *Floscularia ornata, Synchaeta gyrina, Euchlanis triquetra* and *Melicerta tubicolaria*, but also more than a score of times in *Hydatina senta* itself". Derselbe beschreibt auch "that *Hydatina senta* copulates while clinging with her foot to some confervoid filament", und dass die Begattung bei dieser Art von vierzig Secunden bis zwei Minuten dauert [2]).

Betreffend die Art der Begattung kann natürlich das oben beschriebene Furculariamännchen ebensowohl eine normale Begattung ausführen. Der lange Penis konnte gewissermassen für eine solche sprechen. Die starke Chitinisirung hätte dann wohl nur die Bedeutung dem Penis die nöthige Steifheit zu geben.

Mit welchem von den vorher bekannten Männchen ist das hier behandelte Männchen näher zu vergleichen?

[1]) Vielleicht können jedoch auch hier neue Experimente erforderlich sein, denn PLATE's Angabe "auch die Wintereier entstehen parthenogenetisch, wie Versuchsthiere, die überhaupt nie mit Männchen zusammengekommen waren, gezeigt haben" steht noch immer unerklärt da.

[2]) HUDSON, C. T., The presidents address on some Doubtful Points in the Natural History of the Rotifera. Journ. of Roy. Microsc. Soc. London 1891, s. 6. Diese Abhandlung ist mir erst lange nach der Abfassung des Textes bekannt geworden.

Von den mehr als 450 Arten der Räderthiere kennt man wahrscheinlich kaum die Männchen von 50 Arten. Ausser von den so sehr abweichenden *Seisoniden* und *Trochosphaera* [1]) sind die Männchen von folgenden Gattungen genauer bekannt: *Floscularia*, *Lacinularia*, *Apsilus*, *Conochilus*, *Asplanchna*, *Hydatina*, *Proales* (= *Hertwigia* Plate), *Diglena*, *Euchlanis*, *Brachionus* und *Pedalion* [2]).

[1]) Die Seisoniden sind von GRUBE entdeckt und von CLAUS und PLATE näher untersucht worden.

CLAUS, C. Über die Organisation und die systematische Stellung der Gattung *Seison* Gr. Festschr. der k. k. zool. bot. Gesellsch. Wien 1876.

Derselbe. Zur Kenntniss der Organisation von *Seison*. Zool. Anzeiger 3 Jahrg. 1880.

Die auch an Nebalien im Neapler Golfe vorkommende Gattung *Parascison* beschreibt PLATE eingehend in seiner Arbeit "Über einige octoparasitische Rotatorien des Golfes von Neapel". Mitth. aus der zool. Station zu Neapel, Bd. VII, 1887, s. 234, Taf. 8. Das Männchen der Trochosphaera ist ganz neulich in Brisbane gefunden. GUNSON-THORPE, V. New and Foreign Rotifera etc. l. c. s. 301.

[2]) Diese sind ausser in Hudson's (und Gosse's) grossem Werke in den folgenden von mir benutzten Arbeiten beschrieben:

BRIGHTWELL, Some account of a dioecious Rotifer, allied to the genus Notommata of EHRENBERG. Ann. und Mag. of the nat. hist. II ser. n:o 9, London 1848, s. 151. *Asplanchna*.

DALRYMPLE, J. Description of an infusory animalcule allied to the genus Notommata of Ehrenberg hitherto undescribed. Phil. Transact. of Roy. Soc. of London 1849, s. 331. *Asplanchna*.

GOSSE, P. H. On the dioecious char. etc. *Brachionus Pala, rubens, amphiceros, Bakeri, Dorcas, Mülleri* und *angularis, Sacculus, Polyarthra platyptera* und *?Synchaeta tremula*.

LEYDIG, F. Über den Bau etc. Z. f. w. Z., Bd. VI, 1854. *Notommata (Asplanchna) Sieboldi*.

Derselbe. Über *Hydatina senta*. Müllers Archiv für Anat. u. Physiol. Jahrg. 1857, Berlin, s. 404.

COHN, F. Die Fortpflanzung der Räderthiere. Z. f. w. Z. Bd. VII, 1856, s. 431. *Hydatina, Brachionus urceolaris*.

Derselbe. Bemerkungen über Räderthiere. Ibm Bd. IX, 1858, s, 284. *Euchlanis*.

Derselbe. Bemerkungen über Räderthiere III. Ibm Bd. XII, 1863, s. 197. *Notommata parasita* (= Proales Gosse = Hertwigia Plate), *Conochilus, Brachionus*.

MECZNIKOW, E. Apsilus lentiformis, ein Räderthier. Z. f. w. Z. Bd. XVI. 1866, s. 346, Taf. XIX.

HUDSON, C. T. On *Asplanchna Ebbeshorni* n. sp. Journ. of the Roy. Micr. Soc. of London, Okt. 1883, Ser. II, Vol. III. Part. 2, s. 621, London 1883. Siehe besonders s. 626.

PLATE. l. c. 1885. *Conochilus, Polyarthra, Triarthra, Asplanchna. Proales (= Hertwigia* Plate), *Hydatina, Brachionus*.

EYFERTH. l. c. *Diglena*.

WEBER. l. c. 1889. *Hydatina, Diglena* und *Brachionus*.

Über die Organisation des Männchens von *Notops Brachionus* gibt Hudson einige kurze Notizen und gibt auch eine Abbildung des Männchens von *Synchaeta oblonga*. Gosse hat ausser einigen näher untersuchten von den oben angeführten auch andere flüchtig gesehen, weshalb vielleicht auch die nur mit Zweifel angeführte Zugehörigkeit dieser Männchen zu den angegebenen Arten noch nicht genügend sicher gestellt ist. Diese sind *Melicerta* (Hudson), *Limnias*, *Mikrocodon*, *Sacculus* und *Metopidia*. Plate erwähnt die Männchen von *Triarthra* und *Anuraea* sehr kurz und Milne gibt eine Abbildung und einige Notizen über das Männchen von *Pleurotrocha mustela* Milne [1]). Im Tageblatte der Leipziger Naturforscherversammlung liest man: "Im Ganzen hat Prof. Stein die Männchen der Gattungen *Asplanchna*, *Hydatina*, *Brachionus*, *Synchaeta*, *Polyarthra*, *Notommata*, *Eosphora*, *Monocerca*, *Monostyla*, *Colurus*, *Metopidia*, *Euchlanis*, *Salpina* kennen gelernt" [2]). Leider scheint er nichts Ausführliches über diese Männchen veröffentlicht zu haben, und man kennt deshalb weder die Organisation dieser nur von ihm angeführten Männchen noch die Gründe, auf welche er dieselben zu den respectiven Gattungen geführt hat. Unter den zu Hudson's Familie Notommatadae gerechneten Gattungen scheinen deshalb bisher nur von *Diglena* und *Proales* Männchen angegeben zu sein. Vielleicht gehörten auch zu derselben Familie die von Stein mit den Namen *Notommata* und *Eosphora* belegten Männchen [3]).

So viel ich es beurtheilen kann, ähnelt das Furculariamännchen am nächsten dem von Milne beschriebenen Männchen von *Pleurotrocha mustela*, nähert sich aber auch recht viel dem von Weber genauest geschilderten Männchen von *Diglena catellina*. *Proales parasita* ist ja durch den Parasitismus so umgestaltet, dass es nicht auffallend ist, dass zwischen ihm und dem Furculariamännchen geringe Ähnlichkeit besteht. Das Männchen von Diglena besitzt

---

[1]) Milne, W. Description of a new Rotiferon, Male and Female. Proceedings of the Philosophical Society of Glasgow 1884—1885, Vol. XVI, 1885, s. 188. Plate V. Das Männchen, Fig. 7.

[2]) Diese Mittheilung wird in Eckstein-Zelinkas Literaturverzeichniss aufgeführt unter dem Titel: Stein, Rotatoria. Tageblatt der Leipziger Naturforscherversammlung 1872, s. 140. Ich habe diese wie verschiedene andere mir hier nicht zugängliche Arbeiten in der königl. Bibliothek zu Berlin benutzen können, wofür ich mir hier meinen Dank auszusprechen erlaube.

[3]) Für Eosphora ist das sicherer als für Notommata, denn diese Gattung umfasst ja bei älteren Autoren viele jetzt nicht länger zu derselben Familie gehörende Gattungen z. B. Asplanchna, Notops und Diurella.

auch einen langen chitinisirten Penis, und ebensowenig wie bei Diglena kannen bei meinem Furculariamännchen Haare oder Cilien an der Penisspitze vor. Eine Verschiedenheit liegt darin, dass der Penis sich bei Diglena catellina wie bei den meisten anderen Männchen bis an den Testis streckt, wogegen bei dem Furculariamännchen ein recht langes vas deferens vorhanden war.

Eine andere wichtige Übereinstimmung zwischen diesen Formen besteht in dem Fehlen der Exkretionsblase. WEBER will sogar darin einen allgemeinen Charakter der Männchen sehen. Er sagt bei der Behandlung des *Hydatina*-männchens: "Cohn, Leydig, Daday, Hudson dessinent dans leurs planches d'Hydatina senta mâle une vessie contractile: ils l'ont vue avec les yeux de la foi! ou bien ils ont pris pour la vessie une des grosses glandes prostatiques, qui se trouvent sur les cotés du penis" [1]). Ich habe nichts von solchen Drüsen notirt, aber sie waren vielleicht schon verschwunden, als ich die stärkeren Linsen benutzen konnte. WEBER hat bei *Diglena* grössere Zell- und Körnermassen als Reste des Digestionsapparates gedeutet. Vielleicht könnten die auf meiner Figur gezeichneten ventral liegenden Körnermassen einem mastax und einem vorderen Theile des Digestionsapparates entsprechen. Indessen lag die wohl abgegrenzte Blase, welche die dunkle Körnermasse enthielt weit davon, mehr dorsal.

Leider ist MILNE'S Mittheilung über *Pleurotrocha* sehr kurz. In der Körperform scheint sich sehr grosse Ähnlichkeit vorzufinden. Jenes Männchen besitzt auch Hautfalten. Die wichtigste Übereinstimmung scheint darin zu liegen, dass auch bei dem *Pleurotrocha*-männchen "there is the indication of a tube running up towards the vessel with the spermatozoa", und die Röhre musste ja dem vas deferens bei meinem *Furcularia*-männchen entsprechen. Als Testis fasst er ein "vessel" auf, das "was seen to contain bacterium-looking bodies, which kept vibrating for a short time after death". Aus der Figur VII kann ich keine Vorstellung über das Aussehen dieses Testis bekommen. Die Länge dieses Männchens war auch bedeutend, ungefähr 140 Mik. HUDSON führt MILNE'S Art als *Diglena mustela* auf.

Ich kann nicht erinnern während der früheren Zeit des Sommers ein Männchen gesehen zu haben, obgleich ich mich die ganze Zeit mit Rotiferen beschäftigte, und den vorkommenden, wenn sie mir nicht schon bekannt waren,

---

[1]) Ich setze hier jetzt nachträglich zu, dass WEBER's Verallgemeinerung sehr scharf zurückgewiesen wird. Journ. of Roy. Microsc. Soc. London 1889, s. 60.

immer wenigstens eine kurze orientierende Untersuchung widmete. Dagegen habe ich noch später ein oder wahrscheinlich zwei zu anderen Arten gehörende Männchen gesehen. Das eine wurde in Ritenbenk den 4:ten September gesehen Ich habe dasselbe zu der revidirten Gattung *Notommata* Gosse geführt. Dieses Männchen hatte grosse äussere Ähnlichkeit mit dem Furculariamännchen. Der Körper war kegelförmig, die Haut weich und gefaltet, die Zehen etwas kürzer und das Auge nackenständig. Auch will ich mich entsinnen, dass dieses Männchen viel mehr schwamm als das *Furcularia*-männchen. Ich glaubte auch, dass ich von der erwähnten Art auf demselben Objectträger zwei Männchen auf einmal hatte, habe aber darüber nichts ganz Sicheres notirt. Die schlechte Beleuchtung in der Schiffskajüte und der geringe Raum, der mir zur Verfügung stand, machten eine nähere Untersuchung der inneren Organisation eines so beschwerlichen Gegenstandes unmöglich, aber ich kann kaum zweifeln, dass meine Bestimmung richtig war. *Copeus* ist ja durch die tastertragenden Fortsätze unterschieden, und den *Proales*-arten war das Männchen auch nicht ähnlich. Eine gepanzerte Form kommt wohl nicht in Frage. Die bekannten Männchen von Loricaten, welche nicht gepanzert sind, haben doch mehr oder minder die Form des Weibchens. Bei *Euchlanis* und wenigstens einigen *Brachionus*-arten ist auch ein schwacher Panzer da. Das Bild, welches Hudson von einem *Salpina*-männchen gibt, scheint auch einen Panzer zu zeigen [1]). Es gibt — so denke ich wenigstens — keine gepanzerte Form, die ein langes, kegelförmiges mit gefalteter Haut versehenes Männchen besitzen könnte. Dass es mir unter den genannten Umständen nicht gelang das winzige Männchen zu isoliren, brauche ich wohl kaum zu bemerken oder zu entschuldigen.

Ich habe schliesslich hier ein drittes Thierchen zu erwähnen, welches ich in Jakobshavn in einer Probe, wo noch viele andere interessante Räderthiere gefunden wurden, beobachtete, das ich auch recht lange und wiederholt ansah, aber doch nicht näher untersuchen konnte, weil dasselbe beim Isolierungsversuche verloren ging.

Es war das kleine Thierchen, von welchem in Fig. 43 Tab. VI eine sehr schnell hingeworfene Contourskizze wiedergegeben ist. Die Länge, welche nicht genau gemessen wurde, schätzte ich zu ungefähr 50 Mik. Die Haut

---

[1]) Hudson, An Attempt to re-classify the Rotifers. Quarterl. Journ. of Microsc. Sci. Vol. XXIV. New Series, s. 352. Diese Figur 15;7 ist copirt nach mir E. C. Bousfield.

zeigte besonders im hinteren Theile des Körpers eine Andeutung zu schwachen Querfalten. Längsfalten wurden nicht gesehen. Auch besass jenes Würmchen keine Zehen. Das Räderorgan hatte sehr grosse Cilien und konnte in eine vordere rohrartige Verlängerung des Körpers eingestülpt werden. Hinter dem Räderorgane traten zwei relative grosse Augen deutlich hervor, die von einander ziemlich weit entfernt waren. Das Hinterende war lang, allmählig verjüngt und ziemlich stumpf. Ich glaube dasselbe als einen Penis deuten zu dürfen.

Über die innere Organisation blieb meine Untersuchung des oben erwähnten Unglücks wegen selbstverständlich sehr mangelhaft. Nur das Fehlen des mastax konnte ich sicher stellen. Auch sah ich keinen Verdauungskanal, aber die inneren Theile wurden mir überhaupt nicht deutlich, denn nur für einen Augenblick konnte ich stärkere Systeme gebrauchen. Ob ein Testis wirklich da war, weiss ich also nicht sicher.

Bei der sehr schnellen Bewegung, welche passend raupenartig genannt werden kann, fixirte das Thierchen sich mit dem Hinterende. Es kroch besonders gern an einem kleinen Erdkorn, das mit unter das Deckgläschen hineingekommen war, wurde aber auch schwimmend gesehen.

Die Bewegungsweise und die Augenstellung gaben mir gleich den Gedanken ein, dass ich ein Philodinamännchen vor mir hatte, aber gewiss wage ich kaum diese Meinung hier auszusprechen, denn das Räderorgan dieser Gattung besitzt ja eine ganz andere Form. Später habe ich an ein Floscolariamännchen gedacht, glaube aber, dass ein solches sich in anderer Weise bewegt. Die geringe Grösse hat mich auch an Rhizotenjunge denken lassen. Am meisten bin ich jedoch geneigt das Thierchen als ein Männchen anzusehen, gebe aber gern zu, dass die Deutung etwas unsicher ist.

Vielleicht kann Jemand Anderer mit umfassenderer Erfahrung auf diesem Gebiete leicht genug diesem Thierchen seinen richtigen Platz anweisen. Wie die vorigen, unzweifelhaften Männchen wurde auch dieses Ende August beobachtet.

Wenn Maupas' Untersuchungen und Schlüsse richtig sind, nach welchen die Befruchtung für die Entwicklung der Wintereier nothwendig ist, versteht man auch recht wohl, dass einerseits die Männchen in Grönland vorkommen müssen, und dass sie andererseits vorzugsweise im Herbst auftreten sollen. Der Sommer ist sehr kurz und die Zeit, in der sich gewöhnlich Wasser in den Pfützen befindet, soll noch viel kürzer sein, und im Winter ist ja alles Wasser gefroren. Nur die tiefen Seen halten unter der dicken Eisdecke etwas Wasser, aber da können kaum andere als pelagische Rotiferen überwintern. WEISSE hat nämlich die Vermuthung ausgesprochen, dass die meisten Infusorien und Rotiferen auch im Winter unter dem Eise fortleben [1]). Freilich ist seine Beweisführung nicht besonders scharf.

Er hatte sich von dem Teiche im Jussukowschen Garten eine Bouteille voll Wasser verschafft, als der Teich nur so eben von seiner Eisdecke befreit war, und als noch keine Spur von Vegetation zu entdecken war. Bei einer achttägigen Untersuchung dieses Wassers erkannte er 51 Arten von Infusorien und Rotatorien. Die letzteren waren nur von den überall vorkommenden *Callidina elegans* und *Rotifer vulgaris* vertreten. Diese Arten konnten ja zum grossen Theil während der Abschmelzung der Eisdecke durch die Frühlingssonne erweckt worden sein, wenn sie auch nicht zum Theil während der Untersuchung hineingekommen waren.

Viel beweiskräftiger sind die Beobachtungen und Schlüsse, welche in einigen Arbeiten von IMHOF hierüber enthalten sind. Er hat in verschiedenen Seen Thiere unter einer dicken Eisdecke gefunden. Dasselbe Resultat haben auch andere Autoren z. B. FOREL und NORDQVIST erhalten. Aus diesen Untersuchungen hält IMHOF die Folgerung wahrscheinlich, dass es sogar den Thieren günstig ist, dass die Seen frühzeitig zufrieren [2]).

Dem mag nun sein wie ihm wolle, sicher ist, dass in Grönland kann in den allermeisten Fällen eine solche Überwinterung frei lebender Formen absolut keine Bedeutung für das Bestehen der Art bis zur nächsten Lebensperiode haben, denn die oben angeführten Beobachtungen betreffen alle Seen, welche nur eine Eisdecke bekommen, die meisten hier von mir in Grönland notirten Räderthiere wurden aber alle in seichten, ganz sicher im Winter bis zum Boden gefrorenen Tümpeln. Pfützen und dgl. gefunden. Sollen die ausgewachsenen Thiere in Grönland überwintern, so müssen sie also das lange Einfrieren gut überleben. Das mag wohl in einzelnen Fällen vor sich gehen, dürfte aber auch nicht grosse Bedeutung haben, da ich während meiner ersten

---

[1]) WEISSE, J. F. Drittes Verzeichniss Petersburger Infusorien. Bull. math. phys. d. l'Ac. d. St Petersbourg, Bd. V, 1847, s. 39.

[2]) Weil ich nicht hier näher auf diese Frage eingehen kann, gebe ich die Titel der Arbeiten nur in dem Literaturverzeichniss im Schlusse der Arbeit an.

Beobachtungszeit relative wenige Formen sah. Die Production solcher Eier, welche gewöhnlich lange ruhen, und starke Kälte aushalten können, ist gewiss eine für die mikroskopischen Lebensformen Grönlands nothwendige Bedingung, und ich habe auch eine nicht geringe Zahl von Eiern, die ich als Wintereier von Rotiferen deutete gesehen. Beim Studium dieser Frage war es mir jedoch besonders peinlich, dass ich nicht vorher grössere Erfahrung auf diesem Gebiet besass.

Grosse dickschalige Eier sah ich auch in einigen Rotiferen. So sah ich in einer grossen *Eosphora* ein ausserordentlich grosses dickschaliges Ei, das noch nur mit einem Rande an der Geschlechtsdrüse befestigt war. Das Ei war so hartschälig, dass die energischen Contractionen des kräftigen Thieres kaum die Form derselben zu verändern vermochten. Auch das grosse Ei welches ich in dem von mir *Notommata distincta* genannten Thiere beobachtete, deute ich, trotzdem es noch etwas veränderlich war, als ein Winterei. Leider habe ich nicht Zeit gehabt über diese biologische Frage viele Notizen zu machen, aber so viel geht indessen aus meinen Notizen hervor, dass ich wie die Männchen auch die Wintereier vorzugsweise gegen das Ende des Sommers beobachtete. Ich will mich auch entsinnen, dass ich einmal früher mehrere solche bei Räderthieren sah, die aus einem sehr seichten Teiche auf der Insel Räfön geholt waren. Es war zwar im Juli aber dieser seichte Teich war eben im Begriff vollständig auszutrocknen. Ich neige deshalb zu der Auffassung dass die Männchen und die Wintereier *vorzugsweise* gegen das Ende einer Lebensperiode der Lebensformen, welche eine gewisse Localität bevölkern, entstehen. Es wäre demnach weder so sehr der Frühling noch der Herbst oder der Hochsommer, welche im besonderen Grade bevorzugt wären, sondern für die Ausbildung der Männchen sind die für jede Localität herrschenden Verhältnisse bestimmend. Es ist ja in manchen Fällen vollständig unmöglich zu sagen, welche Ursachen die Lebenszeit eines Infusionsthieres oder Räderthieres bestimmen. Die allbekannte Thatsache, dass in einem Gefäss, wo den einen Tag ein Thierchen massenhaft auftritt, bald nachher vielleicht kein einziges solches entdeckt werden kann, zeigt ja darauf hin, dass gewisse uns nicht wahrnehmbare Veränderungen des Wassers oder der anderen Lebensformen desselben auf die sonst so lebenszähen Räderthiere schnell und stark einwirken. Wir können keine Veränderung der Lebensverhältnisse beobachten, aber vielleicht haben die Thierchen eine Einwirkung gelitten, vielleicht ist eben die Entwicklung von Männchen und Wintereiern eine Folge solcher für uns noch nicht bemerkbaren Veränderungen. Wenn also eine Art während eines Jahres mehrere Lebensperioden hat, weil z. B. die Pfütze, wo sie vorkommt, mehrmals austrocknet und wieder durch Regen gefüllt wird und dgl., kann es sehr wohl vorkommen, dass Männchen in verschiedenen Monaten gefunden werden aber dennoch immer gegen das Ende einer Lebensperiode derjenigen Colonien, welche diese Wasseransammlung bewohnen. Natürlich können andere Umstände als Austrocknen dieselbe Folge haben z. B. eine geringe Veränderung der Zusammensetzung des Wassers, oder der Vegetation.

Über die Zeit, wo die Männchen entwickelt werden, besteht eine eigenthümliche Unsicherheit in der Literatur. PLATE sagt [1] "Es ist eine viel verbreitete aber ganz unbegründete und irrige Ansicht, dass die Männchen der Rotatorien im Frühjahr und Herbst besonders zahlreich auftreten. Sie kommen ebenso häufig mitten im Sommer wie in den ersten Tagen des April und Ende Oktober vor". Nach ihm hängt das Auftreten der Männchen nur davon ab, dass eine Art gut gedeiht und in grossen Mengen an einer Stelle auftritt. Diese Annahme stimmt nicht recht gut mit meiner gewiss geringen Erfahrung, denn ich wüsste nicht eine Furcularia anzugeben, die in demjenigen Teiche, wo ich dieses Männchen fand zahlreich vorkam, und ebensowenig war eine Notommata in Ritenbenk um diese Zeit häufig. Das gewöhnlichste aber doch seltene nahe stehende Räderthier war wohl meine Art *Hypopus Ritenbenki*, und zu derselben gehörte gewiss nicht jenes lange kegelförmige Männchen, welches ich in Ritenbenk sah. HUDSON's lange und reiche Erfahrung lässt ihm die Sache zweifelhaft erscheinen. Er fragt sehr bescheiden: "— — — and why do they appear only for a short time during the year" [2].

WEBER der letzte Verfasser, der etwas Ausführliches über diese Frage veröffentlicht hat sagt hierüber in seiner "partie générale" ebenso bestimmt wie PLATE: "Les mois les plus propices pour la recherche des mâles sont avril, mai, juin, et juillet; après cette époque, ils déviennent extraordinairement rares". Von *Floscularia campanulata* Dobie fand er gegen Ende Juni ein Männchen. Von *Hydatina* sammelte er einige Männchen im April und den ersten Mai, "on trouve en moyenne un à deux mâles sur 100 femelles". Die Männchen von *Diglena catellina* wurden im März und April und ein Männchen von

[1] PLATE l. c. s. 113.
[2] HUDSON l. c. Vol. I, s. 11.

Brachionus urceolaris im März gefunden. Im allgemeinen Theil wird als die Zeit, in welcher *Brachionus*-männchen auftreten, Juni und Juli gesetzt. BRIGHTWELL und DALRYMPLE beobachteten die *Asplanchna*-männchen in Juni. Sie geben an, dass gewöhnlich auch die Lebensperiode der Weibchen kurz war. Aus Gosse's wichtiger Arbeit über "the diœcious character etc." nehme ich die folgenden Angaben. Die Männchen wurden in folgenden Monaten beobachtet. *Brachionus Pala* 9 Aug. 1849, *Brachionus Pala, amphiceros, Bakeri, rubens* und *angularis* April und Mai 1850, *Brachionus Bakeri* Aug. 1850, *Brachionus Mülleri* Herbst 1855, *Sacculus* Juli 1850, *Polyarthra platyptera* Juli 1850. Für *Synchæta* finde ich keine nähere Angabe. Coux hatte *Hydatina*-männchen im September und kurz nach der Mitte des April zahlreich gefunden. Im April war die Zahl derselben freilich geringer als die der Weibchen, aber er fand doch in jedem Tropfen mehrere. Vom Ende April an waren die Weibchen spärlicher aber doch immerhin nicht selten anzutreffen, von den Männchen konnte er aber kaum ein einziges Exemplar auffinden. Im Ende April und Anfang Mai trat dagegen *Brachionus urceolaris* in denselben Gefässen in denselben ungeheuren Mengen auf, wie einige Tage vorher die jetzt fast verschwundene *Hydatina*. Coux's Beobachtungen zeigen überhaupt darauf hin, dass die Männchen in gewissen Perioden auftreten.

Manche von diesen Angaben sagen nicht viel, weil man keine nähere Auskunft darüber, ob die Weibchen auch in anderen Monaten desselben Jahres gewöhnlich waren, oder über die Verhältnisse des Fundorts, erhält. Indessen scheinen die meisten Autoren eine bestimmte Zeit für das Auftreten der Männchen anzunehmen. Hierüber sind gewiss die Untersuchungen kaum angefangen. Noch verwickelter wird diese Frage, weil man die neuesten Resultate von Maupas' experimentellen Untersuchungen berücksichtigen muss. Unter den vielen anregenden Fragen, welche HUDSON bei der Behandlung der Männchen aufwirft ist auch diese: "and is the appearance (of the males) due to external causes, or are they the inevitable completion of a cycle of reproductive changes?" MAUPAS hat, wie es scheint für *Hydatina* wenigstens die Frage schon beantwortet, er hat sich nach Wunsche männliche oder weibliche Hydatinen verschaffen können; "L'agent modificateur est la temperature. L'abaisse-t-on, les jeunes œufs qui vont se former revêtent l'état de pondeuses d'œufs femelles, l'eleve-t-on au contraire, c'est l'état de pondeuses d'œufs mâles qui se développent".

Von 104 Eiern entwickelten sich bei 26—28° C. 97 % pondeuses mâles und 3 % pondeuses femelles. Von 110 Eiern bei + 14—15° C. 24 % pond. mâles und 76 % pond. femelles. Von 118 Eiern derselben Mütter wie die vorigen entwickelten sich dagegen bei + 26—28° C. 81 % pond. mâles und 19 % pond. femelles. Bei einigen Versuchen mit der höheren Temperatur erhielt er sogar 100 % pond. mâles [1]).

Coux hatte, wie aus den obigen Mittheilungen hervorgeht, in allen seinen Arbeiten über Räderthiere die Ansicht verfochten, dass die Wintereier wahrscheinlich das Resultat der Befruchtung waren, PLATE'S Experimente zeigten ihm nach seiner Auffassung, dass die Befruchtung ganz bedeutungslos wäre, und dass die Wintereier ebensowohl von unbefruchteten Weibchen gelegt sein könnten. MAUPAS hat endlich Resultate mitgetheilt, die zu zeigen scheinen, dass die Wintereier nur von einem befruchteten Weibchen gelegt werden. Dieses Resultat scheint mir schon a priori wahrscheinlich, denn irgend eine Bedeutung müssen doch die Männchen haben, und die Beobachtungen aller Autoren zeigen ja, dass männliche Eier und weibliche Sommereier von unbefruchteten Weibchen gelegt werden können. Dann steht ja nichts Anderes zurück, wofür die Männchen Bedeutung besitzen können als für die Ausbildung der Wintereier. Aber auch diese Annahme hat vielleicht nicht so allgemeine Gültigkeit, denn nicht nur die oben angeführte Angabe PLATE'S spricht dafür, dass auch Wintereier von solchen Weibchen gelegt werden können, die mit keinen Männchen zusammen gekommen waren. BALBIANI hatte schon vor längerer Zeit mitgetheilt, dass ein Weibchen von *Notommata Werneckii* zuerst Sommereier und dann, gegen das Ende des Lebens, Wintereier legt. HUDSON meint deshalb in einer ganz neuen Publication [2]), dass die Wintereier wahrscheinlich nicht das Resultat einer Befruchtung sind, "but that the ephippial egg is the termination of that budding process, by which virgin females produce virgin females through many generations, and that it is resorted to when the vigour of the ovary begin to fail, so that a single germ is no longer able to produce a living animal". Diese Hypothese scheint ja schon jetzt durch MAUPAS' Experimente wenigstens für *Hydatina* nicht annehmbar, und ich verstehe, wenn dieselbe richtig wäre,

---

[1]) MAUPAS, M. Sur le déterminisme de la sexualité chez l'Hydatina senta. Comptes rendus etc. Tome CXIII, 14 Sept. 91, s. 388. Paris 1891.

[2]) HUDSON, C. T. The presidents address on some Doubtful etc. l. c. s 10 & 11.

nicht, wie man so oft bei vielen Weibchen auf ein Mal solche Wintereier oder, wie Hudson sie correcter nennen will, ephippiale Eier antreffen sollte, oder warum, wie auch Hudson annimmt, die Männchen periodisch auftreten sollten. Ob wirklich die Wintereier eine grössere Zahl von Eizellen enthalten, ist wohl kaum bisher entschieden und hat wohl nicht grosse Bedeutung, denn bei den meisten, wenn nicht bei allen Rotiferen soll ja vom Eie eine Masse Nahrung aus den ein Syncytium bildenden Dotterzellen aufgenommen werden. Die Eizelle selbst schnürt sich ja von dem ein Syncytium bildenden Keimstocke ab, und weil keine Zellengrenzen da zu entdecken sind, lässt sich schwer entscheiden, ob eine oder viele Zellen darin eingehen. Ich habe diese Arbeit von Hudson erst nach Fertigstellung meiner Abhandlung kennen gelernt, wollte seine Ansicht jedoch wegen der hohen Autorität, welche ihm auf diesem Gebiete mit grösstem Rechte zuerkannt werden muss, nicht übergehen sondern schalte sie hier ein [1]).

Doch finde ich übrigens diese Hudson's Hypothese schon durch Plate's Experimente beinahe wiederlegt. Denn, wenn das Ablegen der ephippialen Eier die Folge einer solchen Ermattung oder eines solchen Verbrauchs des Ovariums wäre, dann würde es schwer erklärbar sein, wie ein Weibchen so viele ephippiale Eier legen kann. Seine in der Tabelle (s. 43) aufgenommenen Thiere A. B, C, D, die nur Wintereier erzeugt haben, legten resp. 12, 6, 5 und 9 Wintereier während resp. 7, 7, 5 und 10 Beobachtungstagen, und bei Maupas' Experimenten wurde eine noch grössere Anzahl solcher Eier gelegt. Balbiani's Beobachtungen sind auch nicht so bestimmt, wie man aus Hudson's Darstellung glauben könnte. Erstens sollte die Befruchtung wohl sehr früh, wenn die Weibchen noch frei leben, vor sich gehen, und dass Balbiani keine Männchen gesehen hat, dürfte deshalb leicht erklärlich sein. Etwas grössere Bedeutung hat gewiss die Thatsache, dass er auch keine männliche Eier gesehen hat, aber auch das ist nicht so wunderbar, wenn man bedenkt, wie selten Weibchen mit männlicher Tracht bei anderen beobachteten Formen sind. Zweitens zieht Balbiani seine Schlussfolgerung, dass ein Weibchen sowohl Sommereier wie Wintereier legt aus der Beobachtung, dass beide zusammen in einer Gallenanschwellung liegen können, während "sauf de rares exceptions" nur *ein*

---

[1]) Es war nicht gerade leicht eine passende Stelle für die Einschaltung zu finden. Für eine umfassendere Umarbeitung habe ich jetzt keine Zeit.

[2]) Balbiani, M. Observations sur le Notommate de Werneck etc. Annales d. sci. nat. VI Série Zool. Tome VII. Paris 1878. Art. n:o 2. Vorzugsweise ss. 22–28.

einziges Räderthier in diesen Gallen sitzt, und gewiss brauchen wir viel genauere Angaben über die Häufigkeit dieser Ausnahmen, ehe wir aus der oben mitgetheilten Thatsache einen solchen gegen zahlreiche Beobachtungen und Experimente anderer Verfasser streitenden Schluss ziehen können. Freilich sind diese Beobachtungen bei anderen Arten gemacht, aber ich kann nicht gern glauben, dass für die Bildung einer Art Eier bei verschiedenen, übrigens so nahe verwandten Räderthieren verschiedene Gesetze gelten können. Gern gebe ich dennoch zu, dass die Balbiani'schen Beobachtungen gegen eine zu schnelle Verallgemeinerung der aus den Experimenten an *Hydatina* gezogenen Schlüsse sprechen können. Endlich konstatiere ich, dass auch BALBIANI die Wintereier erst gegen den Schluss der Beobachtungszeit gesehen hat.

Und weil nun die Cohn'sche Auffassung von der Bedeutung der Männchen wenigstens bei einigen Räderthieren berechtigt war, scheint es mir auch wahrscheinlicher zu werden, dass die Angabe, welche er und andere über das Auftreten der Männchen in einer gewissen Periode liefern, richtig ist. Nur muss man dabei immer erinnern, dass diese nicht nur von der Jahreszeiten abhängig ist, sondern ebenso viel und vielleicht noch viel mehr von der Beschaffenheit der Wasseransammlungen, wo die Räderthiere leben, und von den Verhältnissen der anderen in denselben vorkommenden lebenden Wesen, sowohl der Thiere wie der Pflanzen.

MAUPAS' Untersuchungen scheinen es jedoch wohl wahrscheinlich zu machen, dass die Männchen in den heisseren Monaten auftreten, und wir haben eben gesehen, dass eine andere Ansicht ziemlich allgemein angenommen ist. Im Frühling kann es vielleicht erklärlich sein, denn die Tümpel und kleineren Wasseransammlungen werden gewiss wärmer, je kleiner sie sind, und je näher ihrem Austrocknen sie sich befinden. Für das Auftreten der Männchen im Herbste kann von allgemeinem Standpunkte nichts gesagt werden, denn an vielen Orten sind die Herbste trocken und warm so z. B. September sehr oft hier in Süd-Schweden, und wenn auch das nicht der Fall ist, wird dennoch die Zusammensetzung des thierischen und pflanzlichen Lebens der Tümpel sehr geändert.

Ich habe auch die Maupas'schen Untersuchungen aus einem anderen Grunde angeführt. Die für das Hervorbringen der Männchen günstige Temperatur bei *Hydatina* war höher als 15° C. (MAUPAS' Experimente wurden bei 26—28° C. angestellt). Eine so hohe Temperatur dürften Gewässer in

Grönland kaum je erhalten. Die Gewässer, in denen ich die oben erwähnten Männchen fand, hatten wenigstens nicht während 14 Tagen eine höhere Temperatur als 12° gehabt, und ziemlich sicher war die Temperatur derselben im ganzen Sommer nicht höher gewesen. Während meines Aufenthalts in Jakobshavn fand ich diese höhere Temperatur des Wassers nur ein paar Mittagsstunden eines Tages in einigen von der Sonne stark beleuchteten kleinen Gewässern. Die anderen Tage zeigten eine Temperatur des Wassers von + 5–8° C. In Ritenbenk war die Temperatur der Gewässer um + 6° C. Nur die Temperatur des obersten Wasserlagers, so tief wie das Termometer einsank, wurde gemessen. Die unteren Lager waren nicht wenig kühler. Auch da, wo ich meine Gefässe, die aber hier nie lange mit derselben Probe stehen blieben, verwahrte, war die Temperatur ziemlich konstant um + 8°. In dem Zimmer, wo ich arbeitete, wurde sie trotz 3–4 Mal täglich wiederholtem Einheizen gewöhnlich um + 10–12(14).

Wenn dieselben Gesetze, wie sie MAUPAS für *Hydatina* festgestellt hat, auch für andere Räderthiere gelten, so müssten sich diese Räderthiermännchen in Grönland dennoch bei einer relative sehr niedrigen Temperatur entwickeln. Eine etwas erhöhte Temperatur kann wohl in guten Jahren auch Anfang Juli in den einer vollständigen Austrocknung nahe stehenden grönländischen Gewässern gefunden werden, aber gewiss nicht höher als 14°.

Nun treten ja zum grossen Theil dieselben Räderthiere in Grönland wie in Europa auf, und *Hydatina senta* selbst wurde auch in Grönland gefunden, und die grosse Häufigkeit der Räderthiere in Grönland spricht ja ganz entschieden dafür, dass die äusseren Bedingungen daselbst den Räderthieren günstig sind. Die lange dauernde kalte Zeit fordert nothwendig vorzügliche Einrichtungen für das Überwintern, und hierfür sind wohl ganz besonders die ephippialen Eier geeignet. Obgleich ich also keine abgeschlossene Untersuchungsreihe über die biologischen Verhältnisse der grönländischen Räderthiere habe geben können, scheint mir jedoch das wenige, das ich über grönländische Rotiferenmännchen mittheilen kann, eben mit den neueren Resultaten der Forschung zusammengestellt ein gewisses Interesse beanspruchen zu dürfen.

Vergleichungen mit anderen Faunengebieten und Schlussbemerkungen.

Die oben erwähnten und beschriebenen Räderthiere habe ich in den grönländischen Gewässern gesammelt während der Zeit, welche ich mich in Grönland befand, und welche zum grössten Theil auf diese Arbeit geopfert wurde. Dass in vielen Fällen mein Urtheil über die Bestimmung einer Form unsicher geworden ist, mag die Schwierigkeit solche Studien ohne Zugang zu reicherer Literatur anzustellen entschuldigen, weil die an Ort und Stelle gemachten Notizen ja kurz und die Skizzen grob sein mussten. Ohne eingehendere Literatur verstand ich nicht überall, wo es nöthig gewesen wäre, die wichtigen Verhältnisse und Merkmale zu berücksichtigen. Ich habe meine Notizen eingehend mit den wichtigeren Arbeiten der Literatur verglichen, und meistentheils habe ich die gesehenen Formen mit einer schon bekannten Form wenigstens vergleichen können. Ich habe mich auch bemüht bei den Arten, wo ich die Bestimmung zweifelhaft finde, dasselbe hervorzuheben. Wenn einige von den Arten, welche ich als neu aufgeführt habe, schon früher beschrieben sein sollten, habe ich nur die Entschuldigung, dass ich dieses meinen Notizen und der mir zugänglichen Literatur nicht sicher entnehmen konnte, und ich halte es aus allen Gesichtspunkten besser eine neue, später leicht verschwindende Art eine Zeit in der Wissenschaft mitzuschleppen als zu risikiren unrichtige Verbreitungsgrenzen für alte Arten zu bekommen. Von diesen zwei Übelständen scheint mir der erstere geringer.

Ich habe einige Male neue Arten beschrieben, obgleich ich von denjenigen Formen nur ein einziges Individuum gesehen habe. Ich habe es dennoch ohne Bedenken gethan, weil in der Literatur eine solche Masse von Räderthierarten auf ein einziges gesehenes Exemplar begründet sind. So haben EHRENBERG und GOSSE, die wohl auf diesem Gebiete bisher die umfassendsten Artenkenntnisse besessen haben, eine ganze Anzahl Arten nach einzelnen Exemplaren beschrieben. In der grossen Arbeit von HUDSON und GOSSE hat der letztere von nicht weniger als beinahe dreissig neuen Arten und vier neuen Gattungen nur ein einziges Exemplar untersuchen können. Es wäre natürlich besser, wenn ich mehrere gesehen hätte, aber vor die Wahl gestellt die Form entweder nicht zu erwähnen, ihr nur eine Nummer zu geben oder einen Namen beizufügen, habe ich das letztere nach gutem Beispiele auch deshalb gewählt, weil dadurch eine Diskussion in der Literatur viel leichter wird. In den Fällen, wo ich zweifelte, ob eine neue Art berechtigt war, habe ich es immer ausdrücklich betont und manchmal auch dieselbe mit einem cf. zu dieser anderen nahe verwandten Art geführt. Dass man auf solchen Reisen immer die gefundenen Formen, welche nicht konservirt werden können, vollständig durchforschen sollte, wäre eine Forderung, die ohne weiteres an ihrer Unmöglichkeit stranden würde. Das Konservieren von mikroskopischen Thieren fordert fast eben so grosse Zeitverwendung wie eine Untersuchung und hatte bisher übrigens in den meisten Fällen nicht für systematische Studien brauchbaren Erfolg.

Bei einem genaueren Studium der Räderthiere merkt man auch recht bald, dass die gründliche, gewissenhafte Bestimmung, welche man nach dem ersten gesehenen Exemplare, vornahm, fast immer richtig war, und nur sehr selten findet man, dass später gefundene Exemplare zu einer geänderten Auffassung leiten, wenn sie auch selbstverständlich in manchen Beziehungen die Kenntnisse vertiefen.

Ich habe auch einige Gattungen aufgestellt. Das ist eben betreffend Räderthiere eine schwere Sache, weil die bestehenden Gattungen von so sehr ungleichem Werth sind. Es gibt kaum eine andere Abtheilung des Thierreichs, wo die wichtige Vorschrift "Character non dabit genus sed genus characterem" in der jetzigen Periode schwerer durchzuführen ist. Verschiedene Verfasser und besonders GOSSE haben für die Familie Notommatada zum Theil kleinere und natürlichere Gattungen aufgestellt jedoch die beiden Gattungen *Furcularia* und *Diglena* fast unverändert stehen lassen. Wegen der Schwierigkeit der Sache selbst kann ich wohl deshalb nicht hoffen immer richtig geurtheilt zu haben, aber es kam mir vor, dass die Formen, für welche ich neue Gattungen aufgestellt habe, nicht mit Recht in eine andere Gattung gestellt werden oder ihren Platz da länger behalten konnten.

Jetzt will ich einige allgemeine Betrachtungen zufügen. Ich wünsche hier theils auf den Reichthum der grönländischen Rotiferenfauna hinzuweisen theils auch auf einige Eigenthümlichkeiten dieser Fauna, so wie ich dieselbe kennen gelernt habe, im Vergleich mit derjenigen anderer Gegenden Aufmerksamkeit zu wecken.

Ehe ich zu diesem Vergleich schreite, betone ich, dass in der von mir oben angebenen Zahl von grönländischen Rotiferen sehr wenige pelagische Arten eingehen. Ich konnte wenige solche sammeln, und auch diese sind bisher ungenügend untersucht worden. Weil einige solche — *Conochilus*, *Anuraea*, *Asplanchna*, *Triarthra* — schon in grönländischen Seen gefunden worden sind, ist es wohl wahrscheinlich, dass noch andere pelagische Arten in Grönland vorkommen. Imhof nimmt nämlich in einer neulich veröffentlichten Arbeit nicht weniger als 30 (29 Arten und 1 Varietät) [1]) Rotatorien als wirkliche Mitglieder der pelagischen Fauna der Süsswasserbecken auf.

Wenn ich mir auch vorstelle, dass unter den von mir angeführten Notommaten die eine oder die andere nicht ganz zweifellos unter dem aufgeführten Namen steht, muss ich dennoch glauben, *dass die Zahl der gesehenen Arten nicht zu hoch ist, denn es sind ausser den mit Nummern bezeichneten noch einige andere ganz ungenügend beobachtete an mehreren Stellen erwähnt worden. Die Zahl der von mir beobachteten Arten kann also mit grösster Sicherheit zu ungefähr 80 berechnet werden. Die Zahl der Gattungen ist 38*, von denen ja die Gattungen *Hypopus*, *Mikrocodides*, *Diops*, *Notostemma* und *Arthroglena* neu sind. Weil diese Gattungen zum Theil schon früher bekannte Arten enthalten, setze ich bei dieser Vergleichung die Zahl der Gattungen zu 35 und bemerke dazu noch, dass einige von den anderen Gattungen von Gosse aufgestellt sind, und deshalb zum Theil in den Ehrenberg'schen Collectivgattungen

---

[1]) Diese Zahl nehme ich aus einer neulich und während des Druckes dieser Abhandlung veröffentlichten Arbeit dieses Verfassers. Imhof, O. E. Die pelagische Fauna der Süsswasserbecken. Biol. Centralblatt 1892. N:r 6. Auch Zschokke hat in zwei, sehr interessanten Arbeiten "Faunistischen Studien an Gebirgsseen" einige pelagische Rotiferen genannt.

enthalten waren [1]). So waren in Ehrenberg's *Notommata* die hier als *Taphro-campa*, *Hypopus* (z. Th. = *Notops* Gosse), *Notommata*, *Notostemma*, *Proales*, *Monommata* und *Copeus* aufgeführten Gattungen enthalten. Natürlich kann man nicht voraussetzen, dass ich in dieser kurzen Zeit, wo ich auch andere Beschäf-tigungen zu besorgen hatte, mehr als eine geringe Zahl dieser Formen sah. Diese schon a priori so gut als selbstklare Aussage gewinnt vollständige Gewiss-heit durch die Thatsache, dass ich auch in der letzten Zeit meines Aufenthaltes in Grönland beinahe eben so oft wie in der früheren und fast jeden Tag neue Formen sah. Es war nicht Mangel an neuen Formen nur an meinen Kennt-nissen und meiner Zeit, welcher verursachte, dass ich nicht noch viele andere interessante Formen anführen kann.

Es wäre wohl deshalb kaum richtig meine Ausbeute während einer kurzen Reise mit den Resultaten derjenigen Forscher zu vergleichen, welche wie Ehrenberg und Hudson & Gosse oder Hood [2]) jahrelang und in verschiedenen ungleichartigen Gegenden den Rotatorien ihre unter günstigen äusseren Um-ständen vorgenommenen Studien gewidmet haben, sondern muss meine Ausbeute mit derjenigen der Forscher, welche in kürzerer Zeit eine Gegend untersucht haben, verglichen werden.

Ich werde hier einen kurzen Auszug der wichtigeren solchen Arbeiten geben. Weisse gibt in den Jahren 1845, 47, 48, 49, 50 und 51 Verzeichnisse über die Petersburger Infusorien und Nachlesen dazu, welche zusammen *103 Arten* und *42 Gattungen* von Räderthieren enthalten. Von den letzteren wurden in Grönland nicht gefunden: *Stephanoceros*, *Limnias*, *Melicerta* Ehrbg, *Oecistes*, *Ptygura*, *Mastigocerca* Ehrbg, *Rattulus?* [3]), *Lepadella?*, *Squamella?*, *Noteus*, *Polyarthra*, *Triophthalmus*, *Cycloglena?*, *Otoglena?*, *Synchaeta*, *Actinurus* und *Monolabis?*.

Perty gibt 1852 in seiner zusammenfassenden Arbeit auch ein Verzeich-niss der von ihm während relative sehr lange fortgesetzten Studien in der

---

[1]) Bei den nachfolgenden Vergleichungen nehme ich auch Rücksicht auf die von Rabot gesammelten Gattungen, *Asplanchna*, *Triarthra* und *Anuraea*, welche ich aus oben dar-gelegten Gründen nicht gefunden habe.

[2]) J. Hood's List of Rotifera found within a Radius of twenty Miles round Dundee. Scott. Natural. (3) Vol. 1 s. 20—25, 2 s 71—80), nimmt nicht weniger als 224 Arten auf.

[3]) Mit einen Fragezeichen bezeichne ich die Gattungen welche entweder sehr unge-nügend bekannt sind oder jetzt eingezogen und zu anderen Gattungen geführt werden.

Schweiz beobachteten Räderthiere. Er nennt 98 Arten und 38 Gattungen. Von den letzteren umfasst *Notommata* noch die Gattungen *Asplanchna*, *Diurella*, *Monommata* und *Hypopus*. Von diesen Gattungen, welche PERTY in der Schweiz vertreten fand, sind in Grönland nicht notirt: *Ascomorpha*, *Synchæta*, *Rattulus?*, *Triophthalmus*, *Lepadella?*, *Notogonia* [1]), *Squamella?*, *Actinurus*, *Noteus*, *Polychætus*, *Limnias*, *Melicerta* Ehrbg und *Stephanoceros*. Die Gattung *Theorus* nenne ich nicht, weil dieselbe der Gattung *Pleurotrocha* entspricht. *Polychætus* vergleicht HUDSON mit *Dinocharis Collinsii* und hält es sogar nicht ganz unmöglich, dass sie identisch seien.

LEYDIG gibt in seiner früher angeführten für die Kenntniss des morphologischen Baues dieser Thiere wichtigen ja, gewiss grundlegenden Arbeit eine Aufzählung der von ihm in der Umgegend von Würzburg beobachteten Formen und nennt *53 Arten* und *28 Gattungen*. Unter diesen Gattungen befinden sich folgende, welche ich nicht in Grönland vertreten gefunden habe: *Melicerta* Ehrbg (LEYDIG trennt nämlich mit EHRENBERG diese Gattung von *Tubicolaria*), *Mastigocerca* [2]), *Rattulus?*, *Synchæta*, *Polyarthra*, *Ascomorpha*, *Noteus* und *Lepadella?*.

TÓTH gibt 1861 eine Aufzählung der Rotatorien der Umgebung von Pest-Ofen [3]). Nur 23 Arten werden genannt. Von nicht in Grönland vertretenen Gattungen finden sich in seiner Aufzählung: *Actinurus*, *Lindia* (wohl eine Art von der jetzigen Gattung Notommata), *Asplanchna* (als *Notommata Sieboldii* von TÓTH aufgeführt), *Melicerta* Ehrbg, *Stephanoceros*, *Lepadella?* und *Noteus*.

BARTSCH studierte 1870 die Rotatorienfauna der Gegend von Tübingen, und findet seine "Bemühung über alles Erwarten belohnt, denn mehr als 50 Arten, darunter einige neue bereichern die hiesige Fauna". Genau angegeben sind es 58 Arten und 28 Gattungen [4]), welche er in seiner Arbeit aufzählt. Von den Gattungen wurden in Grönland nicht beobachtet: *Melicerta* Ehrbg, *Synchæta*, *Rattulus?*, *Actinurus*, *Lepadella*, *Squamella* und *Ascomorpha*.

[1]) Eine nach Perty nicht wieder gefundene Gattung die aber sehr charakteristisch erscheint.
[2]) LEYDIG und WEISSE führen die Gattungen *Mastigocerca* und *Monocerca* als getrennt auf.
[3]) TÓTH, A. Rotatorien und Daphnien etc. s. 183.
[4]) BARTSCH führt wie früher angegeben *Diurella Tigris* zu seiner Gattung *Monommata*.

ECKSTEIN untersuchte im Laufe eines Sommers die Rotiferen der näheren und ferneren Umgegend Giessens und gibt davon in seiner oft citirten ausgezeichneten Abhandlung, welche auch während meiner Rotiferenstudien in Grönland meine Hauptquelle war, sehr genaue Angaben.

Die Zahl der gefundenen Arten ist 50 und der Gattungen 27. Dabei muss indessen bemerkt werden, dass die in dieser Zahl mitgerechneten früher von derselben Gegend bekannten *Lacinularia socialis* und *Apsilus lentiformis* nicht im Jahre 1882, wo ECKSTEIN seine Untersuchungen ausführte, gefunden werden konnten.

Nicht in Grönland beobachtet sind von seinen Gattungen ausser den beiden eben genannten nur *Actinurus, Triophthalmus, Squamella?* und *Noteus*.

PLATE behandelt in seinen auch schon mehrmals angeführten Beiträgen zur Naturgeschichte der Rotatorien Formen, die er vorzugsweise in der Gegend von Bonn und Bremen gesammelt hat. Nur wenige Arten hat er in Jena genommen. Weil es scheint, als ob er weniges Gewicht auf die Bestimmung der Arten gelegt hätte, gebe ich nur die Zahl seiner Gattungen an. Er nennt 26 Gattungen. Von diesen habe ich nicht in Grönland *Lacinularia, Actinurus, Polyarthra, Hertwigia* (GOSSE führt diese Form als Synonyme für *Proales parasita* auf), *Synchaeta, Rhinops, Pompholyx* und *Noteus* beobachtet. Das macht nicht weniger als ein Drittel der von ihm angeführten Gattungen.

TESSIN-BÜTZOW widmete im Jahre 1884 einige Monate (August bis Anfang November, dem Studium der Rotiferenfauna in der Umgegend von Rostock und fand 49 Arten. Die Zahl seiner Gattungen ist 24, wobei indessen bemerkt werden muss, einerseits dass seine Gattung *Acanthodactylus* die bei verschiedenen Autoren als getrennte Gattungen aufgeführten *Diurella, Mastigocerca* und *Monocerca* umfasst, und anderseits, dass seine *Plagiognatha*-arten wohl bei vielen anderen Autoren unter *Notommata* stehen. Von seinen Gattungen dürfen deshalb nur *Actinurus* und *Synchaeta* als nicht grönländisch genannt werden.

Obgleich nicht viel in diesem Zusammenhange von WEBER's summarischer Angabe geholt werden kann, will ich dennoch erwähnen, dass dieser Forscher beiläufig erwähnt, dass er in der Nähe von Genève "pendant une seule saison" wenigstens 150 Arten und Varietäten hat bestimmen können. Er spricht auch deshalb das Urtheil aus, dass diese Gegend reich an Rotiferen ist, und findet die Ursache hierzu in der grossen Menge Tümpel, die unter sehr verschiedenen "posi-

tions climatériques" gelegen sind. Da indessen weder die Gattungen noch die
Arten mitgetheilt werden, so kann ich von dieser allgemeinen Angabe nur sehr
geringen Nutzen für eine Vergleichung ziehen.

Ein wichtiges Vergleichungsmaterial bildet GOSSE's erstes Verzeichniss über
in England vorkommende Räderthiere [1]). Dasselbe gibt die von ihm während
dreier Jahre beobachteten Arten an. Sie sind jedoch zum aller grössten Theil
in der Nähe von London gefunden. Die Zahl der Arten ist 103 und die der
Gattungen 35. *Mastigocerca* ist noch von *Monocerca* getrennt, dagegen ist
Proales noch nicht aus *Notommata* ausgebrochen. Von diesen Gattungen sah
ich die unten aufgezählten nicht in Grönland. *Sacculus, Occistes, Megalotrocha,
Stephanoceros, Limnias, Melicerta* Ehrbg, *Synchaeta, Polyarthra, (Mastigocerca), Diplax, Notens* und *Pompholyx.* Die englische Rotiferenfauna bietet
ja ein besonderes Interesse dar, insofern dieselbe ja Grönland *relative* nahe liegt
und wohl auch in einer *relative* leichter Verbindung mit der grönländischen
Fauna stehen dürfte.

Weiter bietet diese GOSSE's Arbeit eine gewisse Gelegenheit dar eine Vergleichung der Resultate einer ersten Arbeit mit den Resultaten der späteren
genaueren Durchforschung anzustellen.

Jetzt kennt man von den Britischen Inseln — zum grossen Theil Dank
dem Fleiss desselben Forschers — ungefähr dreihundert Arten, und dennoch
fand GOSSE während dreier Jahre nur ein Drittel dieser Zahl. Es kommt
mir vor, als könnte man aus dieser Thatsache einen ziemlich unerwarteten
Schluss betreffend den wirklichen Reichthum der grönländischen Fauna, ziehen.

Wenn wir die verschiedenen Verzeichnisse mit einander vergleichen, treten
auch einige charakteristische Züge der grönländischen Fauna, so wie ich dieselbe zusammengesetzt gefunden habe, hervor. Es sind wohl kaum einige oder
wenigstens sehr wenige da vorkommende Gattungen, die etwas charakteristisches
darbieten. Aber um so mehr fällt das Fehlen einiger von den in den
meisten Listen stehenden Gattungen ins Auge. Solche Gattungen sind *Stephanoceros, Melicerta* (sp. ringens), *Limnias, Lacinularia, Actinuras* und
Synchaeta. Die Gattung *Polyarthra* würde ich wohl auch hier setzen, wie ich
dieselbe kurz vorher mehrmals bei den Vergleichungen genannt habe, aber

---

[1]) GOSSE, P. H. A Catalogue of Rotifera found in Britain: with descriptions of five
new Genera and thirty-two new Species. Annals and Magazine of Natural History Vol.
VIII, II Series. London 1851, s. 197.

ich bin nicht ganz sicher, ob nicht unter den als *Brachionus* sp. hier oben zusammengeschlagenen Rotiferen, die fast blitzschnell, nicht gerade selten über das Gesichtsfeld schwammen, sich auch Exemplare dieser Gattung befanden. Ich erinnere nämlich recht wohl mehrmals Eindrücke bekommen zu haben, die recht wohl der Abbildung 5 b Pl. XIII im Hudson's Buche entsprechen. Ich würde sie sogar ohne Bedenken als *Polyarthra platyptera* aufführen, wenn nicht eine Notiz von Dornen am hinteren Rande der lorica spräche, und wenn nicht, so viel ich sah, diese Dorne unbeweglich waren oder besser, weil ich nie diese Anhänge sich bewegen sah. Dennoch neige ich dazu unter diesen Formen neben einer *Brachionus*-Art auch eine *Polyarthra* einzuschalten. Wenigstens wage ich nicht ohne jede Reservation das Fehlen dieser Form als ein auszeichnendes Merkmal für die grönländische Rotiferenfauna hervorzuheben.

Als für dieselbe bemerkenswerthe Eigenthümlichkeiten muss ich dagegen gewiss die Seltenheit der *Brachionus*- und *Anuraea*-arten anführen. Von den in fast allen Gegenden reichlich gefundenen Anuraeen sah ich nur ein einziges Exemplar, dasjenige, welches ich zu der Gattung *Notholca* als *N. ambigua* geführt habe. Nur in Tessin-Bützows Verzeichniss fehlt diese Gattung. Gosse hat in seinem ersten Verzeichniss nicht weniger als 7 Arten, Perty hat 6, Bartsch 3 oder 4 Arten, Eckstein nur 1, Plate sagt mehrere und Hudson schliesslich nennt *Anuraea aculeata* und *Notholca striata* unter den 30 wohlbekannten Rotiferen, "die er als in wenigstens fünf von acht von ihm früher genannten Ländern Europas (Britain, France, North and South Germany, Denmark, Switzerland, Hungary and Russia) vorkommend zusammengestellt hat [1]).

Auch *Brachionus* muss als in Grönland relative sehr selten angegeben werden und vor allen Dingen muss hervorgehoben werden, dass nur ein paar Arten notirt wurden. Auch das Fehlen von *Noteus* ist wichtig genug. In allen Verzeichnissen ist *Brachionus* vertreten und in den meisten mit mehreren Arten, die ausdrücklich als sehr häufig angegeben werden. Auch *Noteus* ist von den meisten Untersuchern einer Gegend notirt worden.

Dass ich nur an einer Localität *Hydatina* sah, kann wohl trotz der grossen Verbreitung dieser Art nicht so wichtig sein, weil dieselbe wie früher besprochen ja vielleicht vorzugsweise eine Frühlingsform ist.

---

[1]) Ich erinnere jedoch hier noch einmal dass Rabot *Anuraea longispina* und *Anuraea cochlearis* in zwei Seen gesammelt hatte.

Unter fehlenden Arten hebe ich weiter *Mastigocerca carinata* hervor. Diese Gattung war ja übrigens mit drei Arten vertreten, von denen *M. Rattus* (*Monocerca* Ehrbg) sehr gewöhnlich war. Auch die Abwesenheit von *Actinurus* hebe ich nochmals hervor. Derselbe ist ausser in fast allen Gegenden Europas, in Indien, in Australien und wohl auch in Amerika gefunden.

Das Fehlen dieser Arten und Gattungen fällt leicht genug in die Augen, viel schwerer ist es dagegen einige in Grönland vorkommende gewissermaassen leitende Arten oder Gattungen anzugeben. Frei lebende nicht parasitische oder symbiotische Callidinen *scheinen* in Grönland relative allgemeiner zu sein. *Mikrocodon* wurde in sowohl der Umgegend von Egedesminde wie in derjenigen von Jakobshavn beobachtet, und nach unseren bisherigen Kenntnissen zu beurtheilen dürfte derselbe in vielen Gegenden Europas ziemlich selten sein. *Mikrocodides* ist ja bisher nur in Grönland gefunden und war auch da sehr selten.

Ebenso scheinen mir *Hyopus̓ Ritenbenki* (mit *Notommata* oder *Notops Hyptopus* nahe verwandt), *Copeus caudatus* und *Diops marina* erwähnenswerth zu sein. Bisher nur grönländisch ist auch *Arthroglena*. *Stephanops Chlæna* ist auch in Europa bisher in wenigen Gegenden notirt werden. Setze ich weiter hinzu, dass *Metopidia acuminata* häufig war, so dürften die wichtigsten, mehr oder minder eigenthümlichen Züge der Rotiferenfauna Grönlands hervorgezogen worden sein. Es kann vielleicht zugefügt werden, dass die Verschiedenheit betreffend die Loricata viel geringer als betreffend die Rhizota und die Ploima illoricata erscheint.

In thiergeographischer Hinsicht können ja die Rotiferen wenig Interessantes darbieten. Sie können ja durch den Wind herumgeführt und von den Wasservögeln mitgeschleppt werden, und deshalb gibt es ja kaum Grenzen für die Verbreitung derselben. Es ist auch eine grosse Menge von diesen grönländischen Formen, die schon jetzt nicht nur in Europa sondern auch im subtropischen Australien und Indien gefunden sind. Die Gattungen *Floscularia*, *Conochilus*, *Philodina*, *Rotifer*, *Asplanchna*, *Notommata*, *Copeus*, *Monommata*, *Diglena*, *Mastigocerca*, *Dinocharis*, *Scaridium*, *Euchlanis*, *Cathypna*, *Monostyla*, *Colurus*, *Metopidia*, *Pterodina*, *Brachionus* und *Anurœa* sind auch australisch.

Und in einigen Teichen in oder bei Calcutta hat H. H. ANDERSSON Räderthiere gesammelt und liefert einige Notizen von den Arten, welche er zu schon bekannten Gattungen führen konnte. Diese Arten sind 46. Die Zahl der

Gattungen ist 28, und von diesen sind sehr wenige oder nur *Melicerta (ringens)*, *Limnias*, *Cephalosiphon*, *Oecistes*, *Megalotrocha*, *Actinurus* und *Notens* nach meinen Beobachtungen nicht auch in Grönland vertreten. Identische Arten sind nicht gerade sehr viele, *Floscularia ornata* und *campannlata*, *Rotifer vulgaris*, *Monommata longiseta*, *Diglena forcipata*, *Diurella tigris*, *Scaridium longicaudum*, *Monostyla cornuta*, *(Bulla* [1]*)*, *Metopidia Lepadella*, *solida* und *triptera*, und *Brachionus Bakeri* oder 12 (13) von 46 [2]). Weil aber die indischen Formen alle aus einem sehr beschränkten Gebiete geholt sind, dürften die angeführten Arten wahrscheinlich ein noch unvollständigeres Bild der Fauna dieser Gegend geben als meine gewiss sehr lückenhaften Aufzeichnungen von Grönland liefern. Deshalb kann man kaum schon jetzt diese Ungleichheit für eine Schlussfolgerung benutzen. Ich bemerke dennoch, dass ANDERSSON ausser diesen Formen noch andere, für die er eigene Gattungen aufzustellen nöthig hielt, welche er aber noch weiter studieren wollte, gefunden hatte, und welche also die Verschiedenheit zwischen der indischen und grönländischen Rotiferenfauna wahrscheinlich noch mehr vergrössern.

Wenn also die Rotiferen, soviel man bisher kennt, fast kosmopolitisch sind, kann man auch nicht grosse Hoffnung hegen entscheiden zu können, ob die grönländische Rotiferenfauna ursprünglich amerikanisch oder europäisch ist. Um etwas darüber aussprechen zu können, kennen wir sowohl die grönländischen wie die amerikanischen und vielleicht auch die europäischen Rotiferen viel zu wenig. So viel kennen wir sicher genug, dass die meisten amerikanischen Formen mit europäischen identisch sind, und deshalb lohnt es nicht die Mühe hier zwischen der amerikanischen und der grönländischen Rotiferenfauna eine genauere Vergleichung anzustellen.

Wenn HOOKER und WARMING eine ganze Menge von höheren Pflanzen in Grönland während der Eiszeit gelebt haben lassen, und wenn NATHORST dieselbe Möglichkeit für wenigstens einige wenige Dutzend Arten annimmt, könnte es ja auch möglich sein, dass ein grösserer Theil der Rotiferenfauna Grönlands schon vor der Eiszeit sich in Grönland befand und also nicht später

---

[1]) Ich halte es gar nicht unwahrscheinlich, dass auch *Monostyla Bulla* unter den von mir in Grönland gesehenen Monostylen vorkam.

[2]) ANDERSSON, H. H. Notes on Indian Rotifers. Journal of the Asiatic Society of Bengal. Vol. LVIII, Part. II, N:o IV. Calcutta 1889, s. 345.

aufs neue eingeführt zu werden brauchte. Näher darauf einzugehen geben mir
die bisjetzt vorliegenden Thatsachen keine Veranlassung.

Die grönländische Rotiferenfauna bestätigt demnach die schon a priori
wahrscheinliche Annahme von der ausserordentlich weiten Verbreitung der
Gattungen und Arten der Räderthiere. Eine besondere Eigenthümlichkeit ist
jedoch insofern zu bemerken als die Rhizoten, wenn wir *Floscularia* ausnehmen,
in Grönland selten sind oder gar nicht vorkommen. *Tubicolaria* (= *Melicerta
Tubicolaria* Hudson) wurde nur in einem Teiche und auch da selten gefunden.
Ebenso wurde *Conochilus* von mir nur in einem See gefunden [1]), aber viele
Seen wurden auch nicht untersucht. In fast allen Ländern Europas, in Australien, Indien und Nord-Amerika aber nicht in Grönland sind die festsitzenden
Melicerta ringens, Oecistes, Limnias, Lacinularia (nicht in Indien gefunden)
und *Stephanoceros* (nicht in Australien und Indien gefunden) notirt. Weshalb
fehlen sie oder sind selten in Grönland? Es könnte sehr gut darauf beruhen,
dass sie nicht durch den Wind verbreitet werden, und dass immerhin relative
wenige Vögel, welche die *Süsswasser* anderer Gegenden besuchen nach Grönland
ziehen. Ebenso ist der Schiffsverkehr zwischen Grönland und anderen Hafen
auch relative sehr gering. Die Erklärung dieser Thatsache könnte aber auch
in den für die Pflanzen, unter und auf denen jene Räderthiere vorzugsweise
vorkommen, weniger günstigen Bedingungen in den grönländischen Gewässern
liegen. Die höhere, phanerogame Vegetation ist ja in denselben recht arm,
das Wasser in den grösseren Wasseransammlungen sehr kühl etc.

Wenn also die grönländischen Rotiferen zum grössten Theil das schon
vorher wahrscheinliche bestätigen, muss es jedoch Erstaunen wecken, dass eine
solche Menge dieser Thiere unter so harten Lebensverhältnissen das Leben
fristen können. Die geringe Zahl anderer Land- und Süsswasserbewohner ist
ja seit lange bekannt genug, und ich habe schon vorher in meinem kurzen
Bericht als das vielleicht schlagendste Beispiel auf die geringe Zahl der Käfer
hingewiesen. *Die Zahl der gesammten grönländischen Coleopteren ist ungefähr 21.* Vielleicht erreichen die Dipteren und Lepidopteren eine auch relative
ein wenig höhere Zahl, aber überall steht jedoch die Anzahl der grönländischen
Formen gegen diejenige der nordischen Länder in Europa ausserordentlich

---

[1]) Robot hatte ihn wahrscheinlich in demselben See genommen. In dem anderen See
wo dieser Reisende fischte, in Tasersuak, wurde *Conochilus* nicht gefunden.

zurück. Es liegt ziemlich grosse Gewissheit vor, dass die angegebenen Zahlen nicht so sehr viel zu niedrig sind.

Es fragt sich dann, wie es möglich ist, dass so viele Rotiferen da gedeihen können. Zweifellos hat das seinen Grund in der Menge von Wasseransammlungen von verschiedener Lage und Art. Es war eine grosse Verschiedenheit in der Rotiferenfauna in den kleineren schliesslich ganz von der Vegetation gefüllten Pfützen in der Nähe der Kolonie Egedesminde und in einigen sehr seichten Tümpeln auf Räfön, wo bräunliche Rasen von Moosen und Algen schwammen, in solchen, die hauptsächlich von Felsen eingefasst waren, und in den zahlreichen Moortümpeln etc. In diesen Gewässern, wo so viele Rotiferen vorkommen, scheint wenigstens die Zahl der Mückenlarven auch sehr gross. Die Entomostraceen, Rhabdocoelen, Ichthydinen und der nie vergebens gesuchte *Macrobiotus* [1]) tragen auch bei, das Leben unter den Moosblättern in einem Wassertropfen ganz rege zu machen.

Indessen soll auch hier in den Schlussbemerkungen ausdrücklich hervorgehoben werden, dass die Zahl der Rotiferen nur insofern gross ist, dass man fast immer einige findet, und dass die Zahl der Arten ganz gross ist. Die Zahl der Individuen ist dagegen fast immer relative gering. In Schilderungen von dem Vorkommen der Räderthiere in Europa wird oft von rahmartigen Überzügen des Wassers u. dgl. gesprochen. Solche Massen waren in den von mir besuchten Gegenden Grönlands nie zu sehen, und die allermeisten Formen kamen auch nicht in Schaaren vor. Ich habe vorher im speciellen Theil immer angegeben, ob eine Art reichlich vorkam oder selten war, weil das mir aus thiergeographischem Gesichtspunkte beinahe ebenso wichtig wie das Vorkommen einer Art erscheint. Die fast überall gewöhnlichen Gattungen waren in Grönland wie anderswo in der Welt *Philodina, Rotifer, Callidina, Floscularia, Mastigocerca (Rattus), Cathypna?, Monostyla* und *Metopidia* und kaum andere. *Colurus* war in den meisten Gewässern vorhanden aber fast immer selten. Die grosse Gattung *Notommata* war wohl in beinahe jeder Wasseransammlung vertreten, aber ich weiss keine Art zu nennen, die vorzugsweise häufig war.

[1]) Ich habe in meinem schnell zusammengeschriebenen Berichte diese Art *Macrobiotus cf. Schulzii* genannt. Ich konnte nämlich bei den untersuchten Exemplaren keine Augen finden, wie sie ja sonst bei dem in süssen Gewässern gewöhnlichen *M. macronyx* recht leicht aufzufinden sind. Ich werde wohl hierauf ebenso wie auf die nicht ganz unzweifelhafte Angabe über das häufige Vorkommen einer *Hydrachna* anderswo wieder zurückkommen. Ich habe wegen einer Reise von dem Berichte keine Correctur gesehen.

Sind die hier zusammengestellten Resultate allgemein gültig? Die Frage kann natürlich noch nicht beantwortet werden. Vielleicht sind die Räderthiere in wärmeren Sommern viel häufiger. Vielleicht schwinden aber dann die Gewässer so schnell bei oder nach der Schneeschmelzung hin, dass die Entwicklung der Formen in kleineren Tümpeln fast ausbleiben kann. In den länger nach innen zwischen den tief ins Land eindringenden Fjorden gelegenen Theilen dürfte wahrscheinlich die Fauna noch reicher sein. Da ist ja die Vegetation viel reicher, und in den tiefen gegen die kalten Winde gut geschützten Thälern soll ja eine *relative* hohe Temperatur vorkommen. Allenfalls dürften einige Verschiedenheiten zwischen der Fauna des inneren Landes und der Küste bestehen. In bedeutenden Theilen des Landes ist das eisfreie Küstenland immerhin breit genug um klimatische Ungleichheiten zu verursachen. Vielleicht bieten auch die südlicheren Theile des Landes etwas günstigere Verhältnisse dar.

Überall, wo bisher die Rotiferenfauna genauer untersucht worden, sind neue Arten gefunden, und Gosse beschrieb 1887 nach der Veröffentlichung der grossen Hudson'schen Arbeit, wo er schon eine ansehnliche Menge neuer Arten beschrieben hatte, nicht weniger als 60 Arten, die nicht früher bekannt waren. Es kann deshalb keine Verwunderung wecken, dass auch in Grönland mit den eigenthümlichen Verhältnissen, die da vorhanden sind, nicht so ganz wenige eigenthümliche Formen auftreten.

Weitgehendere allgemeine Schlüsse will ich nicht ziehen. Ich habe diese Zusammenstellung grösstentheils deshalb gemacht, weil ich wünschte die Aufmerksamkeit kommender Forscher besonders auf diese Fragen zu richten. Wenn sie auch selbstverständlich viel an dieser meiner Arbeit zu ändern und dazu beizufügen finden werden, müssen sie erinnern, dass diese Arbeit, welche wenigstens zum Theil unter sehr ungünstigen äusseren Umständen ausgeführt worden ist, der erste Versuch war die grönländischen Rotiferen zusammenzustellen und mit denjenigen anderer Gebiete zu vergleichen.

Zum Schluss will ich auch hervorheben, wie günstig dieses Land sein dürfte, um einige biologische Studien über Räderthiere vorzunehmen. Wegen

[1] Gosse, P. H. Twentyfour new species of Rotifera. Journ. of Roy. Micr. Soc. 1887, s. 1.
„ Twelve new species of Rotifera. Ibm s. 361.
„ „ Twentyfour more species of Rotifera. Ibm. s. 861.
Diese Arten sind auch im Supplement des Hudson'schen Werkes aufgenommen.

des grossen Reichthums an Tümpeln, und weil das Wasser, wenn einige sonnenwarme Tage auf einander folgen, so wunderbar schnell austrocknet, kann man in nächster Nähe die Zusammensetzung und Beschaffenheit des Thierlebens derselben in den verschiedensten Entwicklungsstadien fast gleichzeitig studiren, und gewiss würde ein mit der nöthigen Literatur und nöthigen Hilfsmitteln und ruhigem Arbeitsplatz versehener Forscher da besonders wichtige Beiträge zur Lösung der noch immer schwebenden Fragen über die Fortpflanzung der Räderthiere holen können.

Tabelle

der von mir in Grönland gesehenen und im Texte behandelten Räderthiere mit Angabe des Fundorts und Hinweis zu der Seite des Textes, wo sie besprochen sind.

[1] Vgl. Hudson l. c. Suppl. S. 13.

Anmerkung. Während des Druckes der letzten Bogen meiner Abhandlung habe ich meine Studien der hiesigen Rotiferenfauna fortgesetzt. Ich werde darüber an anderer Stelle berichten aber bemerke schon hier, dass ich jetzt als sicher betrachte, dass ich *Copeus Cerberus* Gosse in Grönland sah. Ebenso bin ich jetzt vollständig gewiss, dass eine *Polyarthra* in Jakobshavn oft genug über das Gesichtsfeld schwamm. Auch in meiner Auffassung, dass *Dinocharis intermedia* n. sp. und *Monostyla Quennerstedti* n. sp. neue Arten sind, bin ich durch diese Studien gestärkt worden. Die Seltenheit in den grönländischen Gewässern von *Brachionus-* und *Anuræa*-arten ist mir während dieser Arbeit noch bedeutungsvoller geworden. Ich konnte da recht gern, wie es scheint, auch *Triarthra* beifügen.

Die grönländischen Rotiferengattungen sollten also jetzt mit meinen neuen 42 sein.

Verzeichniss der für diese Arbeit benutzten Literatur [1].

Ich gebe hier auch einige Arbeiten an, welche ich für das Studium einer behandelten Frage benutzt habe, welche aber nicht früher speciell angeführt worden sind.

1. ANDERSSON, H. H. Notes on Indian Rotifers. Journ. of the Asiat. Soc. of Bengal. Vol. LLVIII. Part. II, N:o IV, Calcutta 1889.
2. BALBIANI, M. Observations sur le Notommate de Werneck etc. Ann. d. sci. nat VI Série. Zool. Tome VII, Paris 1878, Art. n:o 2.
3. BARROIS, TH. Matériaux pour servir à l'étude de la Faune des eaux douces des Açores. Lille 1888.
4. BARTSCH, S. Die Räderthiere und ihre bei Tübingen beobachteten Arten. Inaug. diss. Stuttgart 1870.
5. — — Rotatoria Hungariæ. Budapest 1877. LECCKARTS Bericht in Archiv f. Natgesch. 1878, Bd. II.
6. BERGENDAL, D. Kurzer Bericht über eine im Sommer d. J. 1890 unternommene Zool. Reise nach Nordgrönland. Bih. till Kongl. Svenska Vet. Akad. Handlingar. Band 17, Afd. IV, N:o 1.
7. BLOCHMANN, F. Die mikroskopische Thierwelt des Süsswassers. Braunschweig 1886.
8. BRIGHTWELL, THOS, Some account of a dioecious Rotifer, allied to the genus Notommata of EHRENBERG. Ann. and Mag. of nat. hist. H ser. N:o 9, 1848.
9. BURN, W. B. Science Gossip 1889. Citirt nach Journ. of Roy. Micr. Soc. London 1890, s. 44.
10. CLAUS, C. Über die Organisation und die systematische Stellung der Gattung Seison. Festschrift zur Feier des 25-jährigen Bestehens der k. k. zool. bot. Gesellschaft in Wien. 1876.

———

[1] Ich halte es aus nahe liegenden Gründen sehr gut eine Zusammenstellung der für eine Arbeit benutzten Literatur zu haben. Dagegen finde ich das Lesen solcher Arbeiten, wo die Literaturhinweise nur durch das Anführen einer Nummer aus einer am Schlusse der Arbeit befindlichen Liste geschehen, unnöthig unbequem, und gerade unzulässig finde ich die von einigen Verfassern benutzte Methode für ihre Hinweise nur die Nummer anzuführen, welche die betreffenden Schriften in Literaturverzeichnissen anderer Arbeiten tragen. Es muss ziemlich selbstklar sein, dass der Leser einer Arbeit nicht nothwendig die Bekanntschaft mit und Zugang zu der anderen Arbeit haben soll. Die Bücher sollen doch wohl nicht *ausschliesslich* für die Spezialisten auf dem betreffenden Gebiete geschrieben werden.

D. Bergendal.

11. Claus, C. Zur Kenntniss der Organisation von *Seison*. Zool. Anz. 3 Jahrg. 1880.
12. Cohn, F. Die Fortpflanzung der Räderthiere. Z. f. w. Z. Bd. VII, 1856.
13. — Bemerkungen über Räderthiere. Ibm Bd. IX, 1858.
14. — Bemerkungen über Räderthiere. Ibm Bd. XII, 1863.
15. Dalrymple, J. Description of an infusory animalcule allied to the genus Notommata of Ehrenberg hitherto undescribed. Phil. Transact. of Roy. Soc. London 1849.
16. Dobie, M. Description of two new species of Floscularia with remarks. Ann. and Mag. of nat. hist. Vol. IV, II Ser. London 1849.
17. Dujardin. F. Histoires nat. des Zoophytes, Infusoires. Paris 1841.
18. Eckstein, K. Die Rotatorien der Umgegend von Giessen. Eine von der phil. Fac. der Univ. Giessen gekrönte Preisschrift. Z. f. w. Z. Bd. XXXIX 1883.
19. Ehrenberg, C. G. Die Infusionsthierchen als vollkommene Organismen. Leipzig 1838.
20. — Über die neuerlich bei Berlin vorgekommenen neuen Formen des mikroskopischen Lebens. Bericht über die zur Bekanntmachung geeign. Verh. der Ak. d. Wissensch. Berlin 1853.
21. — Das jetzige mikroskopische Leben der Galapagosinseln. Monatsb. der Akad. d. Wissensch. Berlin 1853.
22. — Das organische kleinste Leben über dem ewigen Schnee der höchsten Centralalpen. Ibm 1853.
23. — Über neue Anschauungen des kleinsten nördlichen Polarlebens. Ibm 1853.
24. Eichwald. E. v. Zweiter Nachtrag zur Infusorienkunde Russlands Bull. d. la Soc. Imp. des Naturalistes de Moscou. Année 1849.
25. Eyferth, B. Die einfachsten Lebensformen. Syst. Übersicht der mikrosk. Süsswasserbewohner. Braunschweig 1878.
26. Forel, A. F. La faune profonde des lacs suisses. Nouveaux mémoires de la société helvétique des sci. nat. Vol. XXIX 1885.
27. de Guerne, J. Excursions zool. dans les iles de Fayal et de San-Miguel (Açores). Paris 1888.
28. de Guerne, J. et Richard, J. Sur la faune des eaux douces du Groenland. Comptes Rendus 1889, S. 630.
29. Gosse, P. H. A Catalogue of Rotifera found in Britain. Ann. and Mag. of nat. hist. Vol. VIII, II Ser. London 1851.
30. — On the structure, functions and homologies of the manducatory organs in the class Rotifera. Phil. Trans. of the Roy. Soc. of London. Vol. 146 London 1856.
31. — On the dioecious character of the Rotifera. Ibm Vol. 147. London 1858.
32. — Twenty-four new species of Rotifera. Journ. of Roy. Micr. Soc. London 1887, S. 1.
33. — Twelve new species of Rotifera. Ibm S. 361.
34. — Twenty-four more new species of Rotifera. Ibm S. 861.
   Gosse and Hudson, Siehe Hudson n:o 46.
35. Grenacher, H. Einige Beobachtungen über Räderthiere. Z. f. w. Z. Bd. XIX, 1869.
36. Gunson-Thorpe, V. New and Foreign Rotifera. Journ. of the Roy. Micr. Soc. London 1891.
37. Hammer, R. R. J. Undersögelser ved Jakobshavns Isfjord og nærmeste Omegn i Vinteren 1879—1880. Meddelelser om Grönland. Heft. 4, Kjöbenhavn 1883.

38. HAMMER. R. R. J. Undersögelse af Grönlands Vestkyst fra 68° 20' till 70° N. Br. Ibm. Heft. 8, Kjöbenhavn 1889.

39. HOOD, J. List of Rotifera found within a Radius of twenty Miles round Dundee. Scott. Natural. (3) Vol. 1.

40. HUDSON, C. T. On some male Rotifers. Monthly Micr. Journ. XIII, 1875. Leuckarts Bericht II, 1874.

41. — On Asplanchna Ebbeshornii n. sp. Journ. of Roy. Micr. Soc. London 1883.

42. An Attempt to reclassify the Rotifers Quart. Journ. of Microsc. Sci. Vol. XXIV, New Series, London 1884.

43. — The presidents adress. Journ. of Roy. Microsc. Soc. London 1889.

44. (?) Journ. of Roy. Micr. Soc. London 1889, s. 99. (Referat und Kritik von WEBERS Arbeit: Notes sur quelques Rotateurs etc.).

45. - - The presidents adress on some Doubtful Points in the Natural History of the Rotifera. Ibm London 1891.

46. HUDSON, C. T. assisted by Gosse, P. H. The Rotifera or Wheel animalcules in two Volumes, London 1886. Supplement 1889.

47. IMHOF. O. E. Studien zur Kenntniss der pelag. Fauna der Schweizerseen. Zool. Anz. VI Jahrg. 1883, s. 466.

48. Die pelagische Fauna und die Tiefsee-Fauna der zwei Savoyerseen: Lac du Bourget und Lac d'Annecy. Ibm s. 655.

49. Weitere Mittheilung über die pelagische Fauna der Susswasserbecken. Ibm VII Jahrg. 1884, s. 321.

50. - Weitere Mittheilung über die pelagische und Tiefsee-Fauna der Süsswasserbecken. Ibm. VIII Jahrg. 1885, s. 190.

51. - Die Rotatorien als Mitglieder der pelagischen und Tiefsee-Fauna der Süsswasserbecken. Ibm s. 322.

52. — -- Pelagische Thiere aus Süsswasserbecken in Elsass-Lothringen. Ibm s. 720.

53. - Neue Resultate über die pelagische und Tiefsee-Fauna einiger im Flussgebiet des Po gelegener Süsswasserbecken. Ibm IX Jahrg. 1886, s. 41.

54. Vorläufige Notizen über die horizontale und verticale geographische Verbreitung der pel. Fauna der Süsswasserbecken. Ibm s. 335.

55. -- Über mikroskopische pelagische Thiere aus der Ostsee. Ibm s. 612.

56. — Studien über die Fauna hochalpiner Seen insbesondere des Kantons Graubünden. Jahresbericht der naturf. Ges. Graubündens Jahrg. XXX. 1887. Von den zahlreichen anderen Mittheilungen dieses Autors nehme ich nur noch mit:

57. Notizen über die pelagische Fauna der Süsswasserbecken. Zool. Anz. X Jahrg. 1887, s. 577, und die während des Druckes meiner Arbeit veröffentlichte Zusammenfassung des Inhalts vieler anderen Aufsätze:

58. -- Die Zusammensetzung der pelagischen Fauna der Süsswasserbecken nach dem gegenwärtigen Stande der Untersuchungen. Biol. Centralblatt, Bd. XII. 1892, s. 171.

59. JENSEN, J. A. D. Astronomiske Observationer og Undersögelser over Vandets Saltholdighed. Meddelelser om Grönland, Heft. 2, Kjöbenhavn 1884.

60. LEVINSEN, G. M. R. Smaa Bidrag til den grönlandske Fauna. 2 Nogle bemärkinger

om Grönlands Rotatoriefauna. Vidensk. Medd. fra d. Naturh. Foren. Kjöbenhavn 1881.

61. Leydig, F. Über das Geschlecht der Räderthiere. Verhandl. der physik. medic. Gesellsch. Würzburg, Bd. IV, 1854.

62. — Über den Ban und die systematische Stellung der Räderthiere. Z. f. w. Z. Bd. VI, 1855.

63. - Über Hydatina senta. Müllers Archiv 1857.

64. Leunis, H. Leunis' Synopsis der Thierkunde, III Aufl. Bd. II. Hannover 1886.

65. Maupas, M. Sur la multiplication et la fécondation de l'Hydatina senta Ehrbg. Note presentée par M. Lacaze-Duthiers. Comptes Rendus. Tome CXI, Paris 1890, S. 310.

66. — - Sur la fécondation de l'Hydatina senta Ehrbg. Note transmise par M. de Lacaze-Duthiers. Ibm S. 505.

67. - Sur le déterminisme de la sexualité chez l'Hydatina senta. Comptes Rendus etc. Tome CIII, Paris 1891, S. 388.

68. Mecznikow, E. Apsilus lentiformis, ein Räderthier. Z. f. w. Z. Bd. XVI, 1866.

69. Milne, W. Description of a new Rotiferon, Male and Female. Proceedings of the Phil. Soc. of Glasgow 1884—1885, Vol. XVI, 1885.

70. Müller, O. F. Animalcula Infusoria Fluviatilia et Marina etc. Havniæ 1786.

71. Nathorst, A. G. Polarforskningens bidrag till forntidens växtgeografi. (I A. E. Nordenskiöld, Studier och forskningar etc.). Stockholm 1883.

72. Botaniska anteckningar fran nordvestra Grönland. Öfversigt af Kongl. Vet. Akad. Förh. Stockholm 1884. N:o 1.

73. — Kritiska anmärkningar om den grönländska vegetationens historia. Bih. t. K. Svenska Vet. Akad. Handlingar, Bd. 16, Afd. III, n:o 6.

74. —- Fortsatta anmärkningar om den grönländska vegetationens historia. Öfversigt af Kongl. Vet. Akad. Förhandlingar 1891, n:o 4.

75. Nordquist, O. Die pelagische und Tiefsee-Fauna der grösseren finnischen Seen. Zool. Anz. Jahrg. X, 1887, s. 339.

76. Perty, M. Zur Kenntniss kleinster Lebensformen. Bern 1852.

77. Plate, L. Beiträge zur Naturgeschichte der Rotatorien. Jen. Zeitschr. für Naturw. Bd. XIX. 1886.

78. - — Über einige ectoparasitische Rotatorien des Golfes von Neapel. Mitth. aus der zool. Station zu Neapel, Bd. VII, 1887.

79. Report of the Scient. Results of the Voyage of H. M. S. Challenger 1873 - 76. Prepared under the superintendence of Sir Wyville Thomson and of John Murray. Vol. 1. Narrative of the Cruise.

Richard, Jules siehe de Guerne n:o 28.

80. Rink, H. Grönland geographisk og statistisk beskrevet. Kjöbenhavn 1857.

81. Semper, C. Trochosphæra æquatorialis. Das Räderthier der Philippinen. Z. f. w. Z. Bd. XXII, 1872, s. 311.

82. Stein, Rotatoria. Tageblatt der Leipziger Naturforscherversammlung 1872.

83. Tessin-Bützow, G. Rotatorien der Umgegend von Rostock. Archiv 43 d. Fr. d. Naturgesch. Mecklenburg.

84. Tóth, Alex. Rotatorien und Daphnien der Umgegend von Pest-Ofen. Verh. d. k. k. zool. bot. Gesellsch. Wien XI. 1861.

85. WARMING, EUG. Om Grönlands Vegetation. Meddelelser om Grönl. XII. Kjöbenh. 1888.

86. — — Grönlands Natur og Historie. Antikritiske Bemærkninger til Prof. NATHORST. Vidensk. Meddel. fra d. Naturhist. Foren. Kjöbenhavn 1891.

87. WEBER, E. F. Notes sur quelques Rotateurs des Environs de Genève. Archives de Biologie Vol. XIII. Liège 1888.

88. WEISSE, J. F. Verzeichniss von 155 in S:t Petersburg beob. Infusorienarten nebst Bemerkungen über dieselben. Bull. math. phys. de l'Acad. S:t Petersbourg III. 1845, S. 19.

89. Zweites Verzeichniss Petersburger Infusorien. Ibm III, 1845, S. 333.

90. — - Drittes Verzeichniss Petersb. Inf. Ibm V, 1847, S. 39.

91. - - - Viertes Verzeichniss Petersb. Inf. Ibm VI, 1848, S. 106.

92. Fünftes Verzeichniss Petersb. Inf. Ibm VI, 1848, S. 353.

93. Erste Nachlese Petersb. Inf. Ibm VII, 1849, S. 310.

94. Zweite Nachlese Petersb. Inf. Ibm VIII, 1850, S. 297.

95. — - Dritte Nachlese Petersb. Inf. Ibm IX, 1851, S. 76.

96. Zur Oologie der Räderthiere. Mém. de l'Acad. de S:t Petersbourg, VII Ser. Tom. IV, no 8, 1862, S. 1.

97. - - Zur Oologie der Räderthiere. Zweiter Beitrag. Bull. d. l'Acad S:t Petersbourg, VIII, 1865, S. 203.

98. ZACHARIAS, O. Über Fortpflanzung und Entwicklung von Rotifer vulgaris. Z. f. w. Z. Bd. XLI, 1884.

99. ZELINKA, C. Studien über Räderthiere. I. Über die Symbiose und Anatomie von Rotatorien aus dem Genus Callidina. Z. f. w. Z. Bd. XLIV, 1886.

100. — Studien über Räderthiere. III. Zur Entwicklungsgeschichte etc. Z. f. w. Z. Bd. LIII, 1891.

101. ZSCHOKKE, F. Faunistische Studien an Gebirgsseen. Verhandlungen d. Naturf. Ges. Basel. Bd. 9, Heft. 1. 1890.

102. — Die zweite zoologische Excursion an die Seen des Rhätikon. Ibm Heft. 2, 1891.

Erklärung der Abbildungen.

Sämmtliche Figuren sind nach in Grönland gemachten Skizzen ausgeführt. Ich habe mich bemüht bei dem Fertigstellen die Skizzen möglichst wenig zu verbessern. Deshalb sind auch viele Figuren sehr primitiv geworden. Einige mussten auch mitgenommen werden, die absolut nicht für Veröffentlichung berechnet waren und deshalb nur schnell hingeworfene, unvollständige Contourskizzen waren.

Betreffend die Ausführung muss ich leider die Bemerkung zufügen, dass die Correkturtafeln viel besser ausgeführt waren. Die Linien wie die Schatten waren weicher, die ganzen Abbildungen deshalb oft viel deutlicher. Besonders die auf der Correkturtafel sehr gut ausgeführte Fig. 23 a Taf. IV ist beim Drucken an manchen Tafeln beinahe verdorben. Ich habe dem Lithografen den Vorschlag gemacht wenigstens diese Tafel umzudrucken, wozu er sich auch gern bereit erklärte. Beim Versuche stellte es sich aber leider heraus, dass der Stein selbst in irgend einer Weise verändert war, und dass es nicht mehr möglich war so gute Tafeln, wie die Correkturtafeln waren, zu bekommen.

Für die stärker vergrösserten Figuren sind meistentheils die Contouren mit Camera bei einer ungefähr 260-maligen Vergrösserung (Syst. III (ältere Nummer) Oc. 1 von *Nachet*) aufgezogen.

Bezeichnungen, die für mehrere Figuren gültig sind.

a. Auge.	mg, Magen.
ci. Cingulum.	mgd, Magendrüsen.
da. Darm.	mu, Mund.
dt, Dorsaler Taster.	mk, Mundkegel.
ebl, Exkretionsblase.	mm, Manubrium.
eg, Exkretionsgefäss.	na, Nackenauge.
ei, Grösseres Ei.	oes, Oesophagus.
fm, Fulcrum.	ow. Ohrenförmige Wimperlappen.
gdr, Geschlechtsdrüse o. Keimdotterstock.	rs, Ramus.
gh, Gehirn.	stk, Stirnkegel.
kdr, Fussdrüsen, Kittdrüsen.	stz, Cilien oder Haarbüschel an der Stirn.
kb, Kalkführender Beutel.	tr, Trochus.
lt. Lateraler Taster.	un. Uncus.
ma, Mastax.	wtr. Wimpertrichter.

Die Bedeutung der übrigen Buchstaben, welche nur einmal vorkommen, sind in der betreffenden Figurerklärung angegeben.

Tab. I.

Fig. 1-3. *Philodina tuberculata* Gosse.

    Fig. 1. Hinterster Theil des Fusses etwas schematisch. Fig. 2. Taster. Fig. 3. Kontrahirtes Thier.

Fig. 4. Individuum von *Rotifer vulgaris* (Schrank) Ehrbg mit aufgelösten Augenflecken.

Fig. 5. *Callidina laeris* n. sp. in kontrahirtem Zustande.

Fig. 6. *Hypopus Ritenbenki* n. sp. ●

    a. Ganzes Thier, etwas schematisirt. Die Lage der Geschlechtsdrüse an meiner Skizze ist eigenthümlich Ich habe nicht notirt, ob dieselbe bei der Art normal war.

    b. Idealer Querschnitt.

Fig. 7. Kleineres Räderthier, das in manchen Beziehungen Übereinstimmung mit der in folgender Abbildung dargestellten Art zeigt. mk. Mundkegel.

Fig. 8. 10 & 11. *Mikrocodides dubius* n. sp. von der Seite gesehen. Cameraskizze.

    stf, Hautfalte über der Stirn, deren Form geändert wurde.

    ov?, Ein über der Blase liegendes Organ, das ich als einen Ovidukt auffasste. Ich bemerke bei dieser Abbildung, dass der mastax sehr roh ausgeführt war und ebenso die grosszellige Wand des Magens.

Fig. 10. Kiefer der einen Seite eines etwas zerdrückten Exemplares. Starke Vergrösserung.

Fig. 11. Räderorgan von vorn gesehen. ? Etwas zweifelhafte Cilien zwischen dem cingulum und dem trochus. Die Figur ist etwas schematisch.

Fig. 9. *Pleurotrocha* sp. Siehe den Text S. 49.

Fig. 13. *Pleurotrocha marina* n. sp. *

    a. Gestrecktes Thier, ungefähr 150 Mal vergrössert.

    hf, Hakenförmiger Stirnfortsatz.

    b. Zusammengezogenes Thier nach Zusatz von Kalihydrat. Für das Aussehen der Kiefer zeige ich auf die Figur *b* hin.

Fig. 14. *Monommata longisita* Bartsch.

    a. Lebendes Exemplar in Bewegung.

    msf, Quergestreifte Muskelfasern in den Zehen.

    b. Exemplar nach Zusatz einer schwachen Kalihydratlösung.

Tab. II.

Fig. 12. *Taphrocampa Levinseni* n. sp.

    a. Von oben.

    b. Von der Seite gesehen.

    sh, Hinterer über. dem Fuss gelegener Fortsatz.

Fig. 15. *Pleurotrocha aurita* n. sp. Die Lage ist schräge seitlich.

    pl, Seitliche Kopffortsätze.

Fig. 16. *Notommata tarda* n. sp.

    a. Von oben.

    b. Von der Seite.

    c. Idealer Querschnitt durch den Kopf um die eigenthümlichen Längserhebungen darzustellen.

spf, Zwei scharf begrenzte, sehr kleine Pigmentflecken, von denen stärkere Haare,
ta, ausgingen.
ma bedeutet in dieser Figur den vorderen Theil des Darmkanals hinter dem
Oesophagus,
he, Halseinschnürung.

Fig. 17. *Notostemma affinis* n. sp.
   a. Profilbild.
   glb, Kleine Blase gleich hinter dem Gehirn.
   b. Nach Zusatz einer Kalilösung.
   c. Die Kiefer nach Einwirkung der Kalilösung.

Fig. 18. *Notostemma bicarinata* n. sp.
   a. Profilbild.
   b. Theile des mastax nach Einwirkung einer Kalilösung. Die Deutung der einzelnen Theile scheint mir nicht ohne Zweifel.
   c. Idealer Querschnitt um die kleinen Leisten zu zeigen.

Fig. 19 *b.* *Notostemma makrocephala* n. sp. Nach Kalizusatz
mb, Manubrium.

Fig. 20. *Notommata longipes* n. sp.
   a. Profilbild des ganzen Thieres.
   b. Kopf von oben.
   c. Fuss von der Seite um den Cuticularfortsatz,
blp, des ersten Fussgliedes zu zeigen.
   x, zeigt die schwache Längslinie des Fusses, welche ich als eine leichte Haut-
falte gedeutet habe.

Fig. 21. *Notommata grönlandica* n sp.
   a. Thier von oben.
   c. Kopftheil von oben, muss mit der Fig. 21 *a*, *c* und *g* verglichen werden.
   f. Hinterer Körpertheil und Fuss um die Bildung der Zehen zu veranschaulichen.

Tab. III.

Fig. 21. *Notommata grönlandica* n. sp.
   b. Profilbild.
   c und *g* sollen das Aussehen des Kalkbeutels vor und nach dem Ausleeren der
Kalkkörner zeigen. Fig. *g* entspricht der Fig. 21 *c* der vorigen Tafel.
   d stellt die vordere Kopffläche von vorn und unten gesehen dar.
   str, die längere Cilien tragende Rinne, welche zwischen dem faltenförmigen
Stirnfortsatz, stf, und dem Stirnkegel sich befindet, und die besonders an den
Profilbildern Fig. 21 *b* und *c* sehr deutlich ist. Da ist sie indessen nicht mit
Buchstaben besonders hervorgehoben

Fig. 19. *Notostemma makrocephala* n. sp.
   a. Profilbild,
   ab, Blasenförmiges, schwach pigmentirtes Auge.
   mgda, Verdauungskanal, wo eine Verschiedenheit zwischen Magen und Darm
nicht zu beobachten war.
   c. Thier von oben gesehen.

Fig. 22. *Notommata sp.*

    a. Von oben.

    b. Von der Seite im gestreckten Zustande.

    c. Von der Seite etwas kontrahirt.

Fig. 23. *Notommata distincta* n. sp.

    b. Kopfende von vorn und unten gesehen.

    vpf, Vorderer Pigmentfleck in der Basis des Stirnkegels, stk, gelegen.

    sa, Seitliche Augenflecken nach innen von den ohrenförmigen Wimperlappen gelegen.

    c. Kalkbeutel, von unten gesehen.

    d. Etwas kontrahirtes Thier nach lange fortgesetzter Untersuchung, von oben gesehen.

Tab. IV.

Fig. 23 *a.* *Notommata distincta* n. sp.

    An einigen Tafeln ist der mastax so dunkelschwarz geworden, dass es fast so aussieht, als läge derselbe auf dem Gehirn, obgleich das Thier von oben gesehen wurde. Ebenfalls ist an denselben Tafeln der Kalkbeutel recht undeutlich geworden.

    sa, vpf, siehe Fig. 23 *b* der vorigen Tafel.

    we, Winterei (ephippial egg Huds.).

    mhf, Mittlerer hinterer Pigmentfleck.

    shp, Seitliche, hintere Pigmentflecke, die sehr scharf begrenzt waren.

    am, Ausmündungsstellen der Kittdrüsen.

Fig. 24. *Notholca ambigua* n. sp.

    a. Von oben.

    b. Von der Seite.

    Die Sculptur des Panzers ist nur theilweise angedeutet, weil ich darüber sehr wenig notirt hatte. Vgl. den Text S. 128.

Fig. 25. *Copeus caudatus* Collins.

    a. Thier von der Seite.

    vdt, Vorderer dorsaler Taster.

    ht, Hinterer dorsaler Taster.

    Vgl. übrigens den Text s. 81.

    b. Fuss um die Querlinien am letzten Fussgliede und an den Zehen zu zeigen.

    c. Rückenhaut des Kopfes mit dem vorderen dorsalen Taster.

    d. Hinterer dorsaler Taster und Ausmündungsstelle des Enddarmes.

Fig. 26 *a, b.* Die Kiefer von *Furcularia cf. gibba.*

Fig. 27. *Diops marina* n. sp.

    a. Thier von der Seite.

    b. Fuss und Zehen mit den Ausmündungsstellen der Kittdrüsen.

    c. Fuss mit eingezogenen Zehen.

    d. Doppelauge.

Fig. 34. *Salpina cf. mucronata* Ehrbg.

    a. Vorderer Theil des Panzers.

    b. Hinterer Theil desselben, beide von der Seite gesehen.

Tab. V.

Fig. 27. *Diops marina* n. sp.

    g. Thier von unten gesehen.

    c und *f.* Die Kiefer.

Fig. 28. *Männchen von einer Furcularia.*

    a. In ausgestrecktem Zustande stark vergrössert.

    stkl, Stirnkegel mit von demselben ausgehenden Haaren.

    lm, Längsmuskeln.

    vd, Vas deferens.

    p, Penis.

    t, Testis.

    ?, Zweifelhafte ventral gelegende Körnerhaufen.

    vdkr, Blase mit schwärzlichen Körnern, die als Reste des Inhalts des Verdanungskanals gedeutet worden sind.

    b und *c.* Dasselbe Thier mit Camera gezeichnet bei schwächerer Vergrösserung.

Fig. 29. *Eosphora* cf. *Naias* Ehrbg.

    a. Kopf um die Lage der Stirnaugen und der mit steifen Haaren besetzten, kleinen Stirnfortsätze, stf. zu veranschaulichen.

    b. Vorderer Theil des Verdauungskanals um die Erweiterung des oesophagus und die kleinen Anhangsbildungen, ?, des Magens, welche zwischen den Magendrüsen und dem oesophagus sitzen, darzustellen.

Fig. 38. *Cathypna* sp.

    Panzer eines schon seit einiger Zeit todten Thieres, worin einige Eier sich befanden. Die gekrümmten Klauen der Zehen sind sehr deutlich. Die Sculptur des Panzers ist auch hier sehr unvollständig gezeichnet.

Fig. 30. *Arthroglena Lütkeni* n. sp.

    b. Vorderende bei etwas zurückgezogener Lage des Kopfes. Eine Grenze zwischen dem Kopfende und der Unterseite tritt scharf hervor.

    c. Kopf von vorn und unten gesehen.

    sth, Stirnhaken.

    dl, Hautfalte über dem Stirnhaken.

    stf, Auf einer kleinen Erhebung sitzende Cilien.

    An den zu dunkel ausgeführten Tafeln ist diese Erhebung nebst Cilien wenig deutlich.

Tab. VI.

Fig. 30 *a.* *Arthroglena Lütkeni* n. sp. Von der Seite.

    dl, sth, vgl. Fig. 30 *c* der vorigen Tafel.

    ?, Eine kleine Blase etwas hinter dem Gehirn, die wohl ohne Zweifel den oft kalkführenden Anhangsbeuteln bei vielen anderen Notommataden entspricht.

    gl, Gelenk an den Zehen.

Fig. 31. *Distemma dubia* n. sp.

Fig. 32. *Mastigocerca* cf. *Lophoëssa* Gosse?

    Hinterer Theil des Körpers um die Stacheln zu zeigen.

Fig. 33. *Dinocharis intermedia* n. sp.

Ich habe bei der Ausführung nur auf die für diese Art charakteristischen Verhältnisse Gewicht gelegt. Die Form der Felder des Panzers und dgl. ist nicht genauer ausgeführt. Ebenfalls habe ich nicht alle kleinen Spitzen an der dorsalen Panzerfläche dargestellt. An beiden Thieren war der Kopf eingezogen.

a. Thier von der Seite.

b. Von oben.

vh, Vordere Haken der Seitenränder.

sh, Seitliche Haken der Seitenränder.

dh, dorsale Spitzen des Panzers.

Vgl. übrigens den Text s. 107.

Fig. 35. *Monura Amblytelus* (Gosse).

a. Thier von der Seite.

sth, Stirnhaken.

b. Die zusammengewachsenen Zehen, von oben

Fig. 36. *Pterodina cf. elliptica* Ehrbg.

a. Von der Seite.

c. Von unten.

b. Idealer Querschnitt.

Fig. 37. *Metopidia Lepadella* Ehrbg.

a. Von oben.

b. Idealer Querschnitt.

Fig. 39. *Monostyla Quennerstedti* n. sp.

a. Ganzes Thier.

b. Der Fuss eines zweiten Individuums.

Fig. 40. *Mastigocerca cornuta* (Ehrbg) Gosse.

Hinterende mit Stacheln.

Fig. 41. *Stephanops grönlandicus* n. sp.

Fig. 42. *Metopidia affinis* n. sp.

Panzer.

Fig. 43. Zweifelhaftes Thierchen, wahrscheinlich ein Männchen. Vgl. den Text S. 140.

Inhaltsverzeichniss.

Nachträgliche Bemerkungen.

Bei der Diskussion (S. 19) über die Berechtigung der Gattung *Melicerta* Ehrbg sollte hervorgehoben sein, dass auch *Occistes pilula* für Hunson's Anordnung spricht. Unter *Hydatina senta* S. 43 sollte auch die Synonyme: *Vorticella senta* O. F. Müller l. c. S. 290, Tab. XLI, Fig. 8—14 mitgenommen sein.

Bei der Besprechung des *Stephanops Chlæna* Gosse S. 113 füge ich zu, dass zwar in der Familie *Coluridæ* zu einer Gattung Arten mit einem und mit zwei ziemlich weit getrennten Augen geführt werden. Diese Formen zeigen aber, insofern bis jetzt bekannt ist, in übrigen Hinsichten sehr *grosse Übereinstimmung.* Übrigens sind sie bisher nicht gerade genau untersucht.

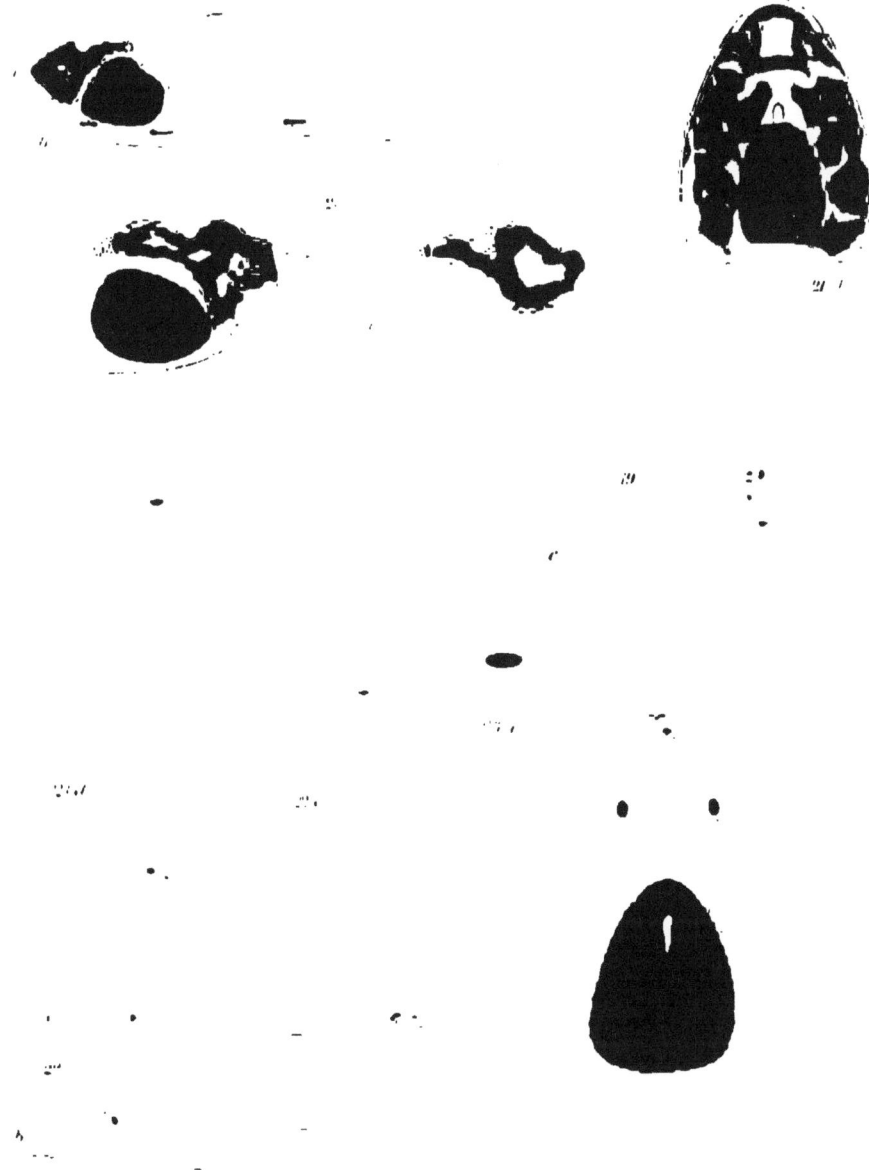